2008年全国优秀博士学位论文提名论文

教育部人文社会科学重点研究基地

武汉大学社会保障研究中心

养老金制度变迁的经济学分析

刘昌平 著

中国社会科学出版社

图书在版编目（CIP）数据

养老金制度变迁的经济学分析/刘昌平著．—北京：中国社会科学出版社，2008.10

ISBN 978－7－5004－7330－5

（养老金研究系列丛书）

Ⅰ．养…　Ⅱ．刘…　Ⅲ．养老金—劳动制度—经济分析　Ⅳ．F241.34

中国版本图书馆CIP数据核字（2008）第162619号

策划编辑　卢小生（E－mail：georgelu@vip.sina.com）
责任编辑　卢小生
责任校对　刘　娟
封面设计　高丽琴
技术编辑　李　建

出版发行　中国社会科学出版社
社　　址　北京鼓楼西大街甲158号　　邮　编　100720
电　　话　010－84029450（邮购）
网　　址　http://www.csspw.cn
经　　销　新华书店
印　　刷　北京新魏印刷厂　　装　订　丰华装订厂
版　　次　2008年10月第1版　　印　次　2008年10月第1次印刷
开　　本　710×1000　1/16　　插　页　2
印　　张　15　　印　数　1—6000册
字　　数　236千字
定　　价　30.00元

谨以此书献给我的父亲！

前　言

养老保障问题的实质就是寻找一个合适的“储钱罐”。自古以来，理性的人们就依据当时当地的社会经济条件，不断地寻找合适的“储钱罐”，以防老无所养。因此，养老保障的方式也经历了从自我保障到家庭保障，再从家庭保障到社会保障的历史演进过程。特别是自工业革命时期社会保障替代家庭保障以来，正式的养老保障制度安排——养老金制度历经百余年的不断改革与完善，已经形成了一个涉及国家、社会、企业、个人的多主体参与，财政资金、企业资金、个人资金、金融资本的多渠道筹集，公共管理、私人管理、企业与个人决策的多元化管理，资本市场、货币市场、保险市场、风险资本市场的多领域投资，包括公共养老金（国家养老金）、补充养老金（企业年金、公务员年金、职业年金）、个人养老金（养老保险产品、零售金融契约、个人储蓄）等在内的多支柱模式。

自20世纪70年代以来发生的世界性养老金革命的意义非常深远，影响范围从“福利国家”扩展到新兴市场经济国家、转制经济国家和社会主义国家，甚至非洲欠发达国家；影响领域从单纯的公共管理部门扩展到经济社会的各个部门；影响程度从单一的社会政策目标转变为经济政策目标和社会系统工程。综观养老金制度的百年发展史不难看出，养老金制度的历次变迁都围绕着以下四个方面的关系展开：

其一，养老金制度与经济增长的关系。养老金制度安排对经济增长的影响，可以分为两种研究思路：一种以储蓄作为中间变量，通过考察现收现付制和基金积累制对储蓄的影响，进而影响经济增长；另一种思路则不考虑储蓄这一变量，而是基于经济增长的“黄金律”（Golden Rule）理论。对于前一研究思路，马丁·费尔德斯坦（Martin Feldstein）、巴罗（Barro）、达比（Darby）、迪恩·R. 莱默（Dean R. Leimer）、斯利格·D. 莱斯诺（Selig D. Lesnoy）、莫迪利亚尼（Modigliani）、布伦伯格

(Brumberg)、安多（Ando)、考特利科夫（Kotlikoff)、奥尔巴克（Auerbach)、莱默（Liemer)、理查森（Richardson)、斯莱特（Slate)、戴维斯(Davis)、莫纳尔（Munnell)、迪克斯－米里克斯（Dicks－Mireaux)、金(King)、伯恩海姆（Bernheim)、斯利尔兹（Scholz)、文蒂（Venti)、威斯（Wise)、萨姆威克（Samwick）等经济学家之间展开了激烈的争论，虽然有关现收现付制的储蓄效应至今仍然没有取得一致的结论，但对基金积累制的储蓄效应的研究已经证明，在发展中国家强制性基金积累制养老金制度的建立将有效地增加储蓄。对于后一研究思路，P. A. 萨缪尔森(Samuelson)、胡申成（Shen Cheng Hu)、罗姆（Rome)、阿洛（Arrau)、施米特·赫布尔（Schmidt－Hebbel)、瓦尔德斯—普里托（Valdés－Prieto)、西夫安迪斯（Cifuentes)、科斯蒂（Corsetti)、霍尔兹曼（Holzmann）等学者分别从现收现付制和基金积累制的增长效应以及从现收现付制向基金积累制转轨的增长效应进行研究，研究结果显示，如果经济最初是动态无效率的，引入现收现付制将使平衡增长路径收敛到黄金律水平，提高未来若干代人的消费水平，而基金积累制不影响未来各期资本存量间的关系；从现收现付制向基金积累制养老金制度转轨将减少扭曲现象，产生增长效应。

其二，养老金制度与政府的关系。对于养老金制度，现代公共品理论普遍认为，政府应提供公共养老金制度以致力于解决社会公平问题，实现收入再分配，因为公平也是一种公共品；而非政府提供的私营养老金制度能更好地增进制度供给效率，即提高管理效率。在市场机制与非市场机制并存的混合经济中，国家必不可少，因为需要国家来组织经济；市场也不可或缺，因为当人们进行决策时市场是很有价值的工具。因此，通过多支柱养老金体系，既能实现再分配效率，又能提高管理效率，促进养老保障资源的合理配制，增进个人福利和社会福利。

其三，养老金制度与资本市场的关系。“养老金计划就是资本市场”，尽管这个说法比较绝对，但它却体现着养老金与资本市场的休戚相关。养老基金从本质上讲是一种延迟的支付承诺，具有定期预缴、延期给付和长期储蓄三个基本特点，而人口老龄化及退休费用的急剧增长，使得养老金制度又不得不对安全性、流动性和收益性做出重新调整，这决定了养老基金必须进入资本市场；养老基金本身所具有的长期协调性、稳定性和规模性，以及追求长期稳定投资回报的特点，对资本市场的制度、结构和效率以及稳定性将产生极其重要而又复杂的影响，而养老金的社会保障属性反过来又要求养老基金投资建立在资本市场比较规范、成熟的基础之上。从而在养老金与资本市场共同生长、相互促进的过程中，实现共赢以增进社会福利。

其四，养老金制度与人力资本发展战略的关系。养老金计划源于雇主责任，因为作为雇主基于激励与约束员工而建立的员工福利计划起到了养老保障的作用，自20世纪90年代以来，多数国家将雇主养老金计划纳入到多支柱养老金体系中来。由于养老金计划的分配方案可以多样化、差异化，而且它往往与工资、奖励、补贴、其他非货币化的福利制度配合使用，从而直接成为雇主在产品和要素市场上竞争的重要手段。而从雇主人力资本发展战略的角度来设计养老金计划，可以促进企业薪酬福利制度改革，建立现代企业制度下的人力资源管理模式。因此，养老金计划可以设计为两大类：激励性制度安排和补偿性制度安排，前者通过合约的形式，分配给企业经营管理者和普通雇员一定的剩余索取权与剩余控制权，构成对他们的激励，以实现“持恒产者有恒心”的目的，如虚拟股票计划（Phantom Stock Plan）、业绩期权（Performance Stock Option）、管理人员股票期权（Executive Stock Option，ESO）、雇员持股计划（Employee Stock Ownership Plan，ESOP）等；后者主要是对雇员为企业所做的贡献给予回报，对雇员过去的学历、技能、经验等给予补偿，对雇员及其家庭未来的生活、学习、发展等进行保障。

养老保障制度是我国社会保障最重要的制度，是国有企业改革的重要配套措施，也是经济社会发展的主要支柱之一。改革开放以来，我国养老保障制度改革不断深入，制度设计不断完善，管理服务不断细化，对保障离退休人员基本生活，促进经济发展，维护社会稳定发挥了积极作用。目前，我国养老保障制度主要包括城镇企业职工基本养老保险与企业年金、机关事业单位退休保障和农村社会养老保险三个部分。城镇基本养老保险制度建于20世纪50年代，80年代中期开始改革，目前已初步建立了社会统筹与个人账户相结合的基本模式；50多年来，机关事业单位一直执行离退休保障制度，目前已有部分省市开展了机关事业单位养老保险社会统筹的试点；农村养老仍以家庭保障和社区扶持为主，20世纪90年代以来，一些地方进行了建立农村社会养老保险制度的探索。

当前，随着我国社会主义市场经济体制改革不断深化和经济社会发展，经济结构不合理、社会保障体系不健全、就业压力逐年增加和收入分配差距拉大等深层次问题逐步显现出来，伴随市场化、城镇化、人口老龄化程度的提高，养老社会保障的任务越来越重，对加快建设与经济发展水平相适应的养老社会保障体系提出了新的任务和要求。

第一，社会主义和谐社会构建需要完善的养老社会保障制度。党的十六届六中全会《中共中央关于构建和谐社会若干重大问题的决定》和十七大报告《高举中国特色社会主义伟大旗帜　为夺取全面建设小康社会新胜利而奋斗》都明确提出将“建立覆盖城乡居民的社会保障体系”作为构建社会主义和谐社会的主要任务之一，要求到2020年基本建立覆盖城乡居民的社会保障体系，使人人享有基本生活保障。当前，新型农村合作医疗制度和最低生活保障制度已经在农村相继建立，覆盖范围正在快速扩大，保障能力不断增强。而旨在解决农民养老后顾之忧的农村社会养老保险制度却在“社会经济条件不成熟”的理由下于1999年被停止，导致农村社会养老保障制度处于缺失状态。与此同时，传统的家庭保障方式和土地保障方式的功能也因城市化进程的不断加快而持续弱化。因此，在预期中国大规模“乡—城”人口迁移的历史背景下，政府必须在农村人口老龄化高峰来临之前做好应对准备，建立完善的新型农村社会养老保险制度。

第二，经济社会结构转型需要完善的养老社会保障制度。中国近30年的经济转型过程中，社会经济发展和国际化进程加快打破了制度的限制。特别地，自20世纪90年代以来，随着社会主义市场经济体制改革的不断深入，各种限制人口流动的政策和制度障碍得以不断消除，人口从农业向非农产业、从农村向城镇地区、从中西部地区向东部地区的迁移，规模逐渐增大，基本进入一个持续稳定的发展过程。在中国人口老龄化程度正在日益加深的背景下，经济社会结构转型必将对中国城乡社会人口年龄结构产生重大影响，农民工、被征地农民、“入乡”城镇居民等的出现也对进一步统筹城乡养老社会保障制度提出更高要求。

第三，国有企业改革与产业结构调整需要完善的养老社会保障制度。现代企业制度建设要求国有企业必须成为“自主经营、自负盈亏”的商品生产者与经营者。而国有企业改革与产业结构调整又必然面临许多企业层面难以解决的问题，如失业人员增加、统一的劳动力市场建设要求劳动力充分流动、各地企业缴费负担畸轻畸重等。这些问题迫切地要求建立完善的城镇企业基本养老保险制度。但是，当前城镇企业基本养老保险制度依然存在一些亟待解决的问题：养老保险制度改革产生的转制成本与划资偿债问题，社会统筹层次过低与养老保险关系接续困难，社会保险“税”、“费”之争与扩大制度覆盖范围的困惑，社会保障基金案件频发与监管体制尚须完善、经办管理能力有待提高之间的矛盾，失业人员、社会弱势群体养老保障方式缺失，等等。

第四，公务员制度建设与行政管理体制改革需要完善的养老社会保障制度。公务员养老保险制度是社会保障体系的重要组成部分，也是建立和完善公务员制度和改革行政管理体制提高行政效率的重要保障。2006 年 1 月 1 日正式实施的《中华人民共和国公务员法》第七十七条规定：“国家建立公务员保险制度，保障公务员在退休、患病、工伤、生育、失业等情况下获得帮助和补偿。”作为公务员保险制度的核心组成部分，公务员养老保险制度的改革与实施也因此有了法律依据。

“养老金研究系列”是对作者近 10 年来致力于养老金研究的总结，主要从养老金理论与政策两个层面，全方位、系统地探讨了中国养老金制度的改革与完善问题。在近 10 年的学习和成长过程中，作者时时得到自己的导师——武汉大学社会保障研究中心主任邓大松教授的悉心指导，也非常感谢郑秉文教授（中国社会科学院）、穆怀中教授（辽宁大学）、林义教授（西南财经大学）、赵曼教授（中南财经政法大学）、李珍教授（中国人民大学）、郭士征教授（上海财经大学）、李绍光教授（中国人民大学）、杨燕绥教授（清华大学）、李晓林教授（中央财经大学）、申曙光教授（中山大学）、丁建定教授（华中科技大学）、林毓铭教授（暨南大学）、于小东教授（北京大学）、孙建勇博士（中国保险监督管理委员会）、吴汉华博士（中国证券监督管理委员会）、陈良司长（中国人力资源和社会保障部）、卢海元博士（中国人力资源和社会保障部）、林羿博士（美国普信集团）、杨长汉博士（中国养老金网）等师长的关心与教导！在此还要感谢许许多多曾给予作者支持与帮助的朋友们！也要感谢中国社会科学出版社卢小生编审为本系列著作出版付出的辛勤劳动！

刘昌平

2008 年夏于武昌珞珈山

序

“老有所养”是人类社会追求的永恒目标之一，养老金制度作为工业革命之后人类养老保障的主要方式备受世界各国政府和人民的广泛关注。自1889年德国建立了世界上第一项正式养老金制度开始，历经100多年的变迁，养老金制度已经形成了一个庞大而复杂的体系。从1958年萨缪尔森（P. A. Samuelson）对养老金制度的理论前提进行探讨后，国外许多著名专家学者对养老金制度给予了深刻关注，其间展开了长达数十年的激烈论争，也形成了大量极富思想内涵的理论成果。虽然直到今天，在许多问题上仍然没有取得一致的结论，但这些重要的研究成果和文献对于后续研究和改革实践具有非常重要的理论价值和现实意义。

中国政府一直致力于养老社会保障制度建设，将其看作老百姓的“养命钱”和国有企业改革与经济社会发展的重要支柱之一。改革开放以来。各项工作都取得了明显进展，但是养老社会保障制度建设依然存在许多制度性问题和面临许多外部压力，亟待进一步完善。

中国的养老社会保障制度改革也受到了学术界的极大关注。近几年来，有关养老金方面的研究已经渐成热点，相关研究成果也层出不穷，提出了许多有价值的学术观点和政策建议，为我国养老社会保障制度建设作出积极的贡献。

社会保障是一项复杂的社会系统工作，也是一项正在不断改革和完善的社会经济制度，需要解决的问题和面临的困难太多。而我国社会保障理论研究起步较晚，在许多理论问题还没有郭清的情况下，又必须不断地应对当前层出不穷的现实问题，这需要社会保障理论工作者，特别是中青年学者为此作出不懈努力。

当前，从“制度变迁”和经济学视角抽象和推演养老金制度发展史的论著并不多见。刘昌平这部著作没有拘泥于养老保障发展史进行平铺直述，也没有被纷繁复杂的历次养老金制度变迁的外部表象所迷惑，而是按照影响程度和重要性，从整个养老保障发展史中抽象出三次重要的制度变迁作为研究对象，深入探讨了世界性养老金制度变迁的合理内核，推演出世界养老金制度发展的未来趋势和中国养老社会保障制度的改革方向。

在我看来，这部著作有许多与以往研究成果不同的特点，其中尤为突出是：第一，通读全文可以发现，这部著作的选题和对养老金制度变迁史的抽象不是出于短期考虑，更不是出于研究目的的便利，而是在前人研究的基础上，经过深思熟虑和严密论证之后的理性判断，是对养老金制度变迁史的重新定义：以“储钱罐”的变更定义家庭保障向社会保障的转变，以“养老金革命”定义现收现付制向基金积累制养老金制度的转变，并以“公平与效率的平衡”定义单一支柱向多支柱养老金制度的转变。第二，对于历史上的每次养老金制度变迁我们都可以找到貌似合理的解释，但这部著作却没有随波逐流，而是对这些解释进行挑战，通过剥离有关表象特征，找寻并论证推动养老金制度变迁的内在动力：公平与效率的矛盾，推演了全球养老金制度变迁的四个潜在路径。第三，研究方法的创新一直是学术研究的生命力，这部著作已经在这些方面进行了大胆的尝试：采用叠代模型和优化方法模拟从家庭养老保障向社会养老保障转轨的全过程，使用精算技术全面系统地测算中国基本养老保障隐性债务和转制成本，运用敏感性分析方法实证研究基本养老保险目标工资替代率影响因子及程度。这应该是一种好的开始。

非常值得高兴的是，刘昌平博士即将出版的这部专著经过多轮专家评审，已于2007年获得湖北省优秀博士论文奖和2008年全国优秀博士论文提名论文，这也是中国社会保障学科自设立以来获得的第一篇全国优秀博士论文提名论文。我也非常热忱地把它推荐给关心我国养老金制度改革的人们，并衷心地希望刘昌平博士在今后的学术生涯中继续努力，取得更多新的研究成果。

邓大松

2008年10月

目　　录

1 导论

1.1 养老金制度的"演化"：一个鸟瞰

生老病死是人类无法抗拒的自然规律，而老有所养、老有所终自古以来就是人类社会追求的一种美好愿景。早在公元前2500年左右，孔子在《礼记·礼运篇》中就提出了"大同社会"的理想："大道之行也，天下为公，……人不独亲其亲，不独子其子；使老有所终，壮有所用，幼有所长，鳏寡孤独废疾者皆有所养。"[①] 劳动者在经过一生的辛劳进入老年之后，其劳动能力已经基本丧失，依靠自身劳动获取生活资料的能力已经不复存在。在老年阶段，任何人都希望自己在物质上和精神上能有一个幸福的晚年，不希望自己的晚年生活陷入经济困境。因此，如何养老一直是人类社会面临的重要课题。

人类养老保障问题的实质就是寻找一个合适的"储钱罐"——用以储存劳动时期的"过剩生活资料"，以备年老丧失劳动能力时使用。老年收入保障无非采取三种方式：第一类是自己供养自己，即通过劳动获得收入保障；第二类是非正式的制度安排，如家庭养老、社区养老；第三类是正式的制度安排，如私人保险、社会保险。综观人类养老保障方式的整个历史演进过程，我们可以发现其间经历了多次制度变迁，如资本主义工业革命时期从家庭保障向社会保障转变；19世纪末从雇主责任制度向公共养老金制度转变；20世纪20年代从免费型养老金制度向缴费型养老金制度转变；第二次世界大战结束后从基金积累制（fully fund）养老金制度向现收现付制（pay-as-you-go）养老金制度转变；20世纪50—60年代从统

① 邓大松主编：《社会保险》，中国劳动社会保障出版社2002年版，第219页。

一受益养老金制度（the basic flat-rate pension）向收入关联养老金制度（the earnings-related insurance system）转变；20世纪70年代又从现收现付制养老金制度向基金积累制养老金制度转变；20世纪70年代从受益基准制（defined benefit, DB）养老金制度向供款基准制（defined contribution, DC）养老金制度转变；20世纪90年代部分国家从现收现付制养老金制度向名义账户制（notional defined contribution, NDC）养老金制度转变；20世纪90年代中期从单一支柱（one pillar）养老金制度向多支柱（multi-pillar）养老金制度转变，等等。

人类养老保障制度每一次变迁都有其必然性和原因，但是，回顾整个养老保障制度变迁历史我们可以发现，有些制度变迁只是局部的和短暂的，而有些制度变迁则是世界性的和意义深远的。因此，为了深入研究养老保障制度变迁的内在动力和逻辑结构，也为了分析便利，本书按照制度变迁的影响程度和重要性，从中抽象出三次重要的制度变迁作为本书研究的对象，即从家庭保障过渡到社会养老保障、从现收现付制养老金制度转轨为基金积累制养老金制度和从单一支柱养老金制度发展成多支柱养老金制度。

1.1.1 第一次重要的制度变迁：从家庭保障向社会养老保障过渡

第一次重要的养老金制度变迁发生在18—19世纪资本主义工业革命时期，制度变迁的方式是从家庭养老保障模式向社会养老保障制度过渡，制度变迁的原因是工业化及由此产生的城市化，制度变迁的领导者主要是当时的西方工业化国家。

舒尔茨（Theodore W. Schultz）认为①："一个人通过自己的力量来防止因为年迈而经济状况的不稳定，即使不说这是不可能的，至少也是非常困难的。因为他将面临种种问题，如：（1）不能肯定自己什么时候去世；（2）不能确定将来收入的多寡；（3）不知道自己年老后的基本需求是什么；（4）无法预测自己的配偶、子女及亲属什么时候因什么原因而去世；（5）无法预料年老后的健康状况。正因为上述种种原因，不难理解为什

① ［美］吉姆斯·舒尔茨著，刘京胜译：《老年人的经济保障》。转引自中国老龄问题全国委员会办公室编《国外老龄问题》，甘肃人民出版社1987年版，第14页。

么世界各国从原始时期就主要依靠集体的方式为老年人提供经济保障。人类自从在地球上出现以后，就力图以家庭、部落、团体的形式聚集起来共同减少或消除经济上的不保障，其中家庭的作用最重要。”

在西方国家工业化之前，养老保障的责任主要由家庭承载。正如德国学者鲁道夫·吕贝尔特（Rudolf Lübeierte）所描述的那样：“在18世纪中叶，欧洲各民族主要生活在农村，以农业为主，100个人中有90人靠农业生产或农业小企业为生。农民一般是三代，不少是四代同堂，共营家计。在农民大家庭中，每一个成员按其能力，为维持生活作贡献，老弱病残也各得其所，直至一旦瞑目为止。农村由毗邻居住的村舍和亲属纽带结成的集体，这决定着农村居民的生活。”[①] 在中国，自周代以来，社会历经战乱，社会形态、国家政权形式多有变迁，但构成社会基石的始终是家庭和家族，以致有人将中国称为家庭本位的社会或宗法社会。中国的家庭和宗族不仅关系稳固，而且规模大。在家族内部，家庭养老遇到困难，可以获得家族的救济，家族设有公共的田产，分为祭田、义田和学田几类，义田收入用以赈济贫困灾病。家庭和氏族养老，主要依靠习俗和道德的力量来约束人们履行养老的义务。中国儒家伦理道德的核心是“忠孝仁义信”，主张人生以孝亲敬长、“仁爱”、“忠君”、“克己”、“修身”为本，通过道德上的修炼达到至善的人生最高境界。[②]

事实上，传统的家庭养老保障模式是通过纵向代际转移的方式将财富从上一代人向下一代人进行实物转移，这种财富的代际转移方式尤其在资本市场缺失、工业化没有出现之前是唯一可行的养老保障模式。因此，家庭养老保障成为了工业化之前人类养老保障的基本形式，也由此促进了扩展家庭（extended family）的形成。但是，由于近代工业革命在世界范围内引起了人类一次历史性的飞跃，人们的生产方式与生活方式发生了巨大的变化，传统的家庭制度面临严重挑战，家庭成员分离、人口迁徙、工作变动等，造成西方传统家庭的动荡和解体，家庭结构逐渐趋于小型化，形成了大量核心家庭（nuclear family），因此包括养老在内的家庭功能开始

① 刘俊霞：《收入分配与我国养老保险制度改革》，中国财政经济出版社2004年版，第270页。

② 张岱年、程宜山：《中国文化与文化论争》，中国人民大学出版社1990年版，第156页。

逐渐弱化。正是因为工业化进而城市化导致家庭养老保障功能弱化，人们从工业革命之初就开始探索其他方式以替代家庭保障功能。1889 年，作为西方工业化程度最高的国家之一，德国创建了世界上第一部正式的养老金制度。

早在 1881 年 11 月 7 日，经宰相俾斯麦（Otto von Bismarck）倡议，德国皇帝威廉一世颁布皇帝诏书《德国社会政策大宪章》。该宪章载明：工人在患病、发生事故、伤残和老年经济困难时应该受到保障，他们有权要求救济，工人保障应该由工人自行管理。继 1883 年推出了世界上第一部《劳工疾病保险法》，1884 年颁布了《劳工灾害保险法》，1889 年德国颁布了世界上第一部正式的养老金制度立法——《劳工老年残疾保险法》。其后，英国于 1908 年 8 月 1 日正式通过了养老金法案，绝大部分欧洲国家及其附属国都是在 19 世纪末 20 世纪初设立养老金制度的。1935 年，一直崇尚自由主义的美国也通过了社会保障历史上第一部综合性法典——《社会保障法》(*Social Security Act*)，它包括老年社会保险、失业社会保险、盲人补助、老年补助和未成年人补助五个基本项目和一些补充项目。这标志着包括养老保险在内的社会保障作为一种国家制度最终形成。

除了西方资本主义国家全面建立社会养老金制度外，当时的社会主义国家苏联和一些东欧国家，也曾先后建立了覆盖范围广泛的、以“低工资、宽福利”为特征的、由国家承担全部责任的社会养老保险制度。如我国自 20 世纪 50 年代起就建立了类似于苏联的国家养老保险体系。

1.1.2 第二次重要的制度变迁：从现收现付制养老金制度向基金积累制养老金制度转轨

第二次重要的养老金制度变迁发生在 20 世纪 70 年代到 90 年代中期，养老金制度改革的方式是从现收现付制养老金制度向完全基金积累制养老金制度转轨，改革的领导者是拉丁美洲的智利，这次养老金制度改革被誉为“养老金革命”。

作为以减轻贫困为目标的“社会安全网”的一部分，社会和政府建立起为老年人提供收入保障的制度。这些制度安排受到所有人的关注——无论是富人还是穷人、青年人抑或老人，因为不同的制度既能够促进经济增长，也可能阻碍经济增长。①

20 世纪 70 年代的两次石油危机产生的世界性经济危机，加之预期人口老龄化的影响，主要发达国家的现收现付制公共养老金制度开始面临财政危机。与此同时，现收现付制养老金制度的弊端也在这个时期出现，特别是在现收现付制公共养老金制度的覆盖范围逐步扩展和待遇水平逐渐提高的同时，主要发达国家出现了储蓄率下降、劳动力供给减少、提前退休者增加、企业生产成本上升、国际竞争力削弱等问题。在这种情况下，如何让现收现付制公共养老金制度摆脱危机，使政府从公共养老金制度所造成的财政困境中解脱出来，并设计出一套有利于国家未来经济发展的养老金制度，就成为摆在国外政治家和经济学家面前的一大难题。

1981 年 5 月，智利开始改革政府管理的现收现付制养老金制度，创立完全基金积累制个人账户管理方式的私人养老金制度。智利所推行的富有创新性的养老金私人管理的激进改革，因其成效超出人们的预料而震惊了世界，到 20 世纪 90 年代初，智利已成为拉丁美洲经济增长的楷模，养老金制度改革为此做出了巨大的贡献。因此，智利新的养老金体制被誉为“智利模式”。在“智利模式”的影响下，秘鲁（1993）、阿根廷（1994）、哥伦比亚（1994）、乌拉圭（1995）、墨西哥（1996）、玻利维亚（1996）、萨尔瓦多（1996）七个拉美国家分别进行了程度不同的养老金私人管理方式的改革。

而在欧洲，英国是发达国家中第一个面临公共养老金制度潜在危机的国家，1979 年上台的撒切尔（Margaret Thatcher）保守党政府通过降低公共养老金计划的待遇水平，激励职工从收入关联养老金计划（the state earnings – related pension scheme，SERPS）中退出等方式，实行养老金制度私有化。主要的改革措施是改变国家基本养老金待遇指数化调整机制、提高妇女退休年龄、鼓励职工从收入关联养老金计划中“解约”（contract out），并促进私人基金积累制养老金计划的发展。

因此，从 20 世纪 70 年代到 90 年代中期，世界上大部分国家养老金制度改革的主导趋势是废止或削弱现收现付制公共养老金制度，建立和鼓

① 世界银行：《防止老龄危机：保护老年人及促进增长的政策》，劳动和社会保障部社会保险研究所等译，中国财政经济出版社 1997 年版，第 1 页。

励私人基金积累制养老金制度发展。从现收现付制养老金制度向基金积累制养老金制度转轨的意义是非常重要的，首次明确了养老金制度不仅是一项社会政策，而且还应具有明显的经济政策功能，即增进经济效率，进而推动经济增长。这一时期，养老金制度也从以社会政策为主转变为以经济政策为主。

1.1.3 第三次重要的制度变迁：从单一支柱养老金制度向多支柱养老金制度发展

第三次重要的养老金制度变迁是从20世纪90年代中期开始一直延续至今，这次养老金制度改革的方式是从单一支柱养老金制度向多支柱养老金制度转轨。这次改革主要是在欧洲大陆国家和转制经济国家中实行。

20世纪90年代，人们开始怀疑单一养老金制度在解决公平与效率矛盾方面的能力，普遍认为单一支柱养老金制度难以协调公平与效率两个政策目标。并且，在这一时期，基金积累制养老金制度的一些问题也逐步显露出来，如缺乏再分配效应、管理成本高昂、个人独自承担巨大风险等。特别是随着20世纪90年代末以来的经济滑坡，全球经济再次陷入困境，基金积累制养老金制度积累的大量养老基金财产大幅度缩水，出现了巨额亏损，严重影响和削弱了基金积累制养老金制度的保障能力。既然在单一支柱养老金制度中不可能同时实现公平与效率两个政策目标，那么多支柱养老金模式就成为了协调公平与效率矛盾的可行途径。因此，从20世纪90年代中期开始，在世界银行（World Bank，WB）、国际劳工组织（International Labor Organization，ILO）、国际货币基金组织（International Monetary Funds，IMF）、经济合作与发展组织（Organization for Economic Co-operation and Development，OECD）等国际组织的倡导下，世界许多国家开始实行多支柱养老金制度改革，特别是世界银行提出的三支柱养老金模式已然成为了许多国家养老金制度改革的样板。在欧洲和转制经济国家，多支柱养老金制度改革是通过将传统的现收现付制养老金制度改革为现收现付制名义账户制度，鼓励以私人基金积累制养老金制度发展的方式构建多支柱养老金模式；而在拉丁美洲，第二轮养老金制度改革主要由阿根廷、哥伦比亚和秘鲁领军，随后乌拉圭（1995）、墨西哥（1997）、玻利维亚（1997）、萨尔瓦多（1998）等国家相继进行了多支柱养老金制度改革，拉美第二轮养老金制度改革是在维持现行的现收现付制公共养老金制度的基础上，通过创建一个“智利模式”的第二支柱养老金制度来构建多支柱养老金制度体系；在东亚国家和OECD成员国，也出现了不同类型的多支柱养老金制度改革。

实行多支柱养老金制度改革的国家普遍建立起包括现收现付制公共养老金、市场化运营的基金积累制养老金和个人储蓄性养老金等在内的多支柱养老金制度体系。

1.2 养老金经济理论的历史嬗变

公平与效率的矛盾关系始终处于西方养老金经济理论研究的核心地位，这是西方养老金经济理论研究最显著的特征。作为社会保障制度重要组成部分的养老金制度具有浓厚的公平色彩，所以，国家一般都是将其作为公民的基本权利和义务由法律加以保障和强制推行，其基本功能就是为实现社会公平目标而提供一种安全稳定机制，以弥补市场分配方面的缺陷。同时，养老金制度会对经济效率产生独特的反作用：从人力资本的数量和质量两个方面来保障经济社会发展中必要的要素投入，从更宏观的意义上促进资源的有效配置。① 正因为如此，在西方养老金经济理论的历史演变过程中，西方经济学家始终以公平与效率的关系为核心，尤其是以公平为出发点来构筑养老金经济理论。②

西方养老金经济理论的发展大致经历了四个阶段：①19世纪初到20世纪初，德国新历史学派与国家正式养老金制度创建，由此出现了第一次重要的养老金制度变迁；②20世纪初到60年代，福利国家理论、凯恩斯(John Maynard Keynes)主义与现收现付制养老金制度的普遍实行与发展；③20世纪70年代到90年代中期，经济自由主义复兴与第二次重要的养老金制度变迁；④20世纪90年代中期至今，中间道路学派理论与第三次重要的养老金制度变迁。

① 曹昭宁：《公平与效率》，石油大学出版社1994年版，第281页。

② 任保平：《当代西方社会保障经济理论的演变及其评析》，载《陕西师范大学学报》（哲学社会科学版）2001年第2期，第49页。

1.2.1 德国新历史学派：国家正式养老金制度创建时期

现代养老金制度最早是受到德国历史学派的影响而在德国创建起来的。19 世纪初，德国经济学家顺应形势的发展，主张保护和发展自己的民族经济。他们采取国家干预主义应对英美国家的经济自由主义。这种思潮对古典学派的自由主义经济学产生了严重的冲击，形成了德国的历史学派。19 世纪 70 年代，德国历史学派演变为新历史学派，主要代表人物有古斯塔夫·施穆勒（Gustav Schmoller）、卢杰·布伦坦诺（Lujo Brentano）等人。1872 年，施穆勒在该学派举行的爱森纳赫会议上致词时指出，要“改革经济主张和现有生产形态及各个社会阶级现存的教养和心理状态”，提出了一系列改良的政策主张：（1）强化国家职能。国家除了为社会提供安全保护之外，还应该直接干预和控制经济生活，参与经济管理。（2）强调法律制度的重要性。国家的经济发展和社会进步要建立在法律和法规之上。（3）强调经济与伦理的相关性。人类的经济活动不仅局限于满足物质需要，而且应满足道德和伦理的需要。施穆勒指出，劳工问题是国家面临的最严峻问题，主张国家通过立法增加社会福利，实施社会保险和社会救助，加强劳资合作，通过建立相关机制解决劳资冲突。[①]

德国新历史学派的折中主张很对俾斯麦政府的胃口，因而很快就被政府采纳，成为德国率先实施社会保障的理论依据。1889 年，德国推出了《劳工老年残疾保险法》，该法律规定由国家负责建立针对工人的退休养老保险计划，这也是当时世界上最完备的工人养老金计划，标志着德国在世界上率先建立起了自己的养老金制度，也标志着人类养老社会保障制度的正式诞生。

1.2.2 福利国家理论与凯恩斯主义：现收现付制养老金制度普遍实行和发展时期

福利经济学在福利国家的形成和发展过程中发挥了重要的理论指导作用。现代福利经济学的先驱——经济学家霍布森（J. A. Hobson）在《工业与财富》（1914）一书中首创“边际主义”一词，用以概括经济学家们

① 王石泉：《论社会保障理论的历史演变》，载《毛泽东邓小平理论研究》2004 年第 4 期，第 61 页。

所接受的边际效用论和边际生产力论。后来英国著名经济学家阿瑟·塞西尔·庇古（A. C. Pigou）于1920年出版了著名的《福利经济学》，通过研究经济福利的衡量标准和增进经济福利的途径，创立了福利经济学，奠定了西方福利经济学的理论体系。庇古认为，衡量社会经济福利的尺度是“国民收入”，给出了经济福利提高的两个充分条件：（1）如果国民收入增加而分配状况没有“恶化”，即穷人的收入没有下降，那么经济福利将提高（效率条件）；（2）如果分配状况改善了而国民收入没有下降，那么经济福利将提高（公平条件）。① 庇古假定在收入分配中有一个货币收入的边际效用递减规律在起作用。同一英镑的收入对穷人和富人的效用是不相同的，穷人一英镑收入的效用大于富人一英镑收入的效用。因而，经济政策的目标就在于通过实施具有收入再分配性质的社会福利政策使社会福利的总和极大化。因为收入再分配过程中穷人得到效用的增加要大于富人效用的损失，社会总效用会增加。他主张：增加必要的货币补贴，改善劳动者的劳动条件，使劳动者的患病、残疾、失业和养老能得到适当的物质帮助和社会服务；向收入高的富人征收累进所得税，向低收入劳动者增加失业补助和社会救济，以实现收入的均等化，从而增加普遍的福利效果；实行普遍养老金制度，或按最低收入进行普遍补贴的制度，通过有效的收入转移支付实现社会公平。

20世纪30年代后期，福利经济学得到进一步发展。尼古拉斯·卡尔多（Nicholas Kaldor）、保罗·萨缪尔森（Paul A. Samuelson）、约翰·希克斯（John R. Hicks）等人在旧福利经济学的基础上，吸收了意大利著名经济学家、洛桑学派创建人维尔费雷多·帕累托（Vil-fredo Pareto）的边际效用序数论，即帕累托最优理论，产生了新福利经济学。新福利经济学认为，最大的福利内容是经济效率，而不是收入分配的均等化。按照这一观点，当生产资源的使用达到最有效的状态与最适度的配置时，经济运行就最有效率，福利就能达到最大，也即达到了帕累托最优状态。②

---

① ［意］尼古拉·阿克塞拉著，郭庆旺、刘茜译：《经济政策原理：价值与技术》，中国人民大学出版社2001年版，第63页。

② 王石泉：《论社会保障理论的历史演变》，载《毛泽东邓小平理论研究》2004年第4期，第62页。

在实践方面，福利国家的代表人物是威廉姆·贝弗利奇（William Beveridge）。1942 年发布的《贝弗利奇报告——社会保险和相关服务》强调了社会保险的重要作用，主张社会保险旨在保障个人获得维持生存的最低限度的收入；国家组织社会保险和社会救济，目的在于保障以劳动为条件者获得维持生存的基本收入；通过不同阶层的赋税差别来实行社会的收入再分配；主张社会福利化，即通过国家提出的一整套津贴补助、社会保险和公共救济制度，包括失业救济、退休金、养老金、家庭补助、医疗保险、卫生保险、住房补贴以及文化教育等社会服务和设施，来实现福利国家的目标。1948 年，英国工党正式提出了“从摇篮到坟墓”均有保障的“福利国家”口号，标志着福利国家在西方社会正式形成。

19 世纪末 20 世纪初，以著名经济学家大卫·达维逊（David Davidson）、古斯塔夫·卡塞尔（Gustav Cassel）和克鲁特·维克塞尔（Knut Wicksell）为代表的瑞典学派诞生，当时就提出了收入再分配的主张。后来，林达尔（Erik Lindahl）、缪尔达尔（G. Myrodal）、伦德伯格（Erik Lundberg）、俄林（Bertil Ohlin）等人发展了维克塞尔等人的主张，特别是以阿萨·林德伯格（Assar Lindberg）为代表的瑞典经济学家发展了维克塞尔的理论，对养老金经济理论的发展做出了重要贡献。瑞典学派有关养老金的观点主要是利用累进税、转移支付以及兴办社会福利设施等措施来平均各阶级与集团之间的收入分配，实现收入平等。在此基础上，瑞典利用自己的经济发展成果和良好的社会政策，建造起了一个包含社会救助、国民基本养老金、国民附加养老金、国民健康年金、失业保险等十三项内容在内的社会福利制度，在北欧建立起了一个高福利的国家。

与此同时，1929—1933 年的世界性经济大危机使得原来占统治地位、以自由市场经济论为中心内容的新古典经济学说顿时衰落。在此背景下，凯恩斯（John Maynard Keynes）国家干预主义经济理论应运而生。凯恩斯主张通过累进税和兴办社会福利等措施来调节国民收入分配，增加消费倾向，实现宏观经济的均衡。由于凯恩斯是从分析资本主义经济的缺陷推导出国家干预宏观经济的必要性，从国家干预的手段论证了社会保障（养老金）制度对经济波动的稳定作用，因此，西方国家将建立公共养老金制度看做是进行经济干预的一种手段。美国在应对 20 世纪 30 年代的经济危机时，就是在凯恩斯主义经济理论的指导下，在实施“新政”刺激经济发展的同时，将建立社会保障体系（养老金制度）作为国家干预经济的措施加以实施，这充分反映了凯恩斯经济理论对养老金制度实践的影响作用。

1.2.3 经济自由主义复兴：从现收现付制向基金积累制养老金制度转轨时期

20世纪60年代以来，随着凯恩斯主义逐渐失效，尤其是20世纪70年代以“滞胀”为特征的经济危机，使国家干预主义成为众矢之的。20世纪70年代，以哈耶克（Freidrich Hayek）和弗里德曼（Milton Friedman）为代表的新自由主义，重新倡导市场经济及自由竞争，反对国家对经济和社会生活的干预，认为自由是人的不可侵犯的权利。在自由主义学派看来，第二次世界大战后始于英国建成的“福利国家”从经济上和政治上都是难以接受的：在经济上，基于高税率的税收政策降低了人们工作、储蓄和投资的积极性，从而导致经济上的低效率；“充分就业”政策减少了私营部门的劳动力供给，使经济发展缺乏弹性；国有化使服务垄断，缺乏竞争；全面福利摧毁了个人自我照顾能力，增加了个人的依赖性。70年代后期，在西欧、北欧的发达国家中，社会保障占本国GDP的比重大都超过了20%，比重最高的瑞典和丹麦已分别达到33%和24.5%，荷兰为31.4%，法国为26%，德国也达到了23%，而英国社会保障支出在财政支出中的比重也从1949年的13.5%激增到1997年的32%。[①]

面对凯恩斯主义经济理论的失效和西方福利型养老金制度的危机，货币主义和供给学派以经济效率原则为出发点，提出了削减养老金支出的政策建议，并在西方各国养老金制度的改革实践中得到了广泛采纳和运用。这些理论主要以经济效率为目标，从宏观经济稳定和经济增长的角度来研究养老金问题，进一步揭示了养老金制度与宏观经济运行之间的关系。

供给学派从其自由主义原则出发，指责养老金制度削减了个人储蓄，抑制了人们的工作积极性。他们主张大幅度削减政府开支，对养老金计划

① 刘燕生：《社会保障的起源、发展和道路选择》，法律出版社2001年版，第199页。

进行改革，采取“紧急援助、严格的福利和对儿童补贴相结合”的社会保障制度，以提高生产率，减少政府开支；同时主张通过私人保险来弥补公共养老金的不足。货币主义的代表人物弗里德曼认为，高效率来自市场竞争，如果对低收入者给予“最低生活水平的维持制度”，会挫伤人们的劳动积极性，最终有损于自由竞争和效率。因此，为了既救济贫困，又无损于竞争和效率，弗里德曼主张采用负所得税政策。通过负所得税，既帮助低收入者维持最低生活水平，又不挫伤人们的工作积极性。

新自由主义在政治上主要是以 20 世纪 70 年代末英国撒切尔政府和 80 年代美国里根（Ronald Wilson Reagan）政府为其行为的代言人，在经济政策和社会福利实施方案上，都强调以自由市场经济为主导，放弃国家干预。在英国，1979 年撒切尔政府执政，英国养老金制度进入激进改革时期，其首要目标是降低政府支出，主要措施是通过改变养老金指数化调整机制和养老金受益关联的收入期限以降低养老金津贴标准并推行养老金私有化。在美国，1981 年 1 月里根就任美国总统，开始对美国社会保障制度进行较大的调整性改革：严格待遇领取条件，大幅度削减社会福利开支，将联邦政府的责任向州和地方政府转移。而智利正是在芝加哥新自由主义经济思想的影响之下，从 1981 年开始改革其现收现付制公共养老金制度，建立私人管理的基金积累制养老金制度。一些激进的学者站在自由主义的立场上对传统的社会福利和养老金制度进行了反向的矫正和改革，把国家的许多责任重新转嫁给了企业与个人，让他们重新担负起保障自己的责任，而国家则承担了较轻的“最后担保人”责任。

1.2.4 中间道路学派的经济理论：从单一支柱向多支柱养老金制度转轨时期

1938 年，英国前首相哈罗德·麦克米兰出版了《中间道路》（*The Middle Way*），提出走中间道路就是要对资本主义进行调节，这种受到调节的资本主义不仅使经济得到发展，还将为社会成员提供一定的社会福利。麦克米兰认为，在分配资源、促进经济增长和保证个人自由方面，市场是最好的机制，但市场机制确实也引发和加深了一些社会问题，因而需要调节、控制。由于他们既不同意完全的自由放任，也不支持民主社会主义学派的主张；他们是反集体主义者，但不是反对国家干预者，因而，后人把他们称为中间道路学派。[①]

20世纪90年代，以美国的克林顿（William Jefferson Clinton）、意大利的普罗迪（Romano Prodi）、法国的诺斯潘（Lionel Jospin）、英国的布莱尔（Tony Blair）和德国的施罗德（Gerhard Schroeder）为代表的左翼政党，在政治上提出了走“第三条道路”的理论。新的“第三条道路”是由克林顿提出来的，他在1992年以“把人民放在第一位”为主题的总统竞选中说：“我们必须采取的变革既不是自由主义式的，也不是保守主义式的。它是两者的结合，而且和两者完全截然不同。……政府的责任是创造更多的机会，人民的责任是充分利用这些机会。”“第三条道路”的提出，是为了超越传统“左”派和右派，以寻求中间路线的一种尝试。在西欧，英国关于“第三条道路”思想的阐述最为完备。1992年，布莱尔成为工党领袖，1994年，伦敦经济学院院长、被称为布莱尔的精神教父的安东尼·吉登斯（Antony Giddens）出版了《超越左和右》，标志着英国工党理论的完整转型。从1995年开始，布莱尔在公开场合使用“第三条道路”描述自己的政治哲学。1997年，布莱尔上台执政，“第三条道路”成为新工党政府的口号。为进一步强调该理论，1998年5月，吉登斯出版了《第三条道路》，同年9月布莱尔出版了《第三条道路：新世纪的新政治》，详细阐述了自己的执政思想。

中间道路学派的基本观点是：在政府与市场的关系上，他们认为，国家是用来解决社会问题、消除不平等和不公正的责任主体，因此，国家对福利的提高应负主要责任。但是又希望限制国家行为，不赞成国家过多地提供福利，认为这样会造成社会成员对国家的依赖，并侵蚀人们的生活意志和自我负责精神。他们制订了一个由私营经济与公共经济组成的混合经济的经济重组计划，并认为在一些领域，市场规则发挥主要作用，私人竞争性公司只是接受公共部门适当的调节，从而把一定程度上的市场竞争与国家干预结合起来。在收入分配和再分配上，他们十分强调社会的整体性，必须维护社会秩序和稳定。国家应当及时进行干预，设法减少不公平和不公正，对社会弱势群体给予更多的关注，通过资源的分配和再分配解

① 成志刚：《西方社会保障理论主要流派论析》，载《湘潭大学社会科学学报》2002年第3期，第59页。

决贫富差距悬殊、失业、贫困等市场失灵引发的社会问题。他们强调混合的福利经济，无法由私人完全提供的服务可交由国家完成，在国家提供服务的领域，私营部门也可同政府在服务效益、效率等方面展开竞争。在价值取向上，他们认为，对于一个健康的社会来说，个人责任是至关重要的，政府的主要目标应该是使个人在机会上能够平等，以此去追求一个公平的社会而不是单纯追求结果上的均等，因而他们提出“不一定要均等，但要公平”的观点。

中间道路学派理论在养老金制度改革方面的实践者是克林顿和布莱尔。1992年，克林顿当选美国总统后，他在向国会提交的经济报告《美国变革的前景》中阐述了自己的政策主张，其基本内容是：政府必须干预经济，尤其是财政干预，以实现充分就业和经济增长的目标。在社会保障制度的改革中通过提高个人所得税、公司所得税以及高收入者的税率，加大收入再分配的力度。布莱尔在1997年上台后就提出了改革福利国家的激进纲领。布莱尔指出：“我们的首要任务一直是，而且仍然是消除养老金领取者的贫穷。我们一直相信，基本养老金是所有人退休后继续发展的基础。工党有义务建立一个面向所有人的国家基本养老金制度。”布莱尔的养老金制度改革的主要政策措施是：首先是改革国家基本养老金制度。改革的重点是帮助低收入者，国家养老金制度仅向那些不能为退休储蓄的人提供帮助，如低收入者、残疾人。并且通过有效地削减第一支柱对老年人的扶持，迫使个人去依赖第二和第三支柱。其次是废除收入关联养老金计划，建立国家第二养老金制度，通过可负担的和安全的第二支柱养老金制度，鼓励那些有经济条件的职工为退休储蓄。最后是创建主要为没有参加个人养老金计划的中等收入者设计的新股票持有者计划，允许职工可以按照“退出合约”从国家第二养老金计划中退出，参加股票持有者养老金计划。

1.3 研究思路与结构

养老金制度既是一项重要的社会制度，也是一项十分重要的经济制度。社会制度体现社会公平，经济制度体现经济效率。因此养老金制度的政策目标是：在维持适度社会公平的基础上，增进经济效率。

现收现付制养老金制度和基金积累制养老金制度这样的单一制度安排都只是一种极端形式。传统的现收现付制本身是一个很好的制度安排，但是，在现收现付制养老金制度的实施过程中，由于过分强调绝对公平，再加之福利刚性和人口老龄化等外部因素的影响，导致效率损失，使得制度本身难以为继；基金积累制则走向了另一个极端，片面追求效率，忽视社会公平的作用，并且基金积累制使个人面临更多的不确定性。事实上，没有社会的适度公平，也将妨碍经济效率的增进。

回顾人类养老金制度变迁的历史，我们可以看到，养老金制度的每一次变迁都意味着对公平的调整并不断增进经济效率，也即不断调整养老金制度以更加贴近制度的政策目标。虽然这种制度变迁的表象为：现收现付制养老金制度向基金积累制养老金制度转轨的过程中是人口老龄化、经济危机等因素的作用；单一支柱向多支柱养老金制度转轨的过程中是政府责任与社会责任、个人责任的权衡。但养老金制度变迁的实质是为了在确保社会公平的基础上，增进经济效率。因此，养老金制度变迁事实上是公平与效率矛盾的调和：现收现付制与基金积累制任何一种单一制度安排都不可能解决公平与效率的矛盾，只有从单一支柱走向多支柱才可以在一个养老金制度混合体中实现公平与效率的平衡。

本书有关养老金制度变迁的分析是基于规范研究方法和实证研究方法，沿着经济学研究和经济思想史发展的脉络，研究人类养老保障发展历史中三次重要的养老金制度变迁的本质原因和经济效应。事实上，有关养老金制度变迁的分析可以从不同学科的角度展开，但是本书主要立足于养老金制度变迁的经济学分析，不仅从经济学角度阐述了养老金制度变迁的历史、原因和经济效应，而且通过分析形成了养老金制度研究的经济理论体系。

其一，本书第一次从经济学角度系统梳理了人类养老保障历史发展过程中三次重要的制度变迁：工业革命时期从家庭保障向社会保障转变；20世纪70年代从现收现付制养老金制度向基金积累制养老金制度转变；20世纪90年代中期从单一支柱养老金制度向多支柱养老金制度转变。

其二，本书提出了养老保障的实质就是寻找一个合适的“储钱罐”，并利用叠代模型（overlapping generations model）和优化方法模拟了从家庭养老保障向社会养老保障转轨的全过程。据此认为纵向代际交换方式的选择是传统农业社会家庭养老保障方式形成的重要原因，而工业革命引致家庭养老保障方式向社会养老保障方式转变。

其三，通过剥离有关养老金制度变迁的表象特征，深入探讨了世界性养老金制度变迁的合理内核：公平与效率的矛盾。本书分析结论指出，正是由于公平与效率的矛盾推动了世界性养老金制度变迁，而从单一支柱走向多支柱养老金制度实现了公平与效率的平衡，确保了养老金制度的社会政策目标和经济政策目标同时实现。

其四，通过对养老金制度变迁的历史考察，结合本书的分析结论，认为当前各国多样化的改革模式只是在朝着这个方向发展的阶段性成就，但最终都将是殊途同归，形成多支柱养老金模式。因此，本书提出了全球养老金制度变迁的四个潜在路径："现收现付制→基金积累制→多支柱"；"现收现付制+基金积累制=多支柱"；"基金积累制+现收现付制=多支柱"；"基金积累制→现收现付制→多支柱"。

其五，采用"到期债务"定义，本书利用精算技术全面系统地测算了中国基本养老保险隐性债务和转制成本，以及未来基金缺口的期限结构，为科学规划"划资偿债"战略和完善我国基本养老保险制度提供依据。

2 工业革命与社会养老金制度起源

2.1 家庭养老保障的经济起源：代际交换

“老吾老以及人之老”，作为传统家庭养老保障思想早在正式的社会养老金制度出现之前就已经存在，作为一种非正式的制度安排，家庭养老保障方式不仅在过去，而且现在甚至未来都必将在我们的养老社会保障体系中发挥着重要作用。

2.1.1 养老保障的实质就是“储钱罐”的功能

人的生理周期可以分为青年期（不具备劳动能力）、中年期（具备劳动能力）与老年期（丧失劳动能力）三个时期，在青年期和老年期由于不具备劳动能力或劳动能力丧失，个人不可能通过自身获得生活资料；在中年期，个人可以通过自己的劳动获取生活资料。作为一个理性的人，他将考虑到自己年老丧失劳动能力时收入无保障的风险，因此，他会选择将中年期的部分劳动产品留到老年期使用。正如经典的“莫迪利亚尼生命周期假说”（Franco Modigliani The Life-Cyclc Hypothesis of Saving）所述，一个理性的消费者能以符合理性的方式消费自己的收入，以实现消费的最佳效用；他会选择一个合理稳定的、接近于他所预期的毕生平均消费率进行消费。[①]

$$WR_{max} = (YL - C) \times WL = C \times (NL - WL)$$

生命周期理论隐含的前提是：财富是可以储蓄的，也就是财富可以通过储蓄的方式留到个人年老丧失劳动能力的时候使用。但是，在货币出现

① 《莫迪利亚尼论文选》，商务印书馆 1993 年版，第 360 页。

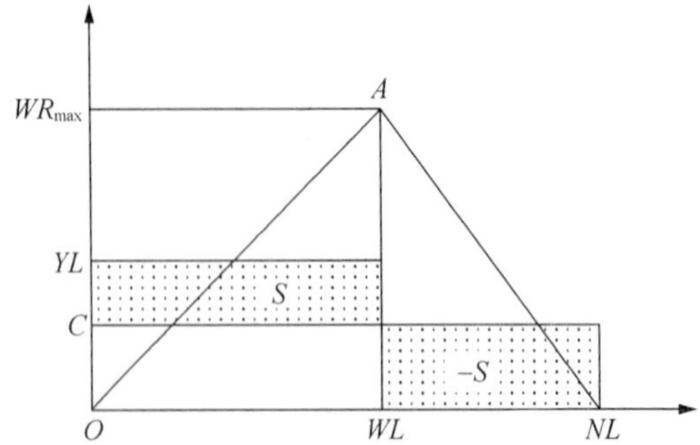

图 2-1　个人储蓄的驼峰形分布

说明：图中 WR 代表财产收入，YL 代表劳动收入，C 代表消费，WL 为工作期，NL 为生命期。生命期总消费为 $C \times NL$，工作期总储蓄为 $(YL-C) \times WL$，退休期总反储蓄为 $C \times (NL-WL)$。OA 线表示从参加工作开始到退休为止，储蓄在这一段时间一直在递增；到工作期最后一年总储蓄达到最大。ANL 线表示从退休期开始，储蓄逐渐减少，到生命结束时总储蓄为零。正如莫迪利亚尼所说："生命周期理论的基本含义：退休后的储蓄应是负数，因而资产以相当恒定的速度下降，到死亡时降到零。"个人生命期总储蓄的最大值为：

$$WR_{max} = (YL - C) \times WL = C \times (NL - WL)$$。①

之前，财富是以实物的形态存在与交换的，物质形态的财富，包括衣服、食品等生活资料在当时是不可能储存几十年的，与此同时，交换也是不方便的。因此，在代内横向交换和个人跨时的纵向交换不成立的情况下，代际交换成为了一种唯一的选择，因此家庭也成为了养老保障的主要载体，我们可以说养老保障的实质就是一个"储钱罐"。

在此我们假定一个极端的例子：在一个传统农业社会的家庭，家庭中没有孩子与老人，成年人通过劳动获得食物与生活必需品。作为一个理性人，成年人会预测到终有一日自己会因年老而丧失劳动能力，也即失去了获取食物与生活必需品的能力，他必须找到一个"储钱罐"。因此，这个理性的成年人将会在自己养老与子女赡养之间做出选择。如果选择自己养老，但是由于没有货币形式的一般等价物而不可能进行代内交换与储蓄，同时也没有正式的制度安排为其提供这个"储钱罐"。那么这个理性人的

① 转引自邓大松《中国社会保障若干重大问题研究》，海天出版社 2001 年版，第 10 页。

唯一选择就是子女赡养，将孩子作为一个“储钱罐”。于是，成年人考虑生育孩子，并与孩子达成协议或形成惯例，孩子年轻的时候由他们提供抚养物质（食物与生活必需品），自己年老时由孩子归还等价的食物与生活必需品作为交换。

我国著名社会学家费孝通先生把“家”或者“家庭”看做是“养生送死”的所在，是社会的细胞和最基本的生活单位，这无疑是正确的。细致区分的话，社会的继替不仅需要生育制度，而且需要养老制度，这两种制度是对应的，是社会文化的两个端口。先有生育抚育，后有养老送终。这两个制度共同构成了人类社会的代际交换关系和新陈代谢方式，家庭成员的关系是以“生”、“育”和“养老”为基础而形成的亲属组织和血缘关系。①

2.1.2 传统家庭内部形式的模拟②

对于家庭养老保障方式的分析可以先从传统家庭内部形式的模拟开始。假设在一个传统的农业社会中，只存在土地与生产资料（K）、劳动力（L）的竞争性市场，没有任何形式的技术进步，因此也不存在劳动生产率方面的外生增长。

假设个人存活三期：青年期（y）、中年期（m）和老年期（o）；个人出生时就可以直接拥有一个资源禀赋：存活到中年期就具备从事劳动的能力；老年人可以从他们死去的父辈手中继承现存的资本存量（土地和生产资料）。

（1）人口生产与再生产

假定在 t 期出生的人在整个 $t+1$ 期有生育能力。他们每个人都会自由选择生育孩子的数量，我们定义为：f_{t+1}；如果有 N^m_{t+1} 个中年人存活，那么在 $t+1$ 期就有 $f_{t+1}N^m_{t+1}=N^y_{t+1}$ 个孩子出生。定义 θ_t 为需要照料一个孩子

---

① 穆光宗：《家庭养老制度的传统与变革——基于东亚和东南亚地区的一项比较研究》，华龄出版社 2002 年版，第 7 页。

② 本部分 2.1.2、2.1.3、2.2.1 节中的模型推导是在米切尔和琼斯的论文《在一个马尔萨斯经济中的出生率、死亡率和储蓄》的基础上，结合本书论证需要而建立的。Michele Boldrin, Larry E. Jones, 2002, “Mortality, Fertility, and Saving in a Malthusian Economy”, *Review of Economic Dynamics*, 5, pp. 775-814。

的所有资源的数量（现在消费）。因此，给定生育率水平，需要照料孩子的资源总量就是 $N_t^m\theta f_t$。

在 t 期存活的人口的一部分将在期末去世。对于老年人，t 期的死亡率等于 1；假定中年人 t 期的死亡率等于 0；给定年轻人 t 期的死亡率为 $m_t^y\in[0,1)$。按此假设，$t+1$ 期的老年人为 t 期中年人的 1 倍，$t+1$ 期的中年人为 $f_t(1-m_t^y)$ 倍的 t 期中年人的数量。其中，m_t^y 为出生和达到工作年龄之间的总和死亡率，可以定义 $\pi_t=1-m_t^y$ 为年轻人的生存概率，那么 π_t 也是在 t 期出生的人在 $t+1$ 期成长为中年人的概率。

（2）物质资料生产

在 t 期，可消费的家庭总产出是：$Y_t=F(L_t,K_t)$，其中，K_t 是土地与生产资料总存量，$L_t=N_t^m$ 是来自中年人的总劳动供给。

假定 $F(L,K)$ 是凹的，齐次程度是 1，那么可以设定 $f(k)=F(K/L,1)$。

家庭消费的总资源约为：

$$Y_t\geqslant N_t^o c_t^o+N_t^m c_t^m+N_t^y\theta_t \tag{2.1}$$

其中，c_t^o 和 c_t^m 分别表示老年人和中年人的消费率。

在本书中使用的其他定义和计算的恒等式为：

$$k_t=\frac{K_t}{L_t}=\frac{K_t}{N_t^m} \tag{2.2}$$

$$x_t=\frac{K_t}{N_t^o}=\frac{K_t}{N_{t-1}^m} \tag{2.3}$$

（3）效用函数和预算约束

在年轻的时候，个人关心的是消费和生存，个人从自己的消费和其父母的消费中获得效用。为简便起见，我们假定年轻时的消费不影响生命期效用；为标准化分析，我们假定没有来自休闲的效用，年轻人和老年人的劳动供给是 0，中年人的劳动供给是 1。因此，一个在 $t-1$ 期出生的个人（在 t 期的中年人）一生的效用函数是：

$$U_{t-1}=u(c_t^m)+\eta u(c_t^o)+\delta u(c_{t+1}^o) \tag{2.4}$$

其中，$u(\cdot)$ 满足效用函数的所有标准特征；参数 δ 和 η 是 $(0,1)$；δ 是贴现因子，η 反映子女从其老年父母的消费中获得的效用。

在生命的第一期没有预算约束，因为年轻人由其父母照料。定义 w_t

为每单位劳动时间的工资率，d_t^i 定义为中年人向其父母提供的人均养老费用。当中年时，我们有：

$$d_t^i + c_t^m + \theta_t f_t \leqslant w_t \tag{2.5}$$

并且当年老时，有：

$$c_t^o \leqslant \sum_{i=1}^{n_t^m} d_t^i \tag{2.6}$$

定义 $n_t^m = f_{t-1}\pi_{t-1}$ 是每个老年人生育的幸存子女的数量。

2.1.3 家庭养老保障需求与扩展家庭的形成

(1) 家庭养老保障的过程

我们假定在传统农业社会中由于社会习俗等非制度性规范，子女选择共同负担父母的生活保障，即中年人通过自己的消费和平等分担父母的消费，最大化他们的效用。在 t 期，有 $i=1, 2, \cdots, N_t^m$ 个幸存的中年人转移部分消费资源给自己的父母，中年人 i 选择养老费用 d_t^i，求解下面的最大化效用函数：

$$\max_{d_t^i} u(w_t - \theta_t f_t - d_t^i) + \eta u(n_t^m d_t^i) \tag{2.7}$$

一阶条件推导出：

$$u'(c_t^m) = n_t^m \eta u'(c_t^o) \tag{2.8}$$

从（2.8）式的结论可以看出，中年人效用最大化的条件是自身消费的边际效用与子女从父母消费中获得的边际效用和相等。在此，只要 $\pi_{t-1} f_{t-1} = n_t^m > 1$，其他情况相同，子女共同承担父母的老年消费会考虑到兄弟姐妹的数量。当然，兄弟姐妹越多，老年人和自己的消费效用也越高。

(2) 家庭养老保障计划：生育孩子

前面是中年人在中年期的效用最大化条件，对于中年人而言，他不仅考虑有劳动能力时的效用最大化问题，而且也会考虑一个终生消费计划，以最大化自己一生的效用：

$$\max_{s_t, f_t, d_t^i} u(c_t^m) + \eta u(c_t^o) + \delta u(c_{t+1}^o) \tag{2.9}$$

预算约束（2.5）和（2.6）：$d_t^i + c_t^m + \theta_t f_t \leqslant w_t$

$$c_{t+1}^o \leqslant \sum_{i=1}^{n_{t+1}^m} d_{t+1}^i$$

分别求解 f_t 和 d_t^i 的一阶条件产生：

$$u'(c_t^m)\theta_t = \delta u'(c_{t+1}^o)\frac{\partial c_{t+1}^o}{\partial f_t} \tag{2.10}$$

$$u'(c_t^m) = \eta u'(c_t^o)n_t^m \tag{2.11}$$

中年人在自己一生的消费计划中将子女的消费支出与自己的养老保障联系在一起。一阶条件（2.10）表明，中年人生育和抚养子女的消费支出与因此所产生的收益现值相等。一阶条件（2.11）与家庭养老保障过程中的一阶条件（2.8）相同。从两个结论可以看出，单个子女承担的“养老费用”就会依赖于子女的数量，子女数量越多，单个子女承担的“养老费用”就会下降。

在农业社会，因为以手工劳动为基础，劳动力是生产力中最重要的因素，对于一个家庭来说，劳动力多则可能生产更多的财富。所以，作为准劳动力的孩子具有较高的经济价值。因为父母注重孩子的经济价值，所以，他（她）们倾向多生育，特别希望多生育男孩，为家庭提供较多的劳动力。因此，传统家庭养老保障需求进一步促进了生育率提高，从而逐渐形成了几代同堂的扩展家庭。许多西方学者认为在古代社会，家族生活在自然经济体系之中，社会无力为儿童和老人提供大量福利。故无论中外，绝大部分社会的家庭都采取双向抚养模式。那时，“三个世代的人幸福地生活于同一个家庭，曾经是家庭关系的黄金时代。”①

2.1.4 家庭养老保障方式存在的前提条件

家庭养老保障的过程是从父母的角度来分析的，也就是说，父母生育子女的目的是将子女作为一个保障自己未来消费的投资品——“储钱罐”，即父母抚养子女的目的是为了当自己年迈劳动能力较低或丧失时，作为补偿可以获得子女的供养。因此，父母将选择生育可能多的子女来尽可能最大化自己养老保障的效用。但是，这种家庭养老保障契约的维护是基于几个重要的前提：

其一，没有可以进行储蓄的资本市场。当不存在资本市场或者说个人

① ［美］Arlene S. Skolnick, Jerome H. Skolnick, 1988, *Family in Transition*, Little Brown and Company, Boston, p. 41。转引自张怀承《中国的家庭与伦理》，中国人民大学出版社 1993 年版，第 292 页。

由于种种原因而无法依靠资本市场时，家庭制度可以（部分地）代替资本市场的这个功能。[①] 子女成为了成年人的“投资品”，生育子女成为了成年人“剩余产出”的“投资行为”，而获得子女的赡养则理所当然地成为了“投资收益”。有关的历史研究告诉我们[②]，中世纪的欧洲，依靠子女提供主要收入及劳务服务的养老模式也是占主导地位的养老模式。迈克尔·米特罗尔（Micheal Mitterauer）等[③]通过对欧洲家庭的历史研究，对家庭养老的原因进行了分析：“实质上，农民经济是一种无货币经济，以至于赡养老人的供养只在家内是可行的，提供实物在超出一定的距离时就会是不可行的，因为这需要用现金支付并用此钱购买食物。而在前工业时代，在这一区域的农业地区中，这两者都是不存在的，因此，对于老年农民自己或夫妇双方来说，在把家交出去之后仍留在家里是具有经济上的必要性。”

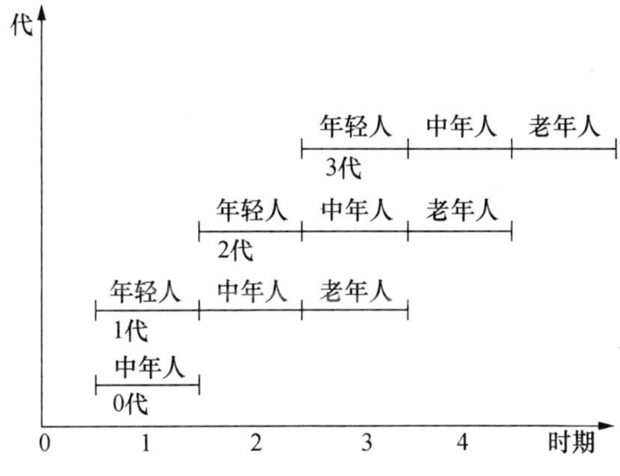

图2-2 家庭养老保障中的代际传承模式

其二，土地和家庭财产是社会唯一的生产资料。在传统的农村公社中，家长制的家庭构成社会的支柱。家庭的土地和其他资源（动物、工

① 李绍光：《养老金制度与资本市场》，中国发展出版社1998年版，第48页。

② Micheal Mitterauer and Reinlard Sieder, 1983, *The European Family*, Basil Blackwell Publisher Ltd, Oxford England。此书后来由赵世玲、赵世瑜、周尚意译为《欧洲家庭史》。

③ 迈克尔·米特罗尔、雷因哈德·西德尔，赵世玲、赵世瑜、周尚意译：《欧洲家庭史》，华夏出版社1987年版，第144—145页。

具和种子）以一种相对平均主义的形式由父母转移给自己的子女。居住在一起，并在父母留给自己的土地上耕种，是当时唯一可选择的生活方式和生产方式。因此能够有效继承土地和家庭财产构成了父母对子女行为约束的重要手段。

其三，交易成本为零。在传统农业社会家长制的家庭结构中，经济活动的组织和社会规范使父辈对他们子女有着不可侵犯的“权威”，不赡养老人被社会所耻笑和鄙夷；由于居住在一起，且共同耕种从父辈继承的土地与家庭财产，在子女相互间形成了一种很强的社会监督与“控制”。因此，子女不提供养老保障的可能性非常小，家庭养老保障行为的交易成本近乎为零。

其四，社会人口的预期余命较低。在传统农业社会，由于生活水平低下，医疗保障方式落后或缺乏，当时的人口预期余命非常低，很多人在40岁左右的时候就已经离开了人世。因此，较低的人口预期余命导致实际赡养费用并不是很高，并且在很多情况下，个人在还没有丧失劳动能力或没有完全丧失劳动能力的情况下就已经去世。特别地，没有完全丧失劳动能力的老年人也会在家中提供一些家庭劳动，这种家庭劳动也形成了家庭财富，相对降低赡养费用。

2.2 正式养老金制度的经济起源：工业革命与城市化

正式的社会养老金制度出现于1880—1950年期间，并逐步由斯堪的纳维亚（Scandinavian）国家和德国向加拿大和美国等地扩展。这些制度的产生主要是由于发生在欧洲的工业革命带来了经济、政治、社会、法律和人口结构方面的改变，而这些改变促使着家庭养老保障方式向新的模式转换。

2.2.1 新“储钱罐”出现：储蓄形式打破了家庭养老保障的均衡

产业革命以后，家庭经济结构瓦解，代际交换在全社会进行，货币成为代际交换的媒介，成为老年人向整个一代人索取的投资凭证。工业社会不再强使每一个人都必须依靠自己的子女养老，他们可以用货币来购买他人子女的劳动产品和劳务，以达到养老的目的。因此，他们可以在养育子女和储蓄之间做出选择，正是在这个基础上产生了养育子女的机会成本问题。①

(1) 储蓄前提下中年人的消费计划

进一步假设中年人可以将当期消费剩余用于储蓄，并且这些储蓄全部投资于新土地或积累新的资本（s_t），并以1∶1的固定比例转换成为新的土地/资本，投资的收益是确定的。

$$K_t = K_{t-1} + N_{t-1}^m s_{t-1} \tag{2.12}$$

因此，社会的总资源约束是：

$$Y_t \geqslant N_t^o c_t^o + N_t^m (c_t^m + s_t) + N_t^y \theta_t \tag{2.13}$$

定义其他的恒等式：

$$x_t = \frac{K_t}{N_t^o} = \frac{K_{t-1} + N_{t-1}^m s_{t-1}}{N_{t-1}^m} = k_{t-1} + s_{t-1} = \pi_{t-1} f_{t-1} k_t \tag{2.14}$$

当中年时，个人的资源约束是：

$$d_t^i + c_t^m + s_t + \theta_t f_t \leqslant w_t \tag{2.15}$$

并且当年老时，有：

$$c_t^o \leqslant \sum_{i=1}^{n_t^m} d_t^i + R_t x_t \tag{2.16}$$

其中 R_t 是资本的收益率，是土地/资本存量 K_t 的净值（贴现率为零）。

(2) 在两个“储钱罐”间进行选择与平衡

当出现了可以进行储蓄的外部资本市场之后，理性的中年人将会在生育子女与储蓄之间进行选择与权衡，设计自己的消费计划，以最大化自己一生的消费效用。

$$\max_{s_t, f_t, d_t^i} u(c_t^m) + \eta u(c_t^n) + \delta u(c_{t+1}^o)$$

$$s.t. \quad d_t^i + c_t^m + s_t + \theta_t f_t \leqslant w_t$$

$$c_{t+1}^o \leqslant \sum_{i=1}^{n_{t+1}^m} d_{t+1}^i + R_{t+1} x_{t+1} \tag{2.17}$$

分别求解 s_t、f_t 和 d_t^i 的一阶条件产生：

---

① 杜亚军：《代际交换与人类养老制度——人口老龄化与养老问题的国际比较研究》，中国人民大学博士学位论文。

$$u'(c_t^m) = \delta u'(c_{t+1}^o)\frac{\partial c_{t+1}^o}{\partial s_t} \tag{2.18}$$

$$u'(c_t^m)\theta_t = \delta u'(c_{t+1}^o)\frac{\partial c_{t+1}^o}{\partial f_t} \tag{2.19}$$

$$u'(c_t^m) = \eta u'(c_t^o)n_t^m \tag{2.20}$$

$$u'(c_t^m) = \eta u'(c_t^o) \tag{2.21}$$

一阶条件（2.18）和（2.19）分别表明中年人在生育子女与储蓄这两个“储钱罐”之间选择的条件，这个条件分别是未来养老保障的贴现边际效用等于生育与抚养子女的消费支出或者等于储蓄的收益率。事实上，引入了储蓄之后，中年人将会做出一个战略安排：在储蓄与生育子女之间进行选择与平衡。因为他们知道子女也会在未来是否提供 d_t^i 或提供多少 d_t^i 做出抉择。对于父母而言，考虑到储蓄数量的变化和子女数量的变化可能会对他们在年老时将收到的养老保障资源总量的影响是理性的，因为生育子女的机会成本出现了。因此，在方程（2.18）和（2.19）的右边出现的$\frac{\partial c_{t+1}^o}{\partial s_t}$和$\frac{\partial c_{t+1}^o}{\partial f_t}$代替了“竞争性”收益率 R_{t+1} 和 $\pi_t d_{t+1}$。最后，方程（2.20）和（2.21）分别给出了在子女提供 d_t^i 和不提供 d_t^i 这两个极端条件下选择的一阶条件。

2.2.2 工业化与城市化形成了家庭养老保障责任的不合作解

社会养老金制度替代家庭养老保障方式的时期正好与第一次人口转换（demographic transition）[①] 时期是一致的，即 18 世纪的欧洲。而这个时期也正好与欧洲的工业化和城市化运动时期相一致。随着工业化和城市化的发展，许多子女远离乡村，成为城市工人，原来的扩展家庭走向小型化——核心家庭，原有的家庭养老保障方式的基础动摇：其一，土地和家庭财产不再成为父母约束子女的工具，离家的子女也不需要继承父母的土地和财产；其二，离家的子女也不会受到邻里和兄弟姐妹的监督和指责；其三，医疗卫生水平和生活质量的提高，人口寿命延长，长寿风险出现。由于这些约束条件不成立，必将引发子女供养老年人的道德风险，即出现

① 人口转换的含义是婴儿死亡率和生育率从较高水平同步下降到较低水平。

了不合作赡养形式。与此同时，父母也发现在工业化社会已经难以控制子女不养老的道德风险。家庭养老保障功能逐渐弱化，家庭养老保障体系逐步走向解体。

(1) 家庭结构趋于小型化

在传统社会，外部的文化约束和大家庭的结构使得老年人能够牢牢地控制住家庭资源，以大家庭的利益为重，这是传统社会的根本特点。而在现代社会，则以小家庭的利益为重，小家庭对大家庭基本上没有什么依附。①

总的来说，工业化前的家庭规模较大，一般都在6—7人以上。工业革命后，家庭规模逐渐缩小。并且20世纪50年代以后，家庭规模变小加速，到70年代初，奥地利、比利时、联邦德国、瑞士、丹麦、瑞典等国的家庭平均人口规模降到3人以下；民主德国、苏联、加拿大、美国、爱尔兰、芬兰等国也降到4人以下。80—90年代，西方各国家庭规模进一步缩小，1982年英国的家庭规模降到2.63人，其他大多数国家进入90年代后平均家庭人口规模也都是2—3人。②

美国的史料比较齐全，1790年美国家庭户均5.4人，1900年为4.2人，1940年为3.3人，1950年为3.5人，1970年为3.6人，1980年为3.3人，1982年为2.72人，到20世纪90年代美国家庭的平均成员是2.6人，而且还在进一步减少。③

表2－1显示了日本从1890前到20世纪20—30年代已婚妇女生育子女数，非常明显的是，工业革命开始后，随着工业化程度提高和城市化发展，已婚妇女平均生育子女数量在不断下降。

(2) 劳动力从农村向城市迁徙

随着工业化和城市化的发展，城市现代工业的发展开始吸引大量农村劳动力向城市转移。在19世纪开始时，美国几乎每个人都生活在农村地区，非农就业几乎不存在。但到了1940年，农村居民下降到了43.5%，而农业人口则仅相当于美国总人口的23%。图2－3给出了美国1800—1940年农

① 穆光宗：《家庭养老制度的传统与变革——基于东亚和东南亚地区的一项比较研究》，华龄出版社2002年版，第322页。

② 姜永红：《工业化与中国养老金制度》，2001年，暨南大学博士学位论文，第38页。

③ 陈功：《家庭革命》，中国社会科学出版社2000年版，第15页。

表 2-1　　日本同期群已婚妇女平均生育的子女数

	已婚妇女所占比重（%）					平均孩子数（个）
孩子出生年份	0个	1个	2个	3个	4个及以上	
1890年前	11.8	6.8	6.6	8.0	66.8	4.96
1891—1895年	10.1	7.3	6.8	7.6	68.1	5.07
1896—1900年	9.4	7.6	6.9	8.3	67.9	5.03
1901—1905年	8.6	7.5	7.4	9.0	67.4	4.99
1911—1915年	7.1	7.9	9.4	13.8	61.8	4.18
1921—1925年	6.9	9.2	24.5	29.7	29.6	2.86
1928—1932年	3.6	11.0	47.0	29.0	9.4	2.33

注释：同期群是指给定时期里经历了相同的生活事件的一群人。

资料来源：Ochia Wroiko，1997，*The Japanese Family System in Trasition：a Sociological Analysis of Family Change in Postwar Japan*，the Simul Press，Inc.，Tokyo，p. 41。转引自穆光宗《家庭养老制度的传统与变革——基于东亚和东南亚地区的一项比较研究》，华龄出版社 2002 年版，第 74 页。

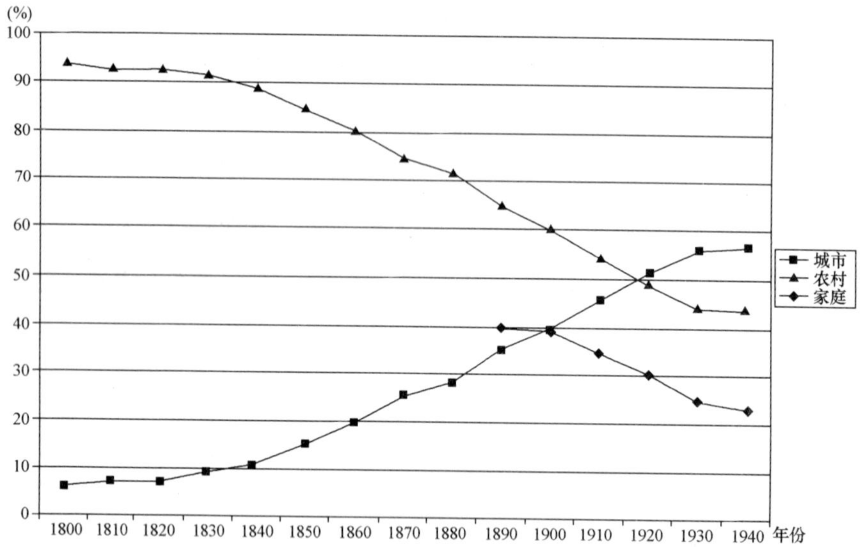

图 2-3　美国 1800—1940 年农村/城市人口变化①

① Hernandez，Donald J.，*1996*，“*Population Change and the Family Environment of Children. art 2 of Trends in The Well-Being of America Children and Youth*：”，U. S. Department of Health and Human Services，Washington，D. C.，Figure 5.

村/城市人口变化趋势。

从表 2－2 可以看出，在 1750—1950 年的 200 年间，大部分国家都经历了一个农村劳动力向城市转移的过程，而这些国家的农业人口向城市大规模转移而导致农业劳动力比重的下降的时间与这些国家的工业化进程是一致的。这种结构变化对于考察养老金制度起源是非常重要的，因为农村—城市的迁移对于向老年人提供收入是非常有意义的。当人们从农村迁移到城市，他们不再依赖土地作为养老保障资源，政治支持增加。

表 2－2　1750 年、1850 年、1900 年和 1950 年部分国家从事农业的职业人口所占比重（%）

国家	1750 年左右	1850 年左右	1900 年左右	1950 年左右
埃及	—	—	70	65
南非	—	—	60	33
加拿大	—	—	43	20
墨西哥	—	—	70	61
美国	—	65	38	13
日本	—	—	71	48
奥地利	—	—	60	33
比利时	—	50	27	12
丹麦	—	49	47	25
法国	76	52	42	30
大不列颠	65	22	9	5
爱尔兰	—	48	45	40
意大利	—	—	60	42
挪威	—	65	41	26
西班牙	—	70	68	50
瑞典	75	65	54	21
澳大利亚	—	—	25	22
新西兰	—	—	30	18
前苏联	—	90	85	56

资料来源：［意］卡洛·M. 奇波拉（Carlo M. Cipolla）著，黄朝华译：《世界人口经济史》，商务印书馆 1993 年版，第 16 页。

(3) 社会人口预期寿命延长

工业革命是与科技革命相伴的，从工业革命开始，科学技术水平得到了迅猛发展，医疗技术水平大幅提高，再加之人们的收入水平增长和生活质量改善，社会人口的预期寿命开始显著延长。图 2 - 4 显示了 60—65 岁、65—70 岁、70—75 岁、75—80 岁美国人口的条件生存概率。在 1850—1900 年间，生存概率增加了大约 5 个百分点，而 1900—1940 年间，又增加了 2 个百分点。

表 2 - 3 显示了德意志联邦共和国和奥地利 1871—1880 年、1967—1969 年期间男性与女性平均预期寿命的状况，与 1871—1880 年相比，1967—1969 年期间的老年人平均寿命得到显著增加。社会人口寿命的延长，一方面增加了老年人赡养的成本，也因此增加了子女的赡养负担；另

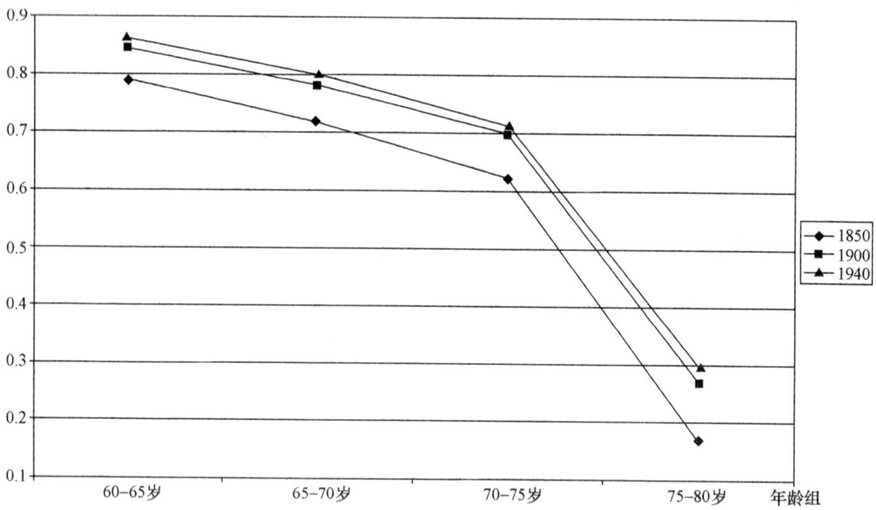

图 2 - 4　60—65 岁、65—70 岁、70—75 岁、75—80 岁美国的条件生存概率①

① Greenwood, Jeremy and Seshadri, Ananth. 2002, "The U. S. Demographic Transition", *American Economic Review*, May, pp. 153 - 159. Gollin, Douglas, Parente, Stephen, and Rogerson, Richard. 2002, "The Role of Agriculture in Development", *American Economic Review*, May, pp. 160 - 164.

一方面当农民存活更长时，通过继承的方式进行的土地所有权转换被延迟，老年人通过土地所有权约束子女的能力下降。

表 2－3　　部分国家老年人平均预期寿命的延长

	年龄	男性人口			女性人口		
		1871—1880	1967—1969	增长（%）	1871—1880	1967—1969	增长（%）
德意志联邦共和国	0（新生）	35.6	67.4	31.8	38.5	73.5	35.0
	5	49.4	64.5	15.1	51.0	70.3	19.3
	30	31.4	40.9	9.5	33.1	46.0	12.9
	60	12.1	15.1	3.0	12.7	18.8	6.1
	80	4.1	5.3	1.2	4.2	6.0	1.8
奥地利	0（新生）	30.4	66.6	36.2	33.1	73.7	40.6
	5	45.3	63.9	18.6	46.5	70.6	24.1
	30	29.7	40.5	10.8	30.5	46.3	15.8
	60	11.8	15.2	3.4	11.7	19.1	7.4
	80	4.1	5.2	1.1	3.9	6.1	2.2

资料来源：转引自迈克尔·米特罗尔、雷因哈德·西德尔著，赵世玲译《欧洲家庭史》，华夏出版社 1987 年版，第 128 页。

（4）交易成本增加

社会学家发现，代际交换过程中贯彻着一个基本的原则，即公平原则。但这里的公平只是人们的心理感受和社会评价。所以，与一般市场意义上的交换不同。有学者概括了以下几个特点：

第一，相对于双方契约规定的交换而言，代际交换是由情感联系和道德制约的，亲子双方并无正式的抚养和赡养的合同契约，其各自的付出和报酬由传统道德规范规定，同时也是血缘亲情的自然表露。

第二，相对于可精确计算的交换，代际交换是良心估算与社会评价的，这就是说，并没有一种可以将付出与回报作为计算的指标或尺度，交换是否对等是相对模糊的，用以衡量这种交换的是人们自己是否心安理得以及来自宗族和社区其他成员的评价。

第三，相对于一次性清算完结的交换，代际交换的回报是延迟性的，个体从蒙恩受惠于父母到长大成人能够回报这种恩惠有一个相当长的过程，而且还要通过向下一代付出而报答上一代，因而交换可以是间接的、递推的。①

随着工业化的发展，子女开始离开父母、离开农村，他们也不再“稀罕”父母将会遗留给他们的土地和家庭财产，家族、邻里、兄弟间的监督已经不再起约束和监督作用，代际空间距离的拉大也必然带来赡养方面的困难，城市生活的紧张节奏和高生活成本也使很多核心家庭难以顾及身在农村的年迈父母。因此，家庭已经难以胜任养老保障的功能，必须通过社会的方式来解决。

马克·赫特尔（Mark Hutter）认为②：“以前，子女有义务赡养他们年老的父母。自从 19 世纪核心家庭私有化和独立的新观念出现以后，这种义务就丧失了其重要性，结果使政府日益忙于为老年人提供财政资助和保健的便利条件。”

2.3 养老保险上升为政府职能的必然性

从家庭养老保障走向社会养老保障的过程也是养老保障的形式从非正式制度走向正式制度的过程，但这并不意味着养老保障功能必须由国家提供。正式的养老保障方式可以是国家提供的社会养老金制度，也可以是私人提供的商业养老保险产品。

但是，回顾从家庭保障走向社会保障的历程，我们却发现，私人保险并没有替代家庭保障，或者说私人保险仅仅是这个历史发展过程中的匆匆“过客”。那么，为什么在养老保障从非正式制度向正式制度转轨的过程中，私人保险没有取得替代位置呢？养老保险何以上升为政府公共管理的职能呢？

---

① 穆光宗：《家庭养老制度的传统与变革——基于东亚和东南亚地区的一项比较研究》，华龄出版社 2002 年版，第 324 页。

② ［美］马克·赫特尔著，宋践、李茹等译：《变动中的家庭——跨文化的透视》，浙江人民出版社 1988 年版，第 318 页。转引自陈功《我国养老方式研究》，北京大学出版社 2003 年版，第 119 页。

2.3.1 养老保险方式替代家庭保障方式的效应分析[①]

保险的本质就是损失分担，其方法是以确定的小损失（缴纳的保险费）取代不确定的大损失，每一保险机构是分担损失的工具。生存年金（养老金）是一种一系列的固定期间支出，其基本功能就是有系统地偿还资金（Liquidation of a fund），其目的是用以保障活得太长而没有收入者之保险。[②]

保险的两个理论基石是“大数法则”和“交易获利原则”。就“大数法则”而言，对于个人是不确定性的风险，但对于整个社会这种风险却是近乎确定性，并且也是可处置的。例如，个人不知道自己什么时间死亡，但是对于整个社会而言可以通过调查而得知各年龄人群的死亡概率，因而死亡风险是确定的。由于“大数法则”所产生的总概率的相对确定性，个人通过交易，集中风险，而有可能获得这种相对确定性，这就是“交易获利原则”。

假定个人的收入是随机变量 y，均值为 μ，方差（风险）为 var（y）；有 N 个个人，收入分别为 y_1，y_2，…，y_N。我们再假定：在没有保险的情况下，第 i 个人的方差是 var（y_i）。现假定所有 N 个人把其收入集中在一起，这样每个人将得到：

$$\bar{y} = \frac{1}{N}(y_1 + y_2 + \cdots + y_N) \tag{2.22}$$

这种集中是保险形式的一种，因为所有的收入都是相互独立的，并且方差相同，因此，这一群体的方差是：

$$\operatorname{var}(y_1 + y_2 + \cdots + y_N) = N\operatorname{var}(y) \tag{2.23}$$

但个人的方差小得多，他得到的是（2.24）式的平均收入 $\bar{y}$。

$$\operatorname{var}(\bar{y}) = \operatorname{var}\left(\frac{y_1}{N} + \frac{y_1}{N} + \cdots \frac{y_N}{N}\right)$$

① 根据《福利国家经济学》有关内容整理而得。［英］尼古拉斯·巴尔著，郑秉文、穆怀中等译：《福利国家经济学》，中国劳动社会保障出版社2003年版，第114—116页。

② ［美］肯尼思·布莱克、哈罗德·斯基珀：《人寿保险》第十二版，北京大学出版社1999年版，第112页。

$$= N\ \mathrm{var}\left(\frac{y}{N}\right) \tag{2.24}$$

$$= \frac{\mathrm{var}\ (y)}{N} \to 0\ (当\ N \to \infty\ )$$

这表明，如果对 N 个人进行平均分配，且将独立的收入集中，则当 N 趋向无穷大时，平均收入方差（个人风险）趋近于零。个人通过“交易”（即集中）能够获得确定性。

2.3.2 私人保险没有替代家庭保障的经济原因：市场失灵

（1）新兴的私人保险市场具有较低的社会信用

迄今发现的最早的一张人寿保险单是1583年6月18日签发的承保威康·吉本斯（Vcon Gibbons）的短期寿险单。这种短期寿险单还不是现代意义上的人寿保险。[①] 现代意义上的人寿保险是建立在使用生命表科学地计算保险费的基础上的。1671年，荷兰数学家约翰德·威特应用概率论原理，根据人的生存概率计算出年金的现值。而1774年通过的《英国人寿保险法》是英国人寿保险发展史上的第二个里程碑。这项法律的目的正如它的标题所表明的：“这是管理有关人寿保险的法令，除了投保人对被保险人的生存或死亡有利益关系者外，其他人都不得办理这种保险。”从18世纪末开始，英国人寿保险有了较大发展，出现了许多新的保险公司。根据相互人寿保险协会会长在1845年的估计，在当时英国2500万人口中，只有不到10万人与人寿保险公司打交道，许多普通市民对人寿保险这个名词大惑不解。19世纪中期也是英国保险公司的“洪水时代”，由于保险公司竞相设立，相互激烈竞争，导致大批保险公司倒闭，英国在1844—1867年期间有230家人寿保险公司破产或被合并。[②]

（2）私人保险市场不可能避免信息不对称风险

逆选择（adverse selection）产生于事前的信息不对称，即由于交易的一方对一项潜在的购买（或销售）所具有的信息多于另一方，前者就会利用所占有的信息欺骗或损害后者的利益。自愿性年金购买市场易于遭受

① ［英］戈登·迪克森：《保险入门》（中译本），新时代出版社1989年版，第52页。

② 许谨良：《人身保险原理和实务》，上海财经大学出版社1996年版，第16页。

更强的逆选择。[1] 逆选择——年金购买人比社会人口有更低的死亡概率，是一个影响保险公司的重要问题。由于逆选择的存在，比平均死亡概率更高的个人，比如那些有严重疾病或者家庭有特种病历史的个人，他们可能会认为年金太昂贵了，他们将选择别的给付方式；相反，预期长寿者将乐于选择年金。为减少逆选择的程度，保险公司将编制反映年金购买人的生命预期的生命表，而不是按照社会平均预期寿命编制生命表。因此，保险公司用年金购买人的预期寿命编制的生命表计算的年金比按照社会人口平均预期寿命编制的生命表计算的年金给付少得多。这种死亡概率上的差异可以从不同的死亡表看出。以美国为例，a 是社会保障管理署信托委员会 2000 年报告的 2000 年 65 岁（1935 年出生）总人口的死亡率；b 是 1994 年精算协会公布的团体年金受领人在 2000 年的死亡表；c 是个人年金市场的死亡表[2]。对于 b 和 c 两个年金受领人死亡表采取社会保障 2000 年期间表与 1935 年表之间的改变率进行转化。结果是：a 表的死亡率是 21.5‰，b 表是 14.4‰，c 表是 11‰。[3] 其他条件不变，生存概率上升将意味着按上升后生存概率设计的年金少于按上升前生存概率设计的年金，期间的差价即为逆选择的成本。

（3）私人保险可以承保风险但不可能承保不确定性

私人保险作为一个单一的经营机构或者作为一个整体，它不可能防范系统性风险。我们在前面有关保险经济学的分析中有一个假设前提是所有人的收入都是相互独立的，并且方差相同，这是私人保险供给的必备条件。假设一个极端情况，如果个人之间的概率完全相关，一个人遭受损失，其他人也必须如此，如“非典”时期，那么可以应对个人风险的保险不可能应对普遍的或全体危机。正如尼古拉斯·巴尔（Nicholas Barr）所言，社会保险与精算保险形成了鲜明的对比，它不仅为风险承保，而且

---

① Walliser, Jan, 1997, “Privatizing Social Security While Limiting Adverse Selection in Annuities Markets”, Technical Paper No. 1997 -5 (Washington: Congression Budget Office).

② Johansen, R. 1996, “Review of Adequacy of 1983 Individual Annuity Mortality Table”, Transactions of the Society of Actuaries, 47, pp. 101 -123.

③ Jeffrey R. Brown, Mark J. Warshawsky, 2001, “Longevity - insured Retirement Distributions from Pension Plans: Market and Regulatory Issues”, NBER, Working Paper 8064, p. 30.

还为不确定性承保。[①]

2.3.3 政府供给养老金制度的理由与解释[②]

一般认为，政府供给公共养老金制度有四个最基本的原因：一是反对个人短视倾向（myopia）的父爱主义（paternalism）行为；二是实现最优收入再分配；三是提供长寿保险；四是老年人是福利决策中的获胜者。

（1）反对个人短视倾向的父爱主义行为

支持养老金制度政府供给的第一个理论认为，大多数人年轻时目光短浅，没有足够的储蓄用以维持自己年老时的生活支出，因此需要有一个社会养老金体系来提供老年生活保障。该理论有两种解释：

第一种解释（没有远见的浪费）认为，人们年轻时缺乏远见，几乎不进行任何储蓄。戴蒙德（Diamond）推测了造成这种短视倾向的三个基本原因[③]：其一，人们缺乏必要的信息预测他们退休期的生活需求。其二，人们不愿意面对将来变老的事实，从而不可能做出长期有效的决策。其三，人们在年轻时对未来考虑甚少，从而在决策时采取短视行为。因此，政府应像父亲般地关心他们，强迫他们工作时储蓄足够的资金也许是一种理想的选择。

第二种解释（理性浪费）则认为，父辈在年轻时是有远见的，他们不仅考虑到了将来退休时的需求，也能预测到下一代人对他们退休需求的反应。他们预期社会能在他们年老陷入困境时帮助他们，即使这种困境是他们自己造成的。意识到这一点的年轻人也不会为自己老年储蓄，因为年轻人知道将来他们年老贫困时，社会也不会对他们坐视不管。

在这两种解释下，因为年轻人过多地消费，经济体系不会达到帕累托

① ［英］尼古拉斯·巴尔著，郑秉文、穆怀中等译：《福利国家经济学》，中国劳动社会保障出版社 2003 年版，第 129 页。

② 有关政府供给养老金制度的原因解释还可以参见：Casey B. Mulligan, Xavier Sala-I-Martin, 1999a, "Social Security in Theory and Practice (I): Facts and Political Theories", NBER Working Paper 7118. Casey B. Mulligan, Xavier Sala-I-Martin, 1999b, "Social Security in Theory and Practice (II): Efficiency Theories, Narrative Theories, and Implications for Reform", NBER Working Paper 7119.

③ Diamond, P., 1997, "A Framework for Social Security Analysis", *Journal of Public Economics*, October, pp. 275 - 298.

最优状态，实现帕累托最优的一种较好的方法就是强迫人们在年轻时储蓄，并在他们年老时将储蓄返还给他们，这个理论充分说明了政府供给养老金制度具有强制性。

（2）实现最优收入再分配

支持养老金制度政府供给的第二个理论将养老金制度看做是最优的再分配方式，认为市场在解决老年人贫困方面存在着无效性：市场不能形成一种社会可以接受的收入或财富再分配机制，从而需要政府建立养老金制度帮助老年人摆脱贫困。莫理斯（Mirrlees）建立了一个包括老年人和年轻人的最优再分配模型来解释养老金制度存在的合理性。[①] 该模型按照劳动生产率来区分职工的收入水平，假定政府不能观察到职工的努力程度和生产率，而只能观察到其收入大小，并且假定每个人有相同的效用函数。莫里根和马丁（Mulligan，Sala-I-Martin）[②] 在莫理斯模型的基础之上，按照劳动生产率和年龄两种标准来区分职工的收入，并且假定年龄能够被观察到，政府对年轻人和老年人的福利具有不同的偏好。政府的目标函数是在一定的预算约束下选择工薪税率以最大化社会福利函数。政府再分配计划可以分成两个阶段：在第一个阶段，政府将其财政收入在年轻人和老年人两个群体中进行分配；在第二个阶段，政府分别向年轻人和老年人征税。政府对年轻人和老年人的效用函数分别赋予不同的权重，以最大化社会福利函数。如果政府赋予老年人福利的权重大于年轻人时，就存在由年轻人向老年人的转移支付，从而养老金制度得以存在。

（3）提供长寿保险

支持养老金制度政府供给的第三个理论主要集中在个人生命期长度的不确定性。科特里考夫和斯皮瓦克（Kotlikoff and Spivak）提出[③]，风险厌恶的老年人为了获得一份精算公平的年金，更愿意放弃其持有的半数以上的财富。政府干预私人保险市场的一个传统理由是大量外部性的存在或私

① Mirrlees, James A., 1971, "An Exploration in the Theory of Optimum Income Taxation", *Review of Economic Studies* 38, pp. 175 – 208.

② Mulligan, Casey B. and Xavier Sala – I – Martin, 1999, "Gerontocracy, *Retirement*, and *Social Security*", NBER Working Paper.

③ Kotlikoff, Laurence J. and Avia Spivak, 1981, "The Family as an Incomplete Annuities Market", *Journal of Political Economy* 89, pp. 372 – 391.

人市场不完善。私人市场的缺乏，不仅反映了任何保险市场上存在的典型的非对称信息问题，而且也反映了在没有投资的真实保障的基础上，私人保险市场确实难以提供一个真实年金（如根据贬值调整的年金）。的确如此，年金购买者与保险公司之间的非对称信息在创造一个精算公平的年金产品方面仍然存在问题。由于个人对于自己的健康（并因此是自己的死亡率）具有大量的私人信息，私人年金市场不可避免地会遭遇逆选择问题。布朗、米切尔和鲍特巴（Brown，Mitchell and Poterba）证明[①]，对于一个年金购买者而言，预期的平均年金给付是他的保险费的90%—95%。因此，强制所有职工将其个人账户中积累的养老基金资产实行年金化将有助于减少逆选择风险，并可以使所有职工购买一个与其保险费基本相等的年金合约。与此同时，年金所提供的对不确定生命期的保险能增加退休者的效用。[②] 汉默迈什（Hamermesh）指出[③]，正是因为个人有有关自己死亡率的私人信息，政府管理强制性养老金制度是效率增进的。显然，这个理论能够解释养老金制度为什么由政府管理，以及为什么它是强制的。这个理论也与养老金受益是生命期收入的增函数的事实是一致的，以及与受益通常以年金方式给付的事实是一致的。

（4）老年人是福利决策的获胜者

支持养老金制度政府供给的第四个理论认为，老年人是政治斗争中的获胜者，作为公共决策的养老金制度则是对他们的奖励。由于在现实中老年人并不占人口的多数，因此将该理论应用于养老金制度研究需要做进一步假设：一种情况假设老年人和穷人组成一个联盟；另一种情况假设老年人和中年人组成一个联盟，并且一次选举的结果可以永久有效。在第一种情况下，老年人被看做是获胜联盟的领导者。老年人知道他们在选举中不占多数，为了使得有利于他们的养老金制度能够实施而与穷人结成联盟。

① 布朗、米切尔和鲍特巴也证明，与实际购买者的经验相比，逆选择大约占到保险费与预期给付差额的2/3。见 Brown，J. R.，O. S. Mitchell and J. M. Poterba，2000，“Mortality Risk，Inflation Risk，and Annuity Products”，NBER Working paper 7812。

② 邓大松、刘昌平：《受益年金化：养老金给付的有效形式》，载《财经科学》2002年第5期，第73页。

③ Hamermesh，Daniel S.，1987，“Social Security as Longevity Insurance”，Conference on Economic Development and Social Welfare in Taiwan.

如果老年人与穷人联盟占到选举中的多数就能在政治斗争中获胜。从真实生活角度来看，由于两者都可以从选举结果中获益，这种联盟是可行的。在第二种情况下，老年人和中年人结成联盟。布朗宁（Browning）[①] 建立了一个一劳永逸的叠代模型说明老年人与中年人联盟是如何获胜的。这里的一劳永逸是指一次选举的结果能够保持长期有效。该模型假设经济中有人数相等的三代人：年轻人、中年人和老年人，每一代人都生活三个时期，不存在人口增长和经济增长。为了便于计算未来养老金的受益水平和支付的现值，假定贴现率和利率均为零。假定三代人要对引入一个可以永久持续的现收现付制养老金制度投票选举，政策的规则如下：在每一个时期，年轻人和中年人的纳税额为 T，老年人的津贴为 2T。容易推断，在该政策下，每代人的福利水平都能有所改进（至少不会有损失），该政策不论对哪一代人来讲都是可行的，并且如果它能长期保持稳定就可以看做是永久性的。

2.3.4 社会养老金制度形态

(1) 工业化国家普遍建立起社会养老金制度

工业化和城市化将大批劳动力从传统农业部门转入现代工业部门和服务业，将劳动者从自给自足的小农转变为工资劳动者，彻底改变了自然经济的生产力和社会组织结构。工业化打破了家庭养老保障的均衡：带来了家庭结构的变化，核心家庭取代了自然经济下几代人共同生活的扩展家庭；孩子数量的减少和居住地的分离，使得依赖下一代亲属养老已经不再可能。因此，适合于市场经济和商品经济时代的社会养老金制度应运而生。

在工业革命时期，随着自然经济体系的逐渐解体，一些欧洲大陆国家开始自觉不自觉地开展老年保障和老年救助活动。这些活动包括了慈善人士、慈善组织、教会、行业协会等组织的非正式性的老年保障和救助活动，也包括政府提供的老年救助制度安排，其中最典型的当属 1601 年英国女王伊丽莎白一世颁布的《济贫法》（*The Elizabeth Poor Law*）。《济贫

---

① Browning, Edgar K., 1975, "Why the Social Insurance Budget Is Too Large in a Democracy", *Economic Inquiry* 13, pp. 373 – 388.

法》的问世开创了用国家立法推动社会保障事业的先例，并使贫困老人成为社会救助的群体。17 世纪中叶，法国政府制定了《年金法典》，该法典规定：对不能继续从事海上作业的老年海员发放养老金。18 世纪中叶，美国联邦政府开始为军人建立健全的退休金制度。

真正第一个采取国家立法全面实施社会养老保险制度的国家是德国。1889 年，德意志帝国的俾斯麦政府出台了《劳工老年残疾保险法》，该法规定：凡在法律规定范围内应投保的人必须一律参加；保险费除被保险人缴纳和政府补助外，企业主必须依照法律规定的保险费率为工人缴纳保险费；保险费率由政府主管部门或有关方面协商制定，保险人无权更改保险费率；保险的主要对象是从事最危险工作的劳动者。这些法律规定完全符合现代意义的养老保险含义，因此该法被理论界公认为是最早的严格意义上的养老保险法规。

自德国建立了养老保险制度之后，不少欧洲国家争相仿效，纷纷建立养老保险制度（见表 2－4）。

表 2－4　　部分国家养老保险立法时间一览表

国家	养老保险立法时间（年）	国家	养老保险立法时间（年）
德国	1889	卢森堡	1911
丹麦	1891	瑞典	1913
俄国	1903	荷兰	1913
比利时	1904	意大利	1919
英国	1908	新西兰	1898
法国	1910	澳大利亚	1908

资料来源：李洁明、许晓茵：《养老保险改革与资本市场发展》，复旦大学出版社 2003 年版，第 7 页。

(2) 养老金制度的基本概念与框架

①养老金制度的基本概念

养老金制度是以国家立法的方式建立的，向因年老退休离开劳动力队伍的劳动者提供基本生活保障的正式制度安排。养老金制度包括公共养老金制度（国家养老金或国民养老金）和私人养老金制度（企业年金、个人养老金）。一般地，公共养老金制度具有法律强制性，而私人养老金制度具有自愿性。

不同的养老金制度安排可以产生不同的经济效应，这些不同的制度安排都可以看做由筹资、受益给付和管理制度三个基本方面组成。

其一，按筹资方式划分。在养老基金的管理运行过程中，始终贯彻的基本原则是基金“收支平衡”。对于收支平衡原则，我们可以从不同的角度来理解，一种是横向平衡，即保持当年费用总和收支相抵；另一种是纵向平衡，要求参保人在投保期间提取的资金总和与其在享受养老金待遇期间所需支付的费用总和的现值保持平衡。对养老基金平衡原则的不同理解以及各国历史背景和文化传统的不同，可以将养老金筹资模式分为现收现付制、完全基金积累制和部分积累制（partly fund）。

现收现付制是一种以近期横向收支平衡为指导原则的基金筹资方式，由养老保险管理机构按所需支付的待遇总额进行社会筹资，一般由用人单位和劳动者个人（或全部由用人单位）按工资总额的一定比例缴纳保险税（费）。这种筹资模式要求先做出当年或近几年内养老金制度所需支付的费用预算，然后，按照一定比例分摊到参加养老保险的用人单位与个人，当年提取当年支付。养老金待遇的预测一般是根据上年度开支总额再由本期的增加额和减少额进行调整确定。这种模式一般以支定收，不留积累。现收现付制养老金筹资模式的主要特点是：第一，可以依靠需求变动及时调整缴税（费）额度或征税（费）比例，保持收支平衡。第二，政策取向是实现相对公平，强调养老金制度的代际收入再分配功能（intergenerational redistribution）和代内收入再分配功能（intragenerational redistribution），互济性较强。第三，无须过多的个人资料，操作比较简便，管理成本相对较低。第四，以支定收，注重当期平衡，可以有效地避免通货膨胀造成的货币贬值风险及在长期发展过程中可能出现的经济和政治风险。第五，受人口年龄结构的影响较大，每年需要筹集的资金和支付的养老金费用会随着人口老龄化及有资格享受养老金的人数不断增长而相应增加，因此抗人口老龄化冲击的能力较弱。

基金积累制是以远期纵向平衡为原则的养老金筹资方式，其实质是个体一生中的跨时性收入再分配（intertemporal redistribution）制度。一般要求劳动者从参加工作开始，按工资总额的一定比例由用人单位和劳动者个人或只有一方定期缴纳保险税（费），记入劳动者个人账户，作为长期储蓄积累及保值增值的基金，所有权归个人，参保职工达到规定领取条件时可以一次性领取或按月领取。基金积累制要求对未来较长时期的社会经济发展状况和个人资料进行宏观分析，预计参保对象在保险期内所需享受的养老金待遇总额，将其按一定比例分摊到保险对象的整个参保期间。这种养老金筹资模式的特点是：第一，由于该财务制度筹集的保险税（费）直接记入个人账户，个人未来收益与参保期间的缴税（费）具有正向关联，因而具有较强的激励效应。第二，透明度较高，基金提取的比例相对稳定，充分体现基金的储备功能。第三，制度建立初期税（费）率较高，筹资见效快，长期内税（费）率相对稳定，受人口年龄结构的影响比较小。第四，积累的预筹资金可进入资本市场进行投资运营，以便保值增值，同时可为经济增长积累资金，促进资本形成，既为经济发展做贡献，又能使制度本身分享经济增长的成果。另一方面，基金积累制养老金制度也存在一些弊病，比如，该制度无代际和代内收入再分配功能，不能使财富发生转移，不利于缓和贫富差距，因而远离了社会保障制度的初衷。再者，由于基金积累制实行个人账户制度，要求获得大量的私人信息，管理成本较高。特别值得注意的是，由于个人账户上养老基金的积累是一个长达几十年的过程，其最重要的保值增值功能将面临着许多不确定性风险。

部分积累制事实上是现收现付制的一种特殊形式，是一种兼容近期横向平衡原则和远期纵向平衡原则的养老金筹资模式。按照财务平衡的期限结构，现收现付制养老金制度可以分为年度平衡和阶段式平衡。年度平衡是在一个财政年度内保持现收现付制养老金制度的缴费与给付相等；阶段式平衡则是在一个给定的时期内保持现收现付制养老金制度的缴费与给付相等，比如美国的社会保障制度就是一个 75 年平衡的现收现付制制度，并且美国社会保障（Old Age, Survivors and Disability Insurance, OASDI）基金信托管理委员会每年都做一个未来 75 年的精算预测。

这种阶段式平衡的现收现付制养老金制度就是部分积累制，是对现收现付制与基金积累制的整合，是一种兼容近期横向平衡原则和远期纵向平衡原则的养老金筹资模式。如图 2－5 所示，由于制度的缴费率是按照一个阶段（AB）的平均人口抚养比厘定的，因此在这个平衡阶段的前期（AC），当制度抚养比较低的时候，厘定缴费率（平均缴费率）大于实际需要

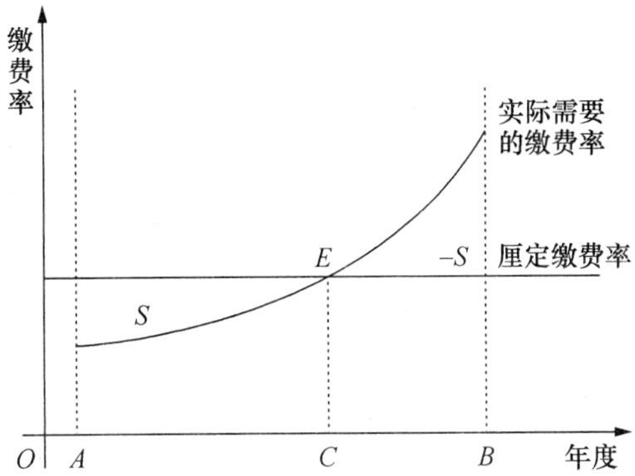

图 2－5 部分积累制养老金制度的收支平衡图

的缴费率，制度将会产生部分基金积累（S）；在平衡阶段的后期（CB），当制度抚养比较高的时候，厘定缴费率（平均缴费率）小于实际需要的缴费率，制度将会出现基金缺口（－S），需要由前期的基金积累来弥补。因此部分积累制在整个平衡阶段实现基金收支平衡，不留结余。

其二，按受益给付方式划分。从养老金受益给付方面来看，可以按照一个统一的标准向所有计划参与者提供一笔等额的养老金受益，这叫做统一受益养老金制度。统一受益养老金制度一般会附带一个财富审查机制(mean - tests)。养老金受益也可以以某种与计划参与者以前的收入具有相当程度的关联的方式计发，这叫做收入关联养老金制度。这种收入关联是一种正向的关联，往往是以参与者工作期间平均劳动收入最高的一段时期的平均收入为标准，确定其应得的养老金受益。

其三，按管理制度划分。从养老金制度管理来看，在产权结构和给付刚性方面又分别存在两种不同的制度安排。

从产权结构看，可以分为公共养老金制度和私人养老金制度。公共养老金制度一般是在统筹层次内设立一个公共账户或统筹账户，养老金的征缴和发放都是通过这个公共账户，账户的平衡与个人养老金缴费和给付无关。这种账户的最大优点是能够实现代内收入再分配。私人养老金制度则是由计划实施者为每个参与者设立一个账户，个人账户实现个人养老金收支平衡，即以缴费积累和投资收益支付养老金受益，其最大优点是能够实现个人收入的跨时转移（intertemporal transfer）。

从养老金受益的给付刚性的角度来看，可以分为受益基准制养老金制度和供款基准制养老金制度。在养老金制度的实施中，由经办机构依据特定计算公式，预先确定每名参与者的养老金受益额，向参与者提供养老金给付承诺，这就是受益基准制。在受益基准制养老金制度中，退休人员的福利水平取决于他们工作的年限长短和退休前工资水平。另一种养老金制度的实施方式是按照一定的公式确定每名参与者的缴费水平（通常是统一的供款率），并为每位参与者设立个人账户，其缴费积累于个人账户之中，待其退休后，按照个人账户上缴费积累和基金投资回报额向退休人员计发养老金待遇，这就是供款基准制。在供款基准制养老金制度中，退休人员得到的养老金受益取决于他们个人账户上的积累水平。

受益基准制养老金制度与供款基准制养老金制度的精算以相反的方向操作，从图 2－6 来看，受益基准制养老金制度的精算公式是从右向左计算，即先确定目标替代率（养老金/退休前工资），然后再计算满足承诺的目标替代率所需要的供款率水平；而供款基准制养老金制度的精算公式的计算顺序是相反的。①

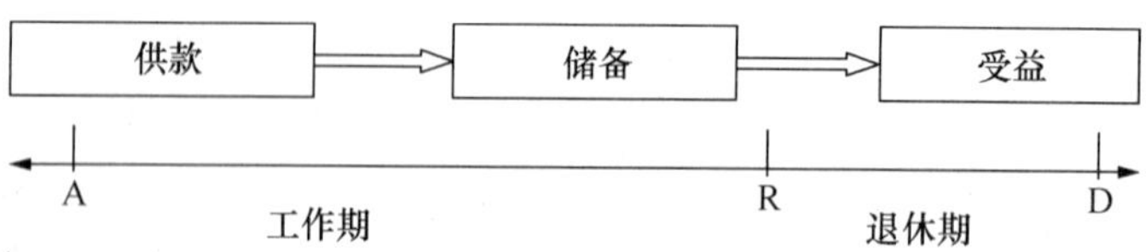

图 2－6　养老金制度的资金流

②养老金制度的基本框架

其一，养老金制度的基本功能。一个特定的养老金制度可以由上述几方面的要素结合在一起而产生一个基本的制度框架。然而不同养老金制度的再分配功能是不同的。代际再分配是从代际交换中产生的，在代际的货币或物质交换过程中，受经济、人口或社会因素的影响，代际交换可能是“不平等”的，即某一代人的“贡献”大于“受益”，成为“净贡献

① 邓大松、刘昌平：《中国企业年金制度研究》，人民出版社 2004 年版，第 38 页。

者”；而另一代人则“受益”大于“贡献”，成为“净受益者”。不同养老金制度中所隐含的代际再分配关系是不同的，包括代际之间的转移（intergenerational transfer）、代内转移（intragenerational transfer）和跨时转移。这三种转移形式体现在养老金制度中，便产生了三种代际再分配形式，即代际再分配、代内再分配和跨时再分配。

代际再分配是指通过养老金制度的调节，收入在不同代人之间进行又一次分配；一般是有利于社会经济地位较弱的一代人，即从年轻一代向老年一代的财富再分配。因此，人口年龄结构的变化对代际再分配会产生影响。

代内再分配是指同一代人之中收入再分配过程。同一代人虽然出生在相同或相邻时期，但经过一段社会化过程之后，人与人之间的社会、经济地位截然不同。单从经济地位角度来说可以分为高收入阶层和低收入阶层。养老金制度的功能之一就是可以使不同收入“均等化”，即财富由高收入者向低收入者适当地转移，以促进社会公平。

跨时再分配是指通过养老金制度安排实现个人收入在不同时期内尽量均匀化。对同一代人而言，他们在年轻时期年富力强，收入呈不断增加的趋势，而一旦达到退休年龄，其竞争力明显下降，收入锐减。因而人的一生或一代人在生命周期的不同阶段的收入水平不是均匀分布的。

养老金制度的功能之一便是相对抑制收入高峰期的“多余”消费量，形成“强制性储蓄”，将其转移到年老退休时来消费。

其二，养老金制度的基本框架。从养老金给付刚性的角度来说，现收现付制养老金制度往往是通过受益基准制方式实施的。之所以不通过供款基准制方式实施是因为它通常是通过税收进行融资的，实行以支定收。即根据当期养老金给付需求确定筹资规模，根据一个预先确定的工资替代率（养老金/社会平均工资）来厘定统一的供款率［养老保险税（费）/工资水平］。但是，基金积累制养老金制度也可以通过受益基准制方式实施，即由养老金计划发起人事先向参与者做出受益承诺，无论基金投资收益如何，都必须按事先约定的受益标准支付养老金，然后计划发起人将养老基金交给计划受托人投资经营，投资风险由参与者转移给计划受托人，计划受托人承担基金投资的全部风险。这与基金积累制的供款基准制养老金制度的不同之处在于供款基准制的风险是由参与者个人承担。

表 2 – 5　　现收现付制养老金制度

按产权结构划分	公共账户	现收现付制的公共账户养老金制度实现收入的代际转移和代内转移
	个人账户	现收现付制与个人账户的结合形成了名义账户制度，其实质仍然是现收现付制，但通过引入个人账户，增强了缴费与受益之间的适度关联
按养老金受益的发放方式划分	统一受益	维持最低生活标准，一般会附带财富审查机制
	收入关联	养老金收入与受益者以前收入成正比
按给付刚性划分	受益基准制	受益基准制的现收现付制养老金制度以个人退休前收入最高的一段时期的平均工资收入为标准计发养老金

表 2 – 6　　基金积累制养老金制度

按给付刚性划分	供款基准制	按照精算确定的供款率缴费，以其基金积累和投资收益给付养老金，参与者个人承担全部风险
	受益基准制	受益基准制的基金积累制制度由计划受托人提供给定的受益标准，计划受托人承担全部风险
按产权结构划分	公共账户	基金积累制的公共账户养老金制度实现收入的代内转移和跨时转移
	个人账户	基金积累制的个人账户养老金制度实现收入的跨时转移

同时，从养老金产权结构的角度来说，公共账户养老金制度既可以与现收现付制结合，也可以与基金积累制搭配，其区别在于制度是否形成基金积累。采取现收现付制形式的公共账户养老金制度实行以支定收，实现社会收入的代际再分配和代内再分配。采取基金积累制形式的公共账户养老金制度则实行以收定支，实现社会收入的代内再分配和跨时再分配。一般来说，个人账户养老金制度往往与基金积累制相结合。因为个人账户养老金制度强调个人账户上养老金缴费的产权归职工个人所有，所以其不具有代内再分配和代际再分配功能，只具有跨时再分配功能，因而具有很强的激励效应。但是，自从瑞典（1994）和意大利（1995）创建了现收现付制名义账户制度之后，现收现付制与个人账户首次出现了结合，其目的

是通过个人账户在现收现付制中引入缴费激励。目前这项制度已经成为欧洲大陆国家解决当前现收现付制养老金制度存在问题的最有意义的方式。

虽然统一受益（含财富审查）与收入关联都是从养老金给付对受益者影响的角度来实施的制度安排，但统一受益（含财富审查）和收入关联存在很大的差异：统一受益（含财富审查）是将养老金受益与个人的其他收入联系起来，是一种负向关联，受益者的其他收入越高，那么他所能得到的养老金受益就会越少。一般情况下会通过财富申报和入户调查的方式，掌握受益者的其他收入来源和额度，如房产租金、证券红利与股息、社会捐赠等，其他收入越高，受益者获得的统一受益养老金越低。统一受益的现收现付制养老金以这种方式来缩小实际收入差别比较大的不同受益者之间的实际生活水平的差距。收入关联却是一种正向的关联，通常情况下，参与者在工作期间的所谓“最好时期”的平均劳动收入越高，那么其所得养老金受益也就越多，从而强化养老金受益与职工个人缴费之间的关联度，增强制度的激励效应。

3 现收现付制养老金制度的经济效应分析

3.1 现收现付制的理论前提与“黄金时代”

3.1.1 现收现付制养老金制度的理论前提

(1) 萨缪尔森的“生物报酬率”

尽管从俾斯麦时期开始，现收现付制养老金制度就已经存在，但第一个有助于从经济学角度理解现收现付制养老金制度的基本经济理论框架的是萨缪尔森于 1958 年发表的经典论文中构建的①。在这篇论文中，他证明了一个现收现付制养老金制度如何产生一个等于税基增长率的隐性收益率。按照萨缪尔森模型，在一个两期叠代模型中（第一期工作，第二期退休），人口在每一期以比例 n 增长，经济体系中没有资本品，也没有私人养老储蓄，所有产品必须即期消费。在一个现收现付制养老金制度下，在职一代人转移其收入的 θ 份额给当前的退休者。萨缪尔森证明，这样一个制度安排将给每一代人一个等于人口增长率的隐性收益率，即萨缪尔森定义的“生物报酬率或自然增长率”（biological rate of interest）。下面我们将详细引证。

设定时期 t 的在职职工人数为 L_t，固定工资率为 W，职工人数按照 $L_{t+1}=(1+n)L_t$ 增加，在时期 t 工作的一代人支付的总税收为 $T_t=\theta WL_t$，工作一代人在退休时将获得的养老金受益是 B_{t+1}，其等于下一代人向现收现付制养老金制度缴纳的税收：$B_{t+1}=T_{t+1}=\theta WL_{t+1}$。因此，退休者收到的养老金

① Samuelson, P., 1958, "An Exact Consumption Loan Model of Interest With or Without the Social Contrivance of Money", *Journal of Political Economy* 66, pp. 467－482.

受益与其在工作时缴纳的税收的比率为：$B_{t+1}/T_t = T_{t+1}/L = L_{t+1}/T_t = 1 + n$。

在这个经济体系中，养老金制度是一个受到欢迎的政策，因为它允许在经济体系中的个人在不必考虑任何不易变质的商品的缺乏的条件下退休和消费。① 如果技术进步引起经济体系中的工资率以 g 的比例增加，也就是说，$W_{t+1} = (1+g)W_t$，既然 $B_{t+1}/T_t = T_{t+1}/T_t = \theta W_{t+1}L_{t+1}/\theta W_t L_t = (1+g)(1+n)$，那么萨缪尔森模型的逻辑意味着现收现付制养老金制度的隐性收益率接近 $n+g$。

除了在职一代人将收到以他们已经支付的养老保险税为基础的正隐性收益率外，现收现付制养老金制度也向最初的一代退休者提供一个一期的额外受益，因为最初一代退休者没有在其工作期向制度缴税，却收到了养老金制度提供的第一笔受益。因此，在缺乏任何持久的资本资产条件下，现收现付制养老金制度的引入是一个帕累托改进的政策。②

（2）“阿伦条件”

1966 年，阿伦（Henry J. Aaron）在他的一篇经典性文章《社会保险悖论》中曾经证明③，如果萨缪尔森的“生物报酬率”（人口增长率 + 实际工资增长率）大于市场利率，现收现付制养老金制度能够在代际之内进行帕累托有效的配置；基金积累制将会带来一个使各代的生命期效应都要减少的跨时配置。由此引发了对于现收现付制与基金积累制这两种养老金融资形式的福利效应的一场旷日持久的讨论。由于阿伦是把实际工资增长率和市场利率作为一个外生变量来对待的，因此他研究的经济体系被称为是一个小型的开放经济，而现收现付制养老金制度赖以达到帕累托有效的外生前提条件也被称为“阿伦条件”。

即使在一个工资增长率和市场利率都是内生的封闭经济中，一个现收

① 萨缪尔森在 1958 年的经典论文中认为，通过创造一个法定货币的固定存量，可以使退休者有相同的能力去消费。职工可以用其产出的一部分与退休者持有的货币相交换。当在职一代人退休时，他可以用他持有的货币与下一代人的许多产出相交换。采用一个法定货币的固定数量和一个增长的人口，退休者可以用货币与他们在工作时已经支付的产出相交换，从而产生一个基于这种货币的相同的收益率 1 + n。不同的表述是，用一个固定数量的货币和一个增长的产出，价格水平将以 1 + n 的比例下降，意味着有一个基于货币平衡的 1 + n 的真实收益率。

② Feldstein, M. and Liebman J., 2001, “Social Security”, NBER Working Paper 8451, p. 16.

③ Aaron J., Henry J., 1966, “The Social Insurance Paradox”, *Canadian Journal of Economic and Politic Science* 32, pp. 371 – 377.

现付制养老金制度仍然可能存在帕累托有效配置，这一点在1975年由萨缪尔森证明[①]。现收现付制养老金制度在福利效应上能够进行帕累托改进的可能性，就从阿伦的小型开放经济进一步推广到了封闭经济中。

但阿伦所得出的结论还需要一个隐含的前提：既然人口增长率、实际工资增长率和市场利率都是外生的或事先给定的，一个现收现付制养老金制度要想实现帕累托有效配置，制度的缴费率（或税率）也必须不随时间而变化。如果缴费率可能随时间而降低，那么"阿伦条件"就得不到满足，这样就把缴费率改变的情况排除在外了。

3.1.2 现收现付制的"黄金时代"：第二次世界大战后至20世纪70年代

由于1929—1933年世界性经济大危机和第二次世界大战的影响，各国原来实行的基金积累制养老金制度面临着许多问题，加之各国政府的财政混乱局面，人们开始对基金积累制养老金制度产生怀疑。1942年11月20日，英国战后部际协调委员会主席威廉姆·贝弗利奇勋爵发布了《贝弗利奇报告——社会保险和相关服务》，该报告被誉为社会保障发展史上具有划时代意义的著作，他提出的有关社会保险的六项原则对英国、欧洲乃至整个世界的社会保障制度建设和发展进程产生过重要的影响。《贝弗利奇报告——社会保险和相关服务》设计的美好未来对各国政府和人民都充满了挡不住的诱惑，于是公共养老金制度逐步放弃了原先的基金积累制，日益成为缴费制的、以工薪税方式筹资的现收现付制养老金制度。一方面，一些实行普享年金计划的国家逐步建立了基本的统一受益的养老金计划以保障最低收入水平，或发展收入关联养老金计划以提高老年福利；另一方面，实行社会保险计划的国家普遍意识到最低保障水平的必要性，纷纷建立了最低收入保障制度。这一时期被誉为现收现付制养老金制度发展的"黄金时代"。

（1）"黄金时代"的社会经济条件

任何一项社会经济制度都不可能脱离当时的社会经济条件，适应当时

① Samuelson, P., 1975, "Optimum Social Security in a Life - Cycle Growth Model", *International Economic Review* 16, pp. 539 - 544.

社会经济条件的社会经济制度都必将富有生命力，而当社会经济条件发生变化后，与原来社会经济条件相适应的社会经济制度就会出现制度危机。战后到20世纪70年代是资本主义世界发展的黄金时期，在这个时期人口持续增长、妇女不断加入到劳动力队伍、经济稳定高速增长、收入不断提高，这些社会经济条件适应于现收现付制养老金制度的理论前提。

①人口持续增长

第二次世界大战结束后，远赴战场的男人们解甲返乡，对家人的思念以及战争结束后大量劳动力的缺乏，致使欧美在战后十数年间出生率大幅上升，由此相继在20世纪60—70年代出现“青年膨胀”现象。据人口学家估计，1965—1970年间是全世界人口增长的高峰期，年均人口增长率达到了前所未有的2.1%。

战后“婴儿潮”（baby boomer）最典型的国家便是美国，资料显示，美国“婴儿潮时代”出生的人口约7600万左右。但2000年美国人口调查结果显示，分类到“婴儿潮时代”出生的人口至少在82826479人。如包括流动人口和不完全统计的人口有可能会更多。“婴儿潮时代”出生的人口约占美国人口总数即2.814亿人口的近30%左右。[①] 1964年，美国0—20岁人口占总人口的比例高达40%；而英国及法国在20世纪60年代，0—20岁人口占总人口的比例中也高达30%左右。[②]

日本战后“婴儿潮”发生在1947年和1949年之间。1946—1949年，出生率高达33‰—34.3‰，出生人数在268—270万人之间；1950—1955年，出生率降低到30‰以下，人口增长率在11.1‰—17.5‰之间，1955年出生人数已降为178万人。人口增长率尽管下降很快，但总的来看，仍是战后增长最快的时期。1956—1966年，人口增长率进一步下降，其中9年增加人数在100万人以下，人口增长率有8年在10‰以下，增长最少的一年仅76万人，增长率仅7.7‰。之后，人口增长速度回升，1967—1976年，人口增长率连续10年达10‰以上。其中1971—1973年期间，人口增长率和

① 李银珩、李硕珩：《婴儿潮与人口高龄化对美国经济的影响》，载《人口学刊》2006年第2期，第41页。

② 张磊：《全球范围内“婴儿潮”：4664的蝴蝶效应》，杭州网，http://www.hangzhou.com.cn，2007年1月26日。

增长量接近战后最高水平，年增加人数在104万—245万人之间。[①]

②经济快速发展

从20世纪50年代中期前后开始，发达资本主义国家进入了一个经济大发展的时期。这个时期一直持续到1973年年底爆发世界性经济危机时为止，前后近20年。这个时期被称为发达资本主义国家经济发展的“黄金时代”，经济发展速度超过了历史上任何时期。两次大战之间的20年（1919—1938年），发达资本主义国家的经济增长率年平均2.3%；而1951—1970年的20年，年平均增长率高达5.3%。[②] 几个主要资本主义国家的经济增长情况见表3－1。

表3－1　战后各种类型国家国内生产总值实际增长率

国家	增长率（%）			人均增长率（%）		
	1950—1960年	1960—1970年	1970—1980年	1950—1960年	1960—1970年	1970—1980年
发达国家	4.1	5.1	3.1	2.8	4.0	2.2
美国	3.2	4.4	2.8	1.5	3.1	1.7
日本	8.2	10.3	4.3	6.9	9.1	3.1
欧共体	—	4.7	2.9	—	3.8	2.4
法国	4.8	5.5	3.2	3.9	4.4	2.6
联邦德国	7.7	4.3	2.6	6.6	3.4	2.5
意大利	5.5	5.5	3.8	4.9	4.7	3.3
英国	2.8	2.9	2.0	2.4	2.3	1.9
发展中国家	4.7	5.8	5.6	2.4	3.2	3.1
苏东	9.6	6.7	5.3	8.0	5.6	4.4
苏联	10.2	7.2	5.1	8.4	5.9	4.2
中国	—	6.1	5.5	—	3.5	3.7

注：苏联、东欧国家不包括劳务；中国为国民收入。

资料来源：UNSTAD, “Handbook of International Trade and Development Statistics”, 1976, 1991。

① 李通屏：《人口增长对经济增长的影响：日本的经验》，载《人口研究》2002年第6期，第64页。

② ［日］正春公宏：《日本经济论》，1979年日文版，第5页。转引自宋则行、樊亢主编《世界经济史》（下），经济科学出版社1994年版，第48页。

20 世纪 50—60 年代是美国经济空前发展的时期。在科技革命的引导下，50 年代工业生产年平均增长率为 4%；从 1961 年 1 月—1969 年 10 月，美国经济连续上升了 106 个月。这样长时期的持续增长，在美国经济史上是罕见的。60 年代在美国被称为“繁荣十年”。[①] 在 30 年代，美国工业生产率只增长约 20%，而 1950—1970 年增长 94%。劳动生产率的提高使生产量增大，成本降低，利润增加。这一时期也是美国农业的大发展时期，农业生产实现了高度的机械化、电气化、化学化和良种化，农业管理实现了高度专业化和社会化。1947—1970 年，美国农业人口减少 2/3，从占总人口的 1/6 降至 1/20，而农业产值却有很大增加。

20 世纪 50—60 年代西欧的经济发展也非常迅速，并在经济一体化上有了突破性进展。德国从 1948—1950 年不足 3 年的时间内，其工业生产就基本上恢复到了战前 1936 年的水平。1951 年以后，德国的经济进入高速发展时期，1950—1960 年，实际国民生产总值平均增长 7.1%，按 1980 年价格计算，国民生产总值从 1950 年的 3136 亿马克增加到 1970 年的 11240 亿马克，20 年间增长了 2.6 倍，成为当时资本主义世界第二大经济强国，创造了举世闻名的“经济奇迹”。20 世纪 60 年代末到 70 年代中期，虽然经济发展速度减慢，但仍然超过英、法等西欧其他国家，居世界第三位。[②] 人均国民收入 1950 年为 419 美元，1960 年上升到 1209 美元，1970 年增加到 2759 美元。[③]

20 世纪 50—60 年代法国的经济增长速度仅次于联邦德国，国内生产总值年平均增长率 1950—1960 年为 4.8%，1960—1970 年为 5.6%，其中 1951—1979 年工业年平均增长率为 5.9%。1970 年国内生产总值达到 1409 亿美元，居资本主义世界第四位。[④]

英国在这一时期的经济发展速度显著的低于西欧其他国家，1953—1973 年平均经济增长率仅为 3%。但是与战前相比，这一时期的经济进步还是十分明显的，经济增长速度也创造了历史最高纪录。从国民收入的增

① 宋则行、樊亢主编：《世界经济史》（下），经济科学出版社 1994 年版，第 48 页。
② 郭吴新等主编：《世界经济》，第二册，高等教育出版社 1989 年版，第 194—195 页。
③ 和春雷等：《当代德国社会保障制度》，法律出版社 2001 年版，第 83 页。
④ 宋则行、樊亢主编：《世界经济史》（下），经济科学出版社 1994 年版，第 50 页。

长上反映得更加明显：1920 年为 56.6 亿英镑，1939 年反而降为 50.4 亿英镑；而战后 1950—1970 年的 20 年间，国民收入从 107 亿英镑增至 468 亿英镑，增加了 3 倍多。①

第二次世界大战以后，瑞典经济的发展首先表现在经济发展速度方面。瑞典国民生产总值年增长率在 1951—1954 年为 3.3%，1956—1960 年为 3.4%，1961—1965 年为 5.2%，1966—1970 年为 4.1%。瑞典的经济增长速度超过其他欧洲国家。②

日本这一时期的经济发展是最令人瞩目的，1956 年日本政府在《经济白皮书》中宣称："今后的增长将由现代化来支撑。"从此，日本经济进入了一个以现代化为中心的高速发展时期。1955—1960 年经济年平均增长率为 8.5%，1960—1965 年为 9.8%，1965—1970 年为 11.8%。1955—1970 年间国民生产总值增长 7.2 倍。③

表 3-2　　战后部分国家国民收入及人口平均值

（总量：亿美元；人均：美元）

国家	1950 年		1960 年		1970 年		1975 年	
	总量	人均	总量	人均	总量	人均	总量	人均
美国	2623	1722	4602	2547	9046	4415	13899	6507
苏联	611	339	1611	752	3221	1327	5032	1978
日本	102	123	386	410	1700.6	1630	4360.9	3909
联邦德国	170	333	665.2	1200	1668.6	2748	3726.8	6027
法国	203	485	557.2	1200	1258.3	2478	1986.4	5627
英国	346	687	664.2	1269	1128.7	2037	2057.4	3681
意大利	105.9	229	320.1	645	850.8	1586	1561.7	2791
加拿大	137.3	1001	346.8	1936	724.4	3398	1446.7	6360

资料来源：郭吴新等主编：《世界经济》（第四册），高等教育出版社 1990 年版，第 268 页。

① 宋则行、樊亢主编：《世界经济史》（下），经济科学出版社 1994 年版，第 51 页。

② 丁建定著：《瑞典社会保障制度的发展》，中国劳动社会保障出版社 2004 年版，第 69 页。

③ 宋则行、樊亢主编：《世界经济史》（下），经济科学出版社 1994 年版，第 52 页。

③收入水平稳步提高

第二次世界大战后，随着经济的较快发展，劳动生产率的大幅度提高，工人运动的进一步增强，发达资本主义国家劳动人民的物质生活水平有了较大的提高，劳动条件有了较大的改善。

战后几十年来，西方国家工人阶级的实际工资有起有落。往往是经济危机、生产停滞和严重通货膨胀时期，实际工资就下降；在经济复苏和高涨时期，实际工资就有所提高，但总的来说是上升的。不仅是生产工人，服务工人、工程技术人员以及办事员的实际工资都有所提高（见表3－3 和表3－4)。同时，由于就业人口的增加，特别是已婚妇女就业的增加、美国家庭收入的增长幅度更大。1947—1978 年年底，美国家庭中位数年收入增长了 4.82 倍，扣除物价上涨因素，实际增长了 99.3%。[①]

表 3－3　　美国各类男职工年中位数工资增长情况　　单位：美元

	工程、技术、医生等专业人员	办事员（秘书、打字员）	商业工作人员	技工、领班	机械操作工	粗工（农业除外）	服务工人（家务工除外）
1955 年	5382	4162	4037	4712	4046	3105	3563
1976 年名义工资	16939	12843	14856	13338	11688	10104	10036
1976 年实际工资	7968	6014	6861	6415	5498	4453	4721
1976 年实际工资比 1955 年增长%	48	45	70	36	36	43	32

资料来源：《美国历史统计》，第 305 页，《美国统计摘要》1977 年，第 411 页。转引自宋则行、樊亢主编《世界经济史》（下），经济科学出版社 1994 年版，第 97 页。

再以日本为例，1951—1975 年的实际工资扣除物价上涨因素，制造业工人的实际工资年平均增长率在 6% 左右。从表 3－4 可以看出，战后到 20 世纪 70 年代中期，发达国家工人工资水平和农民收入水平都在高速、稳步提高，创下了历史以来的最高纪录。

① 宋则行、樊亢主编：《世界经济史》（下），经济科学出版社 1994 年版，第 97 页。

表 3-4　　部分国家工人工资和农民收入水平　　单位：美元

	年 份	制造业工人	农业工人
美国	1957	350	168
	1971	609	340
	1975	814	423
苏联	1962	101	73
	1971	146	118
	1975	216	175
日本	1957	53	27
	1971	231	152
	1975	637	358
联邦德国	1957	103	57
	1971	380	210
	1975	780	435
英国	1965	142	103
	1970	288	184
	1975	578	322
法国	1957	85	38
	1968	146	73
	1973	302	137

注：各国计算方法不同，仅供参考。

资料来源：辽宁社会科学院外国社会科学情报研究所:《世界经济统计提要（1950—1979)》, 1981 年，第 169 页。

(2) 现收现付制养老金制度的“黄金时代”

第二次世界大战结束后各国经济发展业绩良好，实际工资平稳增长，人口增长率也迅速提高，这些经济的和人口的变化为现收现付制养老金制度的推行创造了良好的前提条件，由此带来的大量“人口红利”① 也促进了现收现付制养老金制度的迅猛发展。因而，从第二次世界大战结束后到20世纪70年代，在英国（1946）贝弗利奇模式的影响下，瑞士（1949）、荷兰（1957）、瑞典（1960）、挪威（1966）和加拿大（1966）等国相继诞生了新的现收现付制养老金制度。福利国家的浪潮迅速波及欧洲其他国家和日本、美国等。几乎所有的公共养老金制度都在扩大覆盖范围，提高给付标准。这些新的、慷慨大方的现收现付制养老金制度导致了向20世纪60年代和70年代退休的一代人的巨额的、终身的转移支付，实质性地缓解了老年贫困问题。这个时期是发达国家现收现付制公共养老金制度发展的“黄金时代”。

①养老金立法和制度体系不断完善

1889年，德国成为世界上第一个制定对老年人和丧失劳动能力的人提供义务养老抚恤金制度的国家，直到第二次世界大战结束，德国的公共养老金制度没有做太大的调整和变化。第二次世界大战结束后，德国进行了一系列养老金政策创新，特别是在1957年和1972年进行的改革。1957年的《养老金改革法》是战后到1989年间最为重要的养老金政策改革，它被誉为德国在20世纪50年代最为重要的一项立法，而且被视为20世纪以来德国在公共养老制度方面的第一次重大改革。这项立法修改了养老救济金的计算公式，而且是按照实质上增加养老救济金数量的方式进行修改的，要求每年把未来的养老救济金指数化。另外，这个时期德国的养老金制度也采取了现收现付制，除了理论上的论证外，还由于它的养老保险制度在经历了两次世界大战的冲击，基金在战争年代受到损失，特别是面临战败的政府是不可能对养老基金负责的，现收现付制无疑会减少基金面临的风险。② 1972年，德国又实行了几项重要的养老金政策改革，如法律中增加了一些条款，使得那些有35年或35年以上工龄的人在提前退休

① 所谓“人口红利”是指在人口转变的过程中由于出生率下降速度快于人口老龄化速度，使少儿与老年抚养负担均相对较轻，总人口中劳动适龄人口比重的上升而十分有利于经济发展的人口结构，在这个时期的人口呈现橄榄型，即“中间大、两头小”的状况。参见陈友华《人口红利与人口负债：数量界定、经验观察与理论思考》，载《人口研究》2005年第6期（第29卷）。

② 孙炳耀主编：《当代英国瑞典社会保障制度》，法律出版社2000年版，第47页。

（63 岁退休）时有可能拿到全部养老救济金，并且这项规定将制度的覆盖范围扩展到个体经营者和家庭主妇；另一项重要改革是改变已经工作了 25 年以及 25 年以上的低工资工人的养老金的计算方式，如果养老救济金低于某一特定水准，允许用这一时期平均工资的 75% 来代替这类工人的工资基数。[①]

受自由市场放任主义意识形态的影响，英国直到 1908 年才颁布养老金立法。这部法规与德国最初的制度十分相似，养老救济金只向 70 岁以上的老人支付，并且待遇水平制定得特别低。第二次世界大战结束后，受贝弗里奇报告的影响，1946 年英国颁布了国民保险法，将贝弗里奇报告中勾勒的大多数政策建议具体化了。这种缴费性的固定待遇的养老金制度的基金平衡思路类似于完全基金积累制的原则，但由于当时已经存在大量的退休老人，按照这个原则确定的缴费不可能积累起来，因此到 20 世纪 50 年代末，它实际上演变为现收现付制，每年在职人员的缴费都用于当年已有养老金的支付，形成了典型的代际赡养。[②] 由于 1946 年国民保险法所建立起来的养老金制度是一种统一受益的养老金制度，缴费与受益之间缺少关联，且保障对象主要是低收入者，因此从 50 年代末开始，这种统一受益养老金制度越来越不适应英国社会发展变化的要求，这导致了英国在 50 年代末建立和实施收入关联养老金制度。1957 年，英国工党在一份题为《国家养老金制度：工党关于养老保障的政策》的文件中，肯定了建立和实施收入关联养老金制度的主张。文件指出，现行的国民保险养老金制度应该成为新型的收入关联养老金制度的基础，这两种制度应该各提供相当于就业者在职平均收入一半的养老金。但是，由于当时工党处于反对党的位置，这份文件所提出的计划没能实施。[③] 1959 年，英国颁布新的国民保险法，正式建立收入关联养老金制度。该法规规定：要建立一种收入关联养老金制度，作为对统一受益养老金制度的补充，这是一种平均收入类型的养老金，即是一种与个人一生的平均工资相联系的养老金。从

① ［美］约翰·B. 威廉姆森、弗雷德·C. 帕姆佩尔著，马胜杰、刘艳红、赵陵译：《养老保险比较分析》，法律出版社 2002 年版，第 45 页。

② 孙炳耀主编：《当代英国瑞典社会保障制度》，法律出版社 2000 年版，第 46 页。

③ 丁建定、杨凤娟：《英国社会保障制度的发展》，中国劳动社会保障出版社 2004 年版，第 138 页。

制度的财务平衡模式来看，收入关联养老金制度仍然是现收现付制，只是增强了缴费与受益之间的关联度。至此英国建立起包括国民养老金和收入关联养老金在内的国家公共养老金体系。

1913 年，瑞典成为第一个制订全民义务性公共养老金计划的国家。但是在 1913—1935 年间，瑞典的养老金政策在立法上没有大的变化，甚至在 1935 年改革措施颁布后，养老金受益者仍然很少。1928 年，瑞典建立了一个关于社会福利规则的委员会，战后不久，这个委员会提案要求制定与财富审查相联系的统一受益的平均养老金。这项方案与社会民主党传统的意识形态是一致的，即致力于旨在把养老金用于低收入者的再分配的社会政策。这一更为慷慨的提议最终在 1946 年得以颁布并于 1948 年实施。1946 年养老金立法带来的一项变化是实质上增加了人均养老金的标准，更为重要的是，这种按人头计算的养老金被有效地转换成了一种人口统计的形式，公民到了 67 岁的时候，所有合乎规定的人都可以获得数量相同的按人头计算的养老金。瑞典本来就是世界上第一个建立普惠的缴费型养老金计划的国家，现在它又成了第一个结束这一计划而青睐于普惠的非缴费型养老金计划的国家。

美国是西方主要工业国家中最后一个实施社会养老保险立法的国家，直到 1935 年社会保障法案才获得通过，根据该法案规定的第一批养老金是在 1940 年才支付的。1935 年社会保障法的第二章是养老保险条例，其最重要的一个方面是关于养老金应当是缴费制的，并且以社会保险原则为基础；养老救济金是强制性的、与收入关联的，但没有进行财富审查。然而，1939 年在第一批养老金开始支付之前，第一个修正案就颁布了，目的是为了修正该计划。1939 年修正案十分重要，因为它启动了对最初的社会保障法规进行修改的程序，与（私人）保险原则相比 1939 年修正案更强调社会福利。例如，为了更好地照顾低收入工人的利益，养老金计算公式也被修改了。1939 年的修正案也把社会保障从工人保护计划转变成了家庭保护计划，被保险工人的妻子和孩子也可以获得救济金，保险范围甚至包括被保险工人的遗属和孤儿。与此同时，美国社会保障也从一种严格的储备基金制度（基金积累制度）向量入为出制度（现收现付制度）转变，新的目标在于把社会保障基金积累限制在相当于一年期债务的水平上。1950 年修正案改变了受益原则，使其能尽快地符合救济金标准；扩大了受益范围，将大多数非农场的自雇工人和许多农工也纳入该体系内；领取养老救济金受益的职业条件和时间条件被放宽。1972 年，养老社会保险救济金指数颁布，同年，估算退休前收入基数的公式也进行了修改，其目的在于计算支付给工人的最初的养老社会保险救济金；每年的收入都要用工资指数进行调整。因此，退休前收入的最后估计将以工人相对于获得工资那年的平均工资水平为基础。

②覆盖面与待遇水平不断提高

第二次世界大战结束后，随着养老金政策法规的不断完善，德国养老金覆盖的人口比例大大增加，国家用于公共养老金的收入比例也增加了。在 1949 年，仅有 66% 的劳动力被养老金制度覆盖；到了 20 世纪 60 年代，实际上所有私人部门的雇员都被覆盖了。1949—1978 年之间，德国平均养老救济金占普通工人工资的比例从 27% 上升到了 72%，雇主和雇员共同从财力上负担的这一计划由 10% 的比例提高到 19%。德国国内生产总值中用于公共养老金支出的部分到 1960 年增加到了 9.7%，1985 年增加到了 11.8%。[①]

同所有的工业化国家一样，英国在第二次世界大战之后经历了养老金支出急剧增长的时期，这种增长的出现是由于国家经济增长和日益老化的年龄结构。从 1960—1981 年，英国养老金支出增长的大约 25% 可以用老年人口增长来解释。英国公共养老金支出占国民生产总值的比重从 1950 年的 2.3% 增加到了 1985 年的 6.7%。尽管有了长足的增长，工资替代率的比较研究表明，英国的替代率水平在 12 个被考察的工业化国家中排在最后，平均养老金数额相对于制造业平均工资而言，单个工人的指标值排在第 11 位，夫妇的指标值排在第 12 位。[②]

从 1960—1985 年，养老金支出在瑞典的增长速度要比在德国、美国或英国快，瑞典养老金在替代退休前工资方面比美国或德国做得好，在这方面瑞典在所有工业国家中是排在第一位的。从 20 世纪 50 年代早期到 1985 年，瑞典用于养老金方面的支出从占 GDP 的 1.7% 增加到了 11.2%。

---

① ［美］约翰·B. 威廉姆森、弗雷德·C. 帕姆佩尔著，马胜杰、刘艳红、赵陵译：《养老保险比较分析》，法律出版社 2002 年版，第 46 页。

② 同上书，第 86 页。

战后时期，老年人的生活水准比在职人口增长得快。70 年代末期经济陷入困境时，与那些在职人口相比，养老金能够更好地保持他们的生活水准。由于生活水平的提高，到 80 年代早期的时候，老年人当中的贫困率已经降到了 2.1% 。①

3.2 现收现付制养老金制度的再分配效应

3.2.1 国外学者有关现收现付制养老金制度再分配效应的理论研究

新古典经济学对于收入再分配效应的评价，是直接以再分配在福利经济学意义上的结果为标准的。“对于某种经济的资源配置，如果不存在其他生产上可行的配置，使得该经济中的所有人至少和他们在初始时情况一样良好，而且至少有一个人的情况比初始时严格地更好，那么这个资源配置就是最优的。”②

斯普瑞曼（Spreeman）在 1984 年利用一个无限期的叠代模型研究所得出的结论是：如果时间是无限的，在自由变化的缴费率下，除非人口增长率和实际工资增长率之和永远小于利率（在他的模型中都是外生的），否则，现收现付制养老金就总是能够在代际之间进行帕累托有效配置。而对基金积累制来说，当将来存在某个时期，“阿伦条件”都得不到满足时，它才会是帕累托有效的，否则，不管“阿伦条件”是否得到满足，基金积累制一般不会达到帕累托有效的改进。原因非常简单，现在的一代并没有义务为了将来各代人的养老金而积存财富。

沃本（Verbon）在 1988 年也证明③，一旦选择了现收现付制养老金制度，就不可能在不伤害到某代人利益的情况下退出。相对于初始状态而言，从现收现付制向基金积累制的转轨肯定要产生额外的成本；相反，如果从基金积累制向现收现付制转轨，那么任何一代都不会蒙受损失，而且

① ［美］约翰·B. 威廉姆森、弗雷德·C. 帕姆佩尔著，马胜杰、刘艳红、赵陵译：《养老保险比较分析》，法律出版社 2002 年版，第 122 页。

② 《新帕尔格雷夫经济学大辞典》第三卷，经济科学出版社 1996 年版，第 868 页。

③ Verbon, H. A. A. , 1988, “The Evolution of Public Pension Schemes”, Springer (Microeconomic Studies), Berlin.

至少有一代人从中受益。布莱耶（Breyer）1989年在此基础上又进一步扩展了沃本的结论。他也认为，当用基金积累制代替现收现付制时，要想在不使至少一代人的福利变得更坏的情况下就能补偿转轨中的第一代人的福利损失，一般来说是不可能的。这个结论不仅适用于利率外生以及资本市场完善的开放经济，而且也适用于资本的回报由内生的供求关系所决定的封闭经济。

科特里考夫总结前述论者的结论，用一个两期叠代模型证明人口增长率、生产增长率与市场利率之间相互关系对养老金制度的帕累托有效性的影响。若 $m+g+mg$ 大于 r（人口增长率用 m 表示、生产增长率用 g 表示、r 是经济稳定状态的利率），则实行现收现付制养老金制度可以是帕累托改进的。

在阿伦发起的这场讨论中，论者们得出的一般结论是：不管是在实际工资增长率和市场利率外生的小型开放经济中，还是在实际工资增长率和市场利率内生的封闭经济中，一般而言，一个现收现制养老金制度总是存在一个在代际之间达到帕累托有效配置的可能。但是，与现收现付制相比，在一个需要受益者为自己的养老而缴费的基金积累制养老金制度安排之下，下一代人福利的不减少，是靠上一代人福利的相对减少来实现的。从这个意义上说，基金积累制中并不存在代际的帕累托有效改进。①

3.2.2 国内学者有关现收现付制养老金制度再分配效应的理论研究

帕累托有效的收入再分配即使在理论上是存在的，但其严格的先决条件和一系列的假定在现实当中几乎不可能得到满足。这是任何一个特定的养老金制度所面临的问题。事实上，养老金制度中的再分配问题已经超出了传统意义上的新古典经济学的范围。也就是说，这是一个传统的新古典主义经济学所解决不了的问题。

李绍光从价值判断的角度认为一个特定的养老金制度安排究竟在多大程度上是一个不同群体之间的收入再分配的公平与否的问题，在很大程度上取决于这些群体各自的价值判断以及他们根据其判断怎样在行为上进

① 李绍光：《养老金制度与资本市场》，中国发展出版社1998年版，第89页。

行选择。福利经济学中存在着很多的替换，效率与公平是最基本的一对存在替换关系的范畴。公平与效率既然不能兼得，那就只好在二者之间进行搭配和选择。除此之外，我们唯一能做的就是尽量避免那个最糟糕透顶的情况发生——在牺牲了公平的同时却换不来效率的提高，或者是在降低了效率以后也得不到更大程度的公平。他认为，就一个国家的整体经济而言，即使真的需要一种公平程度非常之高的收入再分配制度，那么这并不意味着它的养老金制度必须具有非常强大的再分配功能，也许可以通过一个养老金制度之外的制度安排，比如收入税、消费税以及遗产税制度来实现同样的功能，假如经济内部结构的整合程度已经达到了相当高度的话。①

柏杰认为，“阿伦条件”中用于解释人口结构的参数——人口增长率，对于老龄化的解释和养老问题的认识远不如赡养率深入。虽然人口增长率和赡养率都是由于人口出生率和人口死亡率的变化而引起的，但人口增长率仅仅描述了整个人口结构的总体变化情况，而没有能够刻画出养老保险制度安排中对立的双方：老年人和年轻人之间的人口变动情况，因此是赡养率而不是人口增长率对养老保险制度产生的影响最直接。基于此，他对“阿伦条件”进行改进，建立无限期的叠代模型，对现收现付制和基金积累制这两种养老金制度安排的帕累托有效性进行了分析。他认为，在开放的经济环境中，如果1加上工资增长率大于等于1加上强制储蓄的利率与赡养率之积，则从基金积累制转向现收现付制是帕累托有效的。并且当人口结构年轻，赡养率较低时，现收现付制具有优势；反之则实行完全基金积累制具有优势。在封闭的经济中，如果1加上引致的工资增长率大于等于1加上强制储蓄的利息率与赡养率之积，则从基金积累制转向现收现付制是帕累托有效的。同时得出结论认为，即使在开放的经济环境中，现收现付制有可能在改进的“阿伦条件”下，在代际实现帕累托有效配置。②

---

①　李绍光：《养老金制度与资本市场》，中国发展出版社1998年版，第91—94页。

②　柏杰：《养老保险制度安排对经济增长和帕累托有效性的影响》，载《经济科学》2000年第1期，第78—88页。

3.2.3 国外学者有关现收现付制养老金制度再分配效应的实证研究[①]

现收现付制养老金制度从职工向退休者转移了大量财富。在美国，1999年社会保障制度通过在职职工缴纳的工薪税的形式征收了4610亿美元（没有利息）财政收入，并主要是以受益给付的形式向退休者支付了3930亿美元。[②]这种在不同年龄组个人之间的大量资源再分配为65岁以上者提供了其家庭户总收入的38%，这种机制引起了在年龄、年龄组和种族间的主要收入再分配。然而，社会保障对收入再分配的真实影响不能通过观察税收和受益的年度现金流进行简单测算。因此，测算社会保障对年度收入再分配的影响，要求说明在没有社会保障的前提下产生的相反的实际收入再分配。

一般地，研究者主要集中于测算方式，即现行现收现付制养老金制度对不同个人在不同生命期的受益的影响。许多国家的现收现付制养老金制度已经偏离了最基本的精算公平原则。随着养老金制度受益额的逐渐增加和人口转换，已经产生了大规模的代际再分配。并且，受益计算公式的变化也产生了大规模的代内再分配，事实上很多这种代内再分配与生命期收入没有任何关联。

（1）代际之间的社会保障收益分配

在3.1.1中已经说明，现收现付制养老金制度的最初一代人将收到一笔额外受益，这个额外受益将等于随后的若干代人的工资基数增长的收益率。在实践中，曾经发生的多次养老金制度调整导致的受益扩大已经产生了一系列“最初一代人”，即获得额外受益的一代人，他们收到社会养老金受益可能是其缴纳的税收的几倍。在美国，整个工作期间支付2%—5%的工薪税率的职工已经在其退休期间成为10%—12%工薪

① Feldstein, M. and Liebman J., 2001, “Social Security”, NBER Working Paper 8451, pp. 49－54.

② 美国在整个20世纪20年代，部分州政府实行了以一般性财政收入筹资的、财富审查的基金积累制制度。特别是1929年股市下挫之后，到1934年美国有28个州有养老金制度，但没有一个州实行缴费制制度。美国联邦社会保障制度是在1929—1933年大萧条时期以单一立法的形式建立的。1935年美国《社会保障法》创造了失业保险、儿童抚养津贴、养老保险（OAI）和老年互助制度（OAA）。养老保险是一个德国式的强制供款的制度，后来逐渐演变为养老、遗属和残疾保险（OASDI），也就是现在美国的“社会保障”。

税率的受益人。[①] 表 3 – 5 显示了社会保障向后续出生群体提供的内部收益率和生命期净转移。内部收益率 i 是总的 OASI 税收收入的现值与人们收到的受益现值相等时的收益率：

$$\sum_{\text{年龄}=0}^{\text{年龄}=\text{最大年龄}} \frac{\text{受益}_{\text{年龄}} - \text{税收}_{\text{年龄}}}{(1+i)^{\text{年龄}}} = 0 \tag{3.1}$$

人们收到的净转移是收到的使用真实贴现率贴现的受益现值减去支付的税收收入的现值，在这个例子中是 2%。我们可以看到，1900 年出生的群体得到了等于其工薪税几乎 12% 的收益率，而在 2000 年出生的群体仅收到等于其工薪税 1.7% 的收益率。[②] 换句话说，当 1989 年出生的群体收到的受益的累积价值（累积到 1989 年）是 1000 亿美元，比起这个群体支付的税收要多，那么未来群体将比起他们支付的税收要少得多。

表 3 – 5　　美国社会保障制度的代际收入再分配

出生群体	内部收益率（%）	总生命期代际转移（1989 年 10 亿美元）
1876	36.5	12.1
1900	11.9	112
1925	4.8	99.6
1950	2.2	14
1975	1.9	– 8.0
2000	1.7	– 15.2

注：代际转移计算使用了 2% 的真实贴现率。

资料来源：Leimer, D., 1994, "Cohort Specific Measures of Lifetime Net Social Security Transfers", Working Paper No. 59 (Office of Research and Statistics, Social Security Administration, Washington, D. C.).

① 参见 Burkhauser, R. and J. L. Warlick, 1981, "Disentangling the annuity from the Redistributive Aspects of Social Security in the United State", *Review of Income and Wealth* 27, pp. 401 – 421; Moffitt, R., 1984, "Trends in Social Security Wealth by Cohort", in: M. Moon, ed., Economic Transfers in the U. S. (University of Chicago Press, Chicago), pp. 327 – 347; Duggan, J. E., R. Gillingham and J. S. Greenlees, 1993, "The Returns Paid to Early Social Security Cohorts", *Contemporary Policy Issues* 11, pp. 1 – 13; Steuerle, E. and J. Bakija, 1994, "Retooling Social Security for the 21th Century", *Urban Institute Press*: Washington; Caldwell, S. et al., 1998, "Social Security's Treatment of Postwar Americans", NBER Working Paper No. 6603。

② 人数假定在未来的社会保障税收或受益原则方面不变。

(2) 现行美国社会保障制度的代内再分配

对于高收入者，美国社会保障制度的受益计算公式替代了低收入者的较大部分的生命期收入，总的来说该制度应该是累进性的，相对于一个群体中的高收入者，向相同群体的低收入者提供了一个“更好的老年生活”。最近的研究（Liebman，2001；Coronado，Fullerton & Glass，2000；Gustman & Steinmeier，2000）已经证明，美国社会保障制度产生的代内再分配与收入之外的其他因素是相关联的。特别地，社会保障制度从低生命预期的人向高生命预期的人（收到更长时期的受益）转移收入；从单身职工向收到配偶津贴的已婚夫妇（特别是只有一人工作）转移收入；从工作时期超过35年的职工向工作时期少于35年的职工（税收按所有年份的收入支付，受益按最高年限35年计算）转移收入。[①] 这些非收入相关的因素经常导致具有相似生命期收入的家庭收到的再分配收入的数量发生非常大的变化。然而，既然高收入家庭户一般有较高的生命预期，并收到更大的配偶受益，基本受益公式中的许多累进性被相互抵消。

最近四组研究者为了分析代内再分配，已经构建了美国社会保障制度的微观模拟模型。有三篇文章发现社会保障制度导致从高收入者向低收入者再分配收入，但是并没有基于受益计算公式的所预期的受益一样多。第四篇文章认为，通过许多方法研究分析可以发现，现在美国的社会保障实际上是累退性的（regressive）。卡尔德维尔（Caldwell）等人[②]使用了一个基于战后出生者的婚姻和收入模式方案的微观模拟模型发现，总的来说，对于1950年出生的群体，社会保障的生命期净税率是5%。他们还发现，对于生命期劳动收入低于20万美元（以1997年美元计算）的个人，生命期净税率平均是2%；对于生命期劳动收入在20万—80万美元的个人，生命期净税率大约是6%；对于生命期收入水平达到80万美元者，因为作为社会保障工薪税税基的收入水平被封顶，生命期净税率是下降的。利

① 参见 Boskin, M., et al., 1987, “Social Security: A Financial Appraisal Across and Within Generations”, *National Tax Journal* Vol. XL, pp. 19 – 34; Hurd, M. and J. Shoven, 1985, “The Distributional Impact of Social Security”, in: D. Wise, ed., Pensions, Labor and Individual Choice (University of Chicago Press, Chicago), pp. 193 – 221。

② Caldwell, S. et al., 1998, “Social Security’ s Treatment of Postwar Americans”, NBER Working Paper No. 6603.

伯曼（Liebman）[①] 使用了一个数据库进行研究，他将现行社会保障原则应用于数据库中在20世纪90年代之前退休的群体，计算每个人或收到或支付的代内收入转移，这个转移的收入相当于个人收到的生命期社会保障受益现值减去支付的税收现值，这个现值是按照群体收益率贴现的。他发现，从收到少于群体平均内部收益率的个人向收到多于群体平均内部贴现率的个人转移收入的总美元价值，仅为群体收到的社会保障总受益的13%。然而，许多这种再分配与生命期收入没有关系，高收入家庭中更低的死亡率和更高的配偶受益大大抵补了社会保障受益公式的累进性的成分。以1998年总受益水平为例，导致收入相关的转移是已给付的社会保障受益的5%—9%，或190亿—340亿美元。他强调，在相同的生命期收入水平上，出现了波动非常大的社会保障转移收入（正转移和负转移）。葛斯特曼（Gustman）和斯坦米尔（Steinmeier）[②] 使用一个基于与社会保障收入历史相关的健康和退休调查的微观模拟模型研究后强调，通过将个人归类为家庭户，并对家庭中第二个收入者收入水平的变化进行调整后，社会保障看上去比简单地看待退休职工受益具有更少的累进性。仅对那些有大量收入的年份按平均的生命期收入进行家庭测算，他们发现来自社会保障的再分配在受益的第二个十分位数增加了7%，在受益的第九个十分位数减少了7%。克罗纳多、富勒通和格拉斯（Coronado, Fullerton and Glass）[③] 预测了未来收入和婚姻模式。按照潜在收入（如果成年人在每年都做全职工作，家庭户将得到生命期收入）对家庭进行排列，并考虑应税收入最大值以上的工资不征税，他们得出结论认为，以一个足够高的贴现率进行贴现，社会保障制度具有明显的累退性。

这个结果的解释，对于了解群体内部和外部的收益率之间存在重要的相互作用是非常重要的。因为社会保障受益水平随收入提高，收到较大额

---

① Liebman, J., 2001, "Redistribution in the Current U.S. Social Security Program", in: M. Feldstein and J. Liebman, eds., Distributional Aspects of Investment - Based Social Security Reform, forthcoming.

② Gustman, A. and T. Steinmeier, 2000, "How Effective is Redistribution Under the Social Security Benefits Formula?" NBER Working Paper No. 7597.

③ Coronado, J. L., D. Fullerton and T. Glass, 2000, "The Progressivity of Social Security", NBER Working Paper No. 7520.

度的净转移的群体中的高收入者将比群体中的低收入者收到更多的转移收入。因此，斯托尔勒和百吉加（Steuerle & Bajija）[①] 已经强调：通过这种方法进行研究，美国社会保障制度看上去在过去有很高的累退性，但社会保障的这种累退性正在随着收益率的下降而减少。

3.3 现收现付制养老金制度的效率损失

正像所有的社会保险制度一样，养老金制度的提供也涉及保障与扭曲之间的平衡。养老金受益保护老年人免受贫困的威胁，更一般的是，为了防止老年人在收入停止后生活标准的大幅度下滑。但是，由于现收现付制养老金制度本身的缺陷以及在实际运行过程中出现的问题，导致现收现付制养老金制度出现了大量的效率损失。比如，以收入或就业为关联，采取税收筹资方式的养老金制度的受益创造了大量的无形损失（Dead Weight Losses, DWL），这种无形损失主要来自老年人和年轻人的行为变化。养老金制度的最优规模和特征因此涉及这种保障与扭曲之间的平衡，正如收入税制度的结构和规模涉及扭曲与再分配之间的平衡。

与此同时，当现收现付制养老金制度的理论前提——“阿伦条件”不成立时，即出现了人口增长率下降和人口老龄化的情况下，现收现付制养老金制度就会入不敷出，财政不堪重负。因此，本身是为了追求适度社会公平的现收现付制养老金制度却在诸多内部和外部条件的影响下，引起了大量的效率损失，并因此而导致了非意愿的社会不公平。这些效率损失主要表现在对私人储蓄的挤出效应、无形损失、引致退休、覆盖面不足或非正规部门扩大、税收扭曲、劳动力市场价格扭曲、再分配的累退性等方面。[②]

单从现收现付制养老金制度引起的制度成本的角度来看，在美国，社会保障精算师估计社会保障成本将从2000年覆盖收入的10%上升到2030年覆盖收入的15%，到2050年之后将超过18%。这意味着社会保障受益

---

① Steuerle, E. and J. Bajija, 1994, “*Retooling Social Security for the 21th Century*”, Urban Institute Press; Washington.

② 有关现收现付制养老金制度的储蓄效应将在第4章详细论述。

将从相当于2000年GDP的4%上升到2050年之后的GDP的8%，也意味着联邦政府支出将增加20%，或联邦个人所得税增加40%。[①] OECD估计，由于养老金计划设计与预期人口趋势变化之间的差距，维持现存养老金制度的成本将在许多国家大幅度上升，到2040年，法国相当于GDP的14%，德国相当于GDP的18%，意大利相当于GDP的21%。[②]

3.3.1 无形损失

众所周知，现收现付制养老金制度会削弱供款与养老金受益之间的关联，相当于在企业的劳动成本、职工得到的最后工资与预期的未来养老金受益之间强制征收了一个隐性税（implicit tax）。劳动的隐性现收现付制税收的规模随着市场利率（或者是有借入约束的短视个人的情况下的目标贴现率）与预期现收现付制养老金收益率的差异而增加。对于整体制度来说，当现收现付制养老金制度达到成熟时，预期现收现付制养老金的收益率等于稳定条件下的经济增长率。然而，从单个职工的角度来看，当现收现付制提供代际和代内再分配时，现收现付制的收益率与GDP增长率的差异是非常大的。进一步，当考虑到风险时，金融市场的收益率与现收现付制养老金制度供款的收益率的差异也会增加。风险调整的市场收益率（反映市场的不确定性）可能与风险调整的现收现付制养老金的收益率（反映养老金供款与受益的变化原则）是非常不同的，这两者之间的差异就是现收现付制养老金制度所产生的无形损失。[③]

萨缪尔森模型推导的现收现付制养老金制度的前提条件是在一个缺乏资本存量的经济体系，现收现付制养老金制度将给每一代人一个等于人口增长率的隐性收益率。这个理论在一个有资本存量的经济体系中也是有效

① Congressional Budget Office, 2000a, "The Budget and Economic Outlook: Fiscal Years 2001 - 2010", U. S. Government Printing Office, Washington, D. C..

Congressional Budget Office, 2000b, "The Long - Term Budget Outlook", U. S. Government Printing Office, Washington, D. C.. 更详细数据可以参照美国社会保障基金信托委员会的年度报告，www. ssa. gov。

② OECD, 1998, "Maintaining Prosperity in an Aging Society", www. OECD. org.

③ Feldstein, M. and Liebman J., 2001, "Social Security", NBER Working Paper 8451.

的，但现收现付制养老金制度的帕累托改进特征就不复存在。[①] 由于养老金制度创建之初的退休者收到了一笔额外受益，那么以后的每一代职工将收到一个相对于其已经支付的税收 T_t 的 $(1+g)(1+n)-1=\gamma$ 的隐性收益率。然而，资本存量的存在意味着个人能够通过储蓄来为其退休筹资，投资于实际的资本品能够获得一个真实收益率 ρ。在一个动态有效的经济中，真实收益率 ρ 必须超过经济增长率 γ。[②] 因此，收到一个基于现收现付制养老金制度税收的收益 γ，而 γ 又少于可以通过投资于资本品获得的收益 ρ，因此，现收现付制养老金制度创建之后工作的每一代职工将发生一个无形的消费损失。

3.3.2 劳动力市场扭曲

1992 年，费尔德斯坦和萨姆维克（Feldstein & Samwick）[③] 在布林德（Blinder）等人、高登（Gordon）、布朗宁（Browning），以及伯克豪斯和特纳（Burkhauser，Turner）[④] 等人研究的基础上证明了，针对年龄、性别、婚姻状况和收入不同的职工，养老金受益原则设立了非常不同的工薪税，因而产生了净边际税率。这个净边际税率可以计算为工薪税率减去每一美元额外收入所产生的额外养老金受益的精算现值（采用时间偏好和死亡风险）。这个由于个人收入额外一美元所获得的增量受益的现值依赖于他的年龄、性别（死亡率随性别变化）、受益状态（职工是否将作为单个工人或遗属来要求养老金受益）、生命期收入（将决定受益公式中的替代率部分）和整个退休期收入（将决定社会保障受益的收入税率）。年轻职工、预期收到基于其配偶收入记录的退休受益的配偶、遗属（典型的

① Feldstein, M. and Liebman J., 2001, "Social Security", NBER Working Paper 8451.

② Cass, D., 1965, "Optimum Growth in an Aggregate Model of Capital Accumulation", *Review of Economic Studies*32, pp. 233－240.

③ Feldstein, M. and A. Samwick, 1992, "Social Security Rules and Marginal Tax Rates", *National Tax Journal* 45, pp. 1－22.

④ Blinder, A., et al., 1980, "Reconsidering the Work Disincentive Effects of Social Security", *National Tax Journal* 33, pp. 431－442; Gordon, R. H., 1983, "Social Security and Labor Supply Incentives", *Contemporary Policy Issues* 3, pp. 16－22; Browning, E. K., 1985, "The Marginal Social Security Tax on Labor", *Public Finance Quarterly* 13, pp. 227－251; Burkhauser, R. and J. Turner, 1985, "Is the Social Security Payroll Tax a Tax?" *Public Finance Quarterly* 13, pp. 253－267.

是妻子）和低收入者都将面临完全的工薪税率。既然已婚男性的增量收入将使他们自己和配偶获得较高的受益，因此他们经常支付负的边际税率。一般来说，因为并不像年轻人一样为未来考虑，老年职工的增量受益使他们面对较低的边际税率（经常是负的）。这个结论考察了为现收现付制养老金制度筹资的工薪税对不同类型职工的边际税率的影响。那么，如果职工收到的养老金受益与其向养老金制度缴纳的税收之间没有制度性关联，那么为现收现付制养老金制度筹资的工薪税将导致边际税率增加12.4%，产生相当大的无形损失。既然工薪税比62%的美国家庭的收入税还要高，现收现付制养老金制度所创造的有效边际税率是一个非常严重的问题。[①] 在许多OECD国家，工薪税甚至比美国还要大。

从税收原理的角度来看，同一次性总付税相比，所得税（含工薪税）会扭曲劳动力供给。[②] 图3－1说明了这种扭曲效应。如果向职工征收现收现付制养老金制度的工薪税，并且个人将自己定位于D点，那么税收收入或收入损失（等于消费损失）等于DE；相反，如果不课征工薪税，而

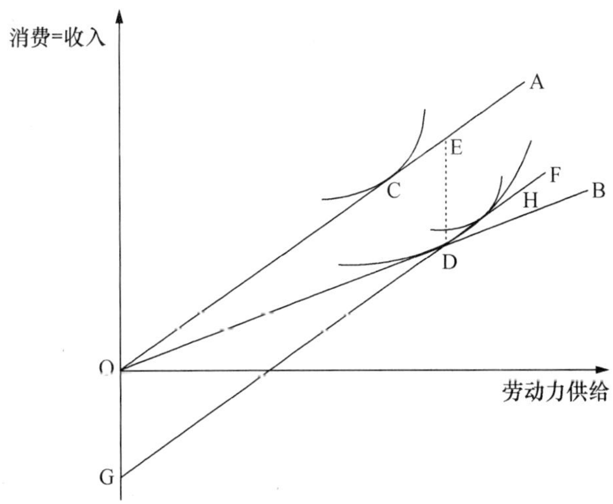

图3－1 工薪税与一次性总付税对劳动力供给的效应

① Feldstein, M. and Liebman J., 2001, "Social Security", NBER Working Paper 8451.

② 尼古拉·阿克塞拉著，郭庆旺、刘茜译：《经济政策原理：价值与技术》，中国人民大学出版社2001年版，第260页。

征收产生同样多收入的一次性总付税（GO = DE）。在这种情况下，预算约束为 GF，福利损失可能比较小，因为该职工通过将自己定位于 H 点而获益，而 H 点所在的无差异曲线比 D 点所在的无差异曲线高。

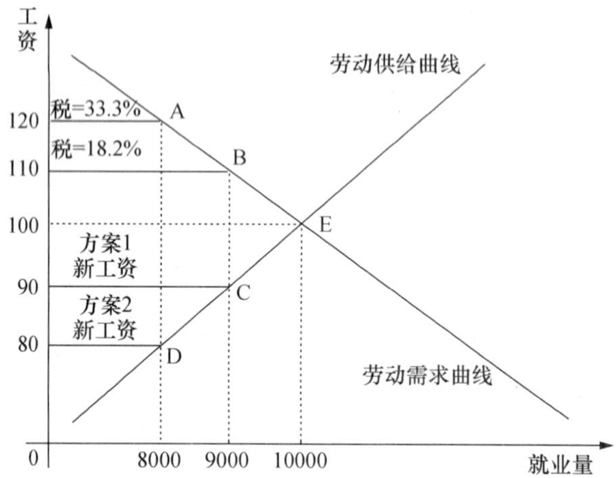

图 3－2　现收现付制养老金制度的工薪税对就业的影响

下面我们将从一个实际的例子来研究为养老金制度筹资的工薪税对就业的影响。

在不存在养老金制度的状态下，如果劳动力市场最初的均衡点是 E，即 1 万个工人按照 100 单位月薪就业，产生 100 万单位的工资总额。当建立公共养老金制度后，为养老金制度筹资的工薪税为 18.2%，均衡点将移到 C 点和 B 点，以至于少于 1 万名工人选择在净工资为 90 个单位下工作，而每个工人从其雇主处获得的劳动成本为 110 个单位，其中包括 20 个单位的税收。18.2% 的税率表示从总工资收入 110 个单位收取 20 个单位的税收，无形损失为图中 BEC 区域，即净损失为 1/2（110－90）（10000－9000）＝10000 个单位，也即最初工资总额的 1%。

现在假设为养老金制度筹资的工薪税率提高到 33.3%，新的均衡点将再次移到 A 点和 D 点，以至于 8000 名工人选择在净工资为 80 个单位下工作，而每名工人从其雇主处获得的劳动成本为 120 个单位，其中包括 40 个单位的税收。净损失为图中 AED 区域，即净损失为 1/2（120－80）

(10000 - 8000) = 40000 个单位，也即最初工资总额的 4%。换句话说，工薪税率增加不足 100%，将导致税收的净损失增加 300%。

3.3.3 引致退休

现收现付制养老金制度对职工退休选择的影响主要从三个渠道进行分析：

第一，对于具有短视倾向或流动性约束的个人，一个强制性养老金制度将职工工作时期的收入向退休时期转移，这种转移的收入效应将使职工预期在生命期的晚期会存在额外的休闲消费。

第二，许多养老金制度是按照经典的社会保险意义进行管理的，这意味着养老金受益仅仅在个人退休事实发生时可以获得，因为生命期受益给付的贴现值与退休时间的选择是独立的，这种制度经常改变退休激励。

第三，公共养老金制度可能改变有关退休时期选择的社会传统，影响私人养老金计划中企业强制退休年龄（在美国不再是法定的）和职工偏好。①

OECD 国家男性退休行为在 20 世纪期间发生了戏剧性的变化。科斯塔（Costa）的研究显示②，美国 65 岁以上的男性劳动力市场参与率从 1900 年的 65% 下降到 1990 年的 18%。而在同期，这个年龄组的男性劳动力市场参与率，英国从 61% 降到 8%，法国从 54% 降到 4%，德国从 58% 降到 5%。

年轻人的劳动力市场参与率也在下降。例如，美国 55—64 岁男性的劳动力市场参与率已经从 1900 年的 91% 下降到 1990 年的 67%。③ 美国职工第一次要求社会保障受益的年龄也出现了相似的下降。在 1965 年，年龄为 62 岁的职工有 23% 的人第一次要求社会保障受益，65 岁时有 23% 的职工第一次要求社会保障受益，年龄超过 65 的职工有 36% 的人第一次要求受益；而到 1999 年，年龄为 62 岁的职工有 59% 的人第一次要求社

---

① Feldstein, M. and Liebman J., 2001, "Social Security", NBER Working Paper 8451.

② Costa, D., 1998, "*The Evolution of Retirement: An American Economic History*, 1880 - 1990", University of Chicago Press.

③ Costa, D., 1998, "*The Evolution of Retirement: An American Economic History*, 1880 - 1990", University of Chicago Press.

会保障受益，65 岁职工有 16% 的人第一次要求社会保障受益，年龄超过 65 的职工仅有 7% 第一次要求受益。①

在多数 OECD 国家，提前退休甚至更为普遍。在美国，到 59 岁时，有 26% 的男性已经离开劳动力队伍；然而，比利时是 58%，法国和意大利是 53%，荷兰是 47%。② 从 1960 年开始，男性在他们 50 岁末期和 60 岁早期的劳动力参与率已经出现了大幅下降。在格鲁伯和瓦斯（Gruber & Wise）研究的 11 个 OECD 国家中，20 世纪 60 年代早期，60—64 岁的老年人的劳动力参与率是 60%；到了 90 年代中期，比利时、意大利、法国和荷兰这个年龄组人口的劳动力参与率已经低于 20%，德国大约为 35%，西班牙为 40%。美国趋势相对较平缓，从 82% 下降到 53%，日本下降比例更少，是 83%—75%。提前退休的趋势之所以如此显著，其原因是在老年人健康和生命预期方面的大大改善。

有关许多国家和地区的研究结果已经显示出现收现付制养老金制度对于劳动力市场参与率具有较大的负面影响（见表 3－6）。

表 3－6　现收现付制养老金制度对老年人劳动力市场参与率影响的计量研究结果

样本国家	对老年人劳动力市场参与率的效应	研究者
日本	负	Yamada and Yamada (1988) Yamada, Yamada, and Liu (1992)
14 个 OECD 国家	负	Kopits and Gotur (1980)
20 个欠发达国家	负	Kopits and Gotur (1980)
21 个 OECD 国家	负	Modigliani and Sterling (1983)

资料来源：参见参考文献中的相应资料。

① Committee on Ways and Means U. S. House of Representatives, 2000, "Green Book: Background Material and Data on Programs Within the Jurisdiction of the Committee on Ways and Means" (U. S. Government Printing Office, Washington), D. C..

② 格鲁伯和瓦斯研究了 11 个国家，仅日本是 13%。

Gruber, J. and D. A. Wise, 1999, "Introduction and Summary", in: J. Gruber and D. A. Wise, eds., *Social Security and Retirement Programs Around the World* (University of Chicago Press, Chicago), pp. 1－35.

3.3.4 引导劳动力从正规部门向非正规部门转移

与现收现付制养老金制度对劳动力供给和老年人劳动力市场参与率的影响所产生的负效应相比，其对正规就业和非正规就业的结构与生产率的影响更重要。原因在于：人们从应税的正规就业形式转向非应税的非正规就业形式更容易。一般而言，劳动力市场的总劳动供给弹性比正规——非正规就业配置的弹性要小得多。[①]

从正规就业形式向非正规就业形式转换对于正规部门税收的影响依赖于经济结构和现收现付制养老金制度的特征。克塞提（Corsetti）认为[②]，劳动力的流动性随着现收现付制养老金制度的覆盖范围而下降，随着政府对税收的控制而下降，随着对正规就业和生产的其他税收和限制而增加。给定前述特征与发展规模的强相关性，非正规部门的就业规模在发展中国家比在 OECD 国家更高。

国际劳工组织估计了 1980 年以来拉美国家的情况（见图 3 -3）。

图 3 -3 的数据显示，1980 年以来，除智利外，12 个拉美国家的非正规就业份额持续增加。智利是唯一一个从 1980 年开始实行基金积累制养老金制度的国家，而其他拉美国家只是在最近几年才改革它们的现收现付制养老金制度。因此，养老金制度改革可能对就业形式产生了影响。

罗伊扎（Loayza）研究了 9 个拉美国家 1990 年非正规部门的生产总值占 GDP 的份额，图 3 -4 的数据显示，在拉美地区，非正规部门创造的国内生产总值占全部国内生产总值的份额平均为 39%。

---

① Feldstein, M. and Liebman J. , 2001, "Social Security", NBER Working Paper 8451.

② Corsetti, G. , 1994, "An Endogenous Growth Model of Social Security and the Size of the Informal Sector", *Revista de Análisis Económico* 9 (1), pp. 57 -76.

Loayza, N. , 1996, "The Economics of the Informal Sector: A Simple Model and Some Empirical Evidence from Latin America", *Manuscript*, Policy Research Department, The World Bank, Washington, D. C. , January.

Schmidt - Hebbel, K. (1997a): "Pension reform, Informal Markets, and Long - Term Income and Welfare", *EDI - The World Bank Manuscript*, Washington, D. C. , October.

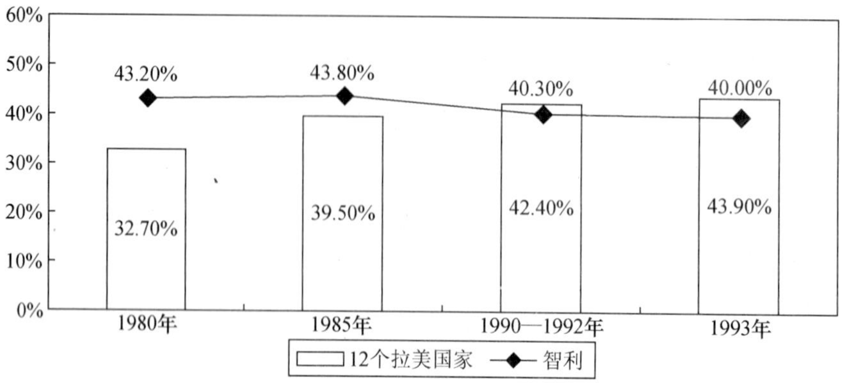

图 3－3　1980—1994 年拉丁美洲国家和智利非正规部门中耕农业就业劳动力的比重

资料来源：Klaus Schmidt－Hebbel，1999，"Does Pension Reform Really Spur Productivity，Saving，and Growth?" Central Bank of Chile。

3.3.5　再分配方面的累退性

现收现付制养老金制度总是需要在代与代之间进行收入再分配，受益基准制原则总是存在某一代人内部进行收入再分配，因为养老金受益与缴费之间实际上并没有一个公平的联系。具有向低收入者或某一代人转移支付的能力是公共养老金制度的最大优点。① 但是，由于制度设计的问题和养老金待遇的刚性增长，现收现付制养老金制度却出现了由穷人向富人、由后参加者向先参加者、由制度外人口向制度内人口等形式的逆向再分配，这种累退性严重影响了现收现付制养老金制度的政策效果。

（1）累退性之一：由穷人向富人转移收入

从表面上看，公共的现收现付制 DB 制度是累进性的，也就是说，从富人向穷人收入再分配，或至少是再分配中性。然而，生命期收入转移的实证研究显示，在美国、英国、荷兰和瑞典等国，人们收到的生命期养老金受益现值减去生命期供款的差额是非常少的，是从穷人向富人的再分配机制。事实上，改革前的拉美国家也是这样的。那么，为什么现收现付制

① 世界银行著，劳动部社会保险研究所等译：《防止老龄危机：保护老年人及促进增长的政策》，中国财政经济出版社 1997 年，第 83 页。

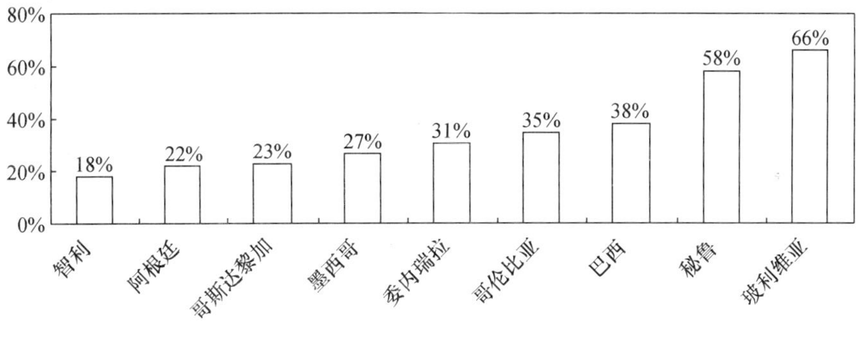

图 3-4 1990 年 9 个拉美国家非正规部门生产总值占 GDP 比重

资料来源：Loayza, N. , 1996, "The Economics of the Informal Sector: A Simple Model and Some Empirical Evidence from Latin America", *Manuscript*, Policy Research Department, The World Bank, Washington, D. C. , January.

养老金制度在创造表面上的公平的同时使收入转移制度更不公平呢？

主要是以下几个因素在起作用：

其一，高收入群体可以摄取更好、更多的营养，享受到更好的医疗服务，获得更多有关健康状态方面的信息，高收入群体比低收入群体寿命更长，结果是即使年度受益公式看上去是累进性的，但由于高收入者存活时间更长，导致其领取养老金待遇的时间更长，总养老金受益额更多。而许多低收入者在他们刚开始领取养老金受益的时候就已经去世。现收现付制 DB 制度中这种收入的累退性是非常不公平的。

其二，由于受教育时间长等原因，高收入者进入劳动力市场的年龄比低收入者晚，因此，在法定退休年龄下，高收入者向养老金制度缴费的时间相对较短。而低收入者为了家庭生计不得不早早地辍学进入劳动力队伍，向养老金制度供款。

其三，高收入者陡峭的年龄—收入曲线特征也支持了其养老金受益。现收现付制 DB 制度经常是基于就业期间最后 3 年、5 年或 10 年的工资计发养老金受益，那么，具有陡峭的年龄—收入曲线的高收入者在他们年轻的时候是根据其较低的工资向制度供款的，但其收到的养老金受益是基于他们退休前较高的工资计算的。尽管计发养老金受益的工资基数的平均时期是 30—40 年，但相对于具有较平缓年龄—收入曲线特征的职工来说，具有陡峭的年龄—收入曲线特征的高收入职工具有生命期再分配的优势，因为即使他们有相同的工作年限，但是他们的生命期供款的现值更小。

其四，给定穷人比富人有一个较高的时间贴现率，对于穷人所要求的供款的效用成本可能比富人要大。当养老金制度创建时，富人能够减少自愿储蓄而维持他们以前的消费水平，而穷人通常没有自愿储蓄。换句话说，生命期的消费从年轻时向年老时转移对于低收入群体来说有更多约束，而对于高收入群体来说更容易。

其五，筹资问题也导致累退性。一般来说，养老金制度只针对劳动收入征税，并几乎是按照应税工资的上限征收。这意味着，穷人的全部收入被征税，而富人的部分收入被征税。统一比例税（富人与穷人相同）被广泛使用，它导致穷人比富人向养老金制度支付了其收入的更高比例，并导致更高的贴现率和效用损失。

（2）累退性之二：由后参与者向先参与者转移收入

为现收现付制养老金制度筹资的工薪税最初是较低的，因为最初时制度仅向非常少的退休者支付受益。但是，随着时间推移、制度逐步成熟和扶养比增加，为制度筹资的工薪税率将会不断提高。结果是，在现收现付制养老金制度的第一个 20—30 年退休的制度内人口以较低的税率向制度供款，但其获得的养老金受益远比他们的供款多；而他们的后代得到的受益则比供款要少得多，其获得的收益率也要低得多。例如，在美国，20 世纪 50—60 年代，退休职工的真实收益率是 15%，而 70 年代的退休者则只有 8%，这意味着向这些群体的较大的正向收入转移。[①] 但是，预期在未来退休的职工的收益率将下降到 2%，少于其所得到的，这意味着向这些群体的逆向收入转移。因此，现收现付制 DB 养老金制度存在一个由后参与者向先参与者的持久的收入转移。如果收入转移被老年人消费，承诺的未来受益将减少年轻人的退休储蓄，这也可以部分解释现收现付制养老金制度对国民储蓄和增长的负效应。

（3）累退性之三：由制度外人口向制度内人口转移收入

在工业化国家，采取一次总付税筹资比工薪税具有更强的累进性，因

① 世界银行著，劳动部社会保险研究所等译：《防止老龄危机：保护老年人及促进增长的政策》，中国财政经济出版社 1997 年，第 84 页。

为它对低收入者的负担较轻。但是，在发展中国家，这也产生了新的不公平问题，因为在发展中国家，仅有部分劳动者，一般是收入状态较好的一部分劳动者被养老金制度所覆盖。例如，在巴西，20 世纪 80 年代，最高收入群体的 75%，最低收入群体的 15% 被养老金制度所覆盖。如果来自所有人口的一般性财政收入被用于养老金支出，这意味着经济状态不好的人，也就是制度外的人口正在补贴制度内人口。这种现象在危地马拉已经发生，一般性财政收入被用做向公共养老金制度提供 1/3 的成本，而公共养老金制度仅覆盖劳动力队伍中少数群体，也就是那些在正规部门中的相对高收入者。①

与此同时，"反常"的再分配也发生在现收现付制 DB 制度中，即从双工资家庭向单工资家庭，从就业的妇女向不就业的妇女，从诚实纳税人向不诚实纳税人，从推迟退休者向提前退休者的再分配。非透明的受益计算公式也使这种再分配在缺乏公开的公共评估机制下发生，使特权阶层操纵制度为自己牟利。如日本就出现过首相及高官没有缴纳国民养老供款的丑闻。

① 世界银行，劳动部社会保险研究所等译：《防止老龄危机：保护老年人及促进增长的政策》，中国财政经济出版社 1997 年，第 86 页。

4 养老金革命：从现收现付制向基金积累制转轨

自从世界上第一项正式养老金制度在德国诞生之日起，养老金制度逐渐成为世界多数国家保障公民老年生活的重要公共政策选择，乃至成为“福利国家”社会福利制度的重要组成部分。第二次世界大战后，正值OECD成员国经济繁荣、老年人口比重不高、养老金负担不重、待遇比较优厚的黄金时代，因而现收现付制公共养老金制度在这一时期得以迅猛发展。20世纪70年代的两次石油危机的爆发以及“滞胀”局面的出现，使OECD成员国的现收现付制公共养老金制度逐渐陷入困境：养老基金出现收不抵支，养老金制度濒临破产。这种危机首先是由经济危机引起的，在人口老龄化的重压之下，公共养老金制度危机加剧，使危机在短期内不可逆转，加重了政府的财政负担，导致现收现付制公共养老金制度进一步陷入困境。

1980年，智利在新自由主义思想的指导下从社会、经济生活的全方位开始了经济体制改革，1981年5月，智利改革政府管理的现收现付制养老金制度，创建了以个人账户方式管理的基金积累制私人养老金制度。此后，秘鲁、阿根廷、哥伦比亚、乌拉圭、墨西哥、玻利维亚、萨尔瓦多等拉美国家纷纷开始尝试以自由市场政策为导向的激进式改革。同时，欧美等发达国家的基金积累制养老金制度也迅速铺开。一时间养老金制度部分私有化改革的浪潮席卷全球。基金积累制养老金制度也取得了举世公认的成功，其在明确职工养老金供款的产权、提供工作和投资激励的同时，成为带动经济增长的引擎。这一时期，养老金制度的功能也从以社会政策为主转变为以经济政策为主。①

① 值得一提的是，美国的社会保障特指OASDI，其基本养老保险制度是指OASDI中的老年遗属保险（OASI）；其养老金制度包括私有养老金计划，如401（K）计划、403（b）计划、457计划等。

4.1 现收现付制养老金制度危机与养老金革命

养老金制度是基于一定时期的社会经济条件设计的，当社会经济条件发生变化时，与原来社会经济条件相适应的养老金制度就可能暴露出许多问题，甚至可能出现制度危机或破产。如前所述，西方国家的当代养老金制度建立于20世纪30年代到第二次世界大战后10年间，并逐步完善起来。20世纪70年代两次石油危机引致的世界性经济危机和预期人口老龄化等因素改变了当代养老金制度依存的社会经济环境，为20世纪后30年的世界性养老金制度改革创造了政治的和经济的推动力量。主要表现在：人口、真实工资增长率和真实利率等方面的变化非常明显；家庭的小型化和不稳定性不断提高，妇女劳动参与率日益增长，个人生命周期的差异性逐渐加大；劳动力和资本的国际流动日渐频繁，鼓励个人责任的心态渐成主流等都对养老金制度改革有着重要的影响。近30年来，世界主要国家都在不断调整和改革养老金制度，以适应当代社会经济条件变化。

4.1.1 现收现付制养老金制度的危机

(1) 养老金制度改革的政治动因

“福利国家”制度是在冷战背景下建立和完善的。战后苏联、东欧社会主义国家所实行的计划经济和其公民所享有的权益为西方国家的民众提供了一种参照，为获取本国民众的广泛支持，西欧各国创设了多种福利项目，形成了“从摇篮到坟墓”的福利模式。“国家创立公民权和福利项目的主要目的就是拉拢人民并获取他们的支持，这种现象在冷战期间一直持续着。”同时，“福利国家”在发展过程中也在不断累积并暴露其负面影响。其中，养老金制度导致的最为直接的消极后果有三个：一是公共养老金开支大，财政不堪重负；二是企业成本上升，资本外逃，国际竞争力降低；三是增加了个人对国家和社会的依赖，整个社会缺乏活力，扭曲了劳动力市场的供给行为，严重损害了经济效率，阻碍了经济发展。总之，自20世纪70年代以来，“福利国家”制造出来的问题比它解决的问题还要多，对“福利国家”模式进行重新改造在所难免。

1979年上台的撒切尔政府是发达国家中第一个面临国家养老金制度

潜在危机的政府，撒切尔政府通过减少公共养老金制度的待遇水平，激励职工从收入关联养老金制度中退出，鼓励私人养老金计划的发展等方式，实行养老金制度私营化。并且，以后的改革由梅杰政府实行。保守党政府大刀阔斧地削减社会保障支出的做法遭受到来自各方面的压力，成为被工党取代的重要原因。1997 年，以布莱尔为首的新工党上台执政。改革传统“福利国家”制度就成为新工党的主要施政纲要之一。20 世纪 90 年代末，布莱尔的高级顾问、伦敦经济学院院长安东尼·吉登斯在《第三条道路：社会民主主义的复兴》中明确提出，应当以“积极的”或“主动的”福利政策代替目前的传统福利模式，使传统福利国家现代化。他的主张很快得到了英国、德国等西欧主要国家社会党人的政策响应。积极福利国家改革的实质是进一步调整国家、个人之间的责权关系，在保持福利国家制度对整个社会机体积极作用的同时修改其消极的一面，要达到的目标是减轻政府负担、激发企业活力、培养个人的社会责任感、鼓励个人对自己的行为负责，从而培育一个国家、企业、个人彼此协调负责、积极互动、充满创新和活力的公民社会。

（2）养老金制度改革的经济动因

大规模的资金投入是现代养老金制度运行的必要前提。养老金制度与整个社会经济发展有着密不可分的关联，没有养老金制度的充分保证，社会经济不可能持续、稳定地发展；反之，没有经济的持续、稳定发展，养老金制度也不可能顺利地运行和发展。

随着“福利国家”的发展，国民福利预期和普遍生活水准的提高，养老金制度已具备了一种刚性向上的自我发展机制。但是，现实中却存在着一个根本性的矛盾：要求提高保障程度的愿望是无限的，而经济能够追加投入的资源却是有限的。随着生产力重心的转移和国际经济格局的变化，战后的“福利国家”已经不可挽回地走向了衰落。以弗里德曼为代表的新自由主义认为，20 世纪 70 年代开始的“滞胀”现象的根本原因在于经济自由不够，税收过高；由于福利及工会集体谈判力形成“工资刚性”，劳动力成本增高，推动价格上涨。在这种情况下，养老金费用的持续攀升无疑加重了经济的负担，使日趋衰落的经济状况更加恶化。

许多人士分析，在未来几十年，预期现收现付制养老金受益与税基之间的不平衡将对养老金制度产生非常巨大的挑战。以现在的标准计算，美国社会保障信托基金估计到 2042 年将耗尽，到时将不得不削减受益或增加主要税收。其他国家也面临相似的问题，例如，德国 DB 型养老金制度的报告工资已经按照毛收入的 20% 的比例征税（而美国是 12.4%），预期到 2035 年提高到 28% 左右。锡（Sinn）计算①，承诺的未来隐性养老金受益的现值相当于当前德国 GDP 的几乎 250%，与政府当前 60% 的负债/GDP 比相比，这是非常巨大的。

养老金制度并不是完全无风险的。养老金制度的生存能力主要依赖于像生产率增长、死亡率和移民等不稳定的变量在今后几十年的变化。相对于养老金制度承诺的养老金受益总量，这意味着一个现收现付制养老金制度面临大量的风险。然而，增加现收现付制养老金制度绩效的因素与提高金融市场资产收益的因素是一样的，并且向同一个方向发展。例如，较低的生产率增长事实上对物质资本产生负面影响，因此会减少金融市场收益。同时，如果工资增长率低于预期比率，较低的生产率增长也因为更难为养老金制度承诺的受益筹资，而破坏一个现收现付制养老金制度的制度环境。

在美国和大多数西方国家，削减必要程度的受益以增加养老金储蓄的建议在政治上是不可行的。从经济体系的角度来看，提高缴费率也是不可接受的，因为工薪税对于劳动力供给和储蓄决定有扭曲效应。考虑到这些阻碍性问题，政治家和学者们广泛呼吁进行养老金制度改革。在美国，人们已经几乎达成了一致的意见：社会保障改革是必须的，但是，有关改革应如何进行还存在一些争议。由美国“强化社会保障总统委员会”（President's Commission to Strengthen Social Security，以下简称“总统委员会”）提出的一个建议是实行社会保障部分私有化。这个建议中，现行的美国社会保障剩余可能被用于为私人的个人退休账户（individual retirement account，IRA）积累基金，并且私人储蓄可以抵补未来受益削减。②

（3）养老金制度改革的人口动因

职工人数的实际减少或预期减少和退休人口的增加是决定现收现付制养

① Sinn, Hans - Werner, 1999, "The crisis in Germany's pension insurance system and how it can be resolved", NBER Working Paper 7304.

② President's Commission to Strengthen Social Security, 2001, "Strengthening Social Security and Creating Personal Wealth for All Americans", Final Report. www.commtostrengthensocsec.gov/reports/final_report.pdf.

老金制度偿付能力的重要因素，前者将减少养老金制度的供款收入，后者将增加养老金受益支出。第二次世界大战后，全球人口出生率明显下降，人均寿命也从1950年的40岁上升到1999年的66岁。这种双向发展趋势使几乎所有国家的人口结构都趋于老龄化。根据联合国提供的最新统计数字，2002年，全世界60岁以上的老人占世界人口总数的10%。到2050年，老人数量将增加到占世界总人口的21%。其中，经济发达地区的老人总数将由目前的2.36亿人增加到3.95亿人，占该地区总人口的比例将由目前的20%增加到33%；经济欠发达地区将从目前的8%增加到19%。按洲进行划分，亚洲老人将由目前的3.38亿人增加到12.27亿人，从目前的9%增加到23%；欧洲由目前的20%增加到37%；拉丁美洲由目前的8%增加到22%；非洲由目前的5%增加到10%；大洋洲由目前的14%增加到23%。[①]

人口老龄化已成为当今世界一个共同的社会问题。退休人口数量增加、人类寿命延长以及“少子化”已使劳动力短缺，加重了劳动人口与整个社会的负担。以欧盟为例，2000年年底，欧盟国家73%的劳动力养活27%的退休者，而到2050年，将由47%的劳动力养活53%的65岁以上的退休老人。由人口老龄化而引出的养老金危机已经成为各国政府面临的突出困难。

从20世纪60年代后期起，德国的生育率降低和人口老龄化，给德国19世纪创建的养老保险体制带来极大的冲击。德国政府过早地为退休人员描绘了一幅理想的蓝图，但现在却不得不为自己动听的许诺付出沉重的代价。更加糟糕的是，也许有朝一日越来越重的养老金包袱压垮了政府一直在勉强支撑的养老金体系，那些为了养活上辈人而缴纳超高社会保障税的中青年一代，到头来在自己年老退休时却两手空空，生活贫困没有保障。随着战后“婴儿潮”时代出生的人即将步入老年，美国的养老问题也日益突出。预计从2000年开始的今后二三十年内，美国的老龄人口将以每10年增长近1/3的速度增加，到2030年，老年人口的比例将可能占到20%。因此，美国社会保障信托基金管理委员会预测，到2042年美国以现收现付制为基础的老年社会保障制度将出现精算赤字。

① 《世界人口老龄化警钟敲响》，载《经济参考报》2002年4月22日。

4.1.2 基金积累制养老金制度改革

20 世纪 70 年代末，强调政府作用的凯恩斯主义陷入危机，奉市场为最高主旨的新自由主义经济主张蔚然兴起。新自由主义的哲学基础是自由、公正和不干涉主义，在经济理论和政策上极力推崇自由市场经济，反对国家干预，主张限制政府权力和合理界定政府责任边界。值得一提的是，新自由主义的精髓被英国首相撒切尔夫人采用并进行了一系列的经济体制改革之后，市场化浪潮迅速波及到其他许多国家。在养老金方面，养老金制度改革普遍引入市场化运作和管理机制，实行市场化与自我负责相结合，减少国家干预，让市场发挥基础性和主导性作用。在新自由主义经济思潮的影响下，养老金制度市场化改革进一步深化，基金积累制养老金制度得到了不断发展和完善。

表 4－1　　建立基金积累制养老金制度的国家情况

国家	基金积累制支柱、私人管理	安全网	老制度的状况	转轨机制
阿根廷	最优第二支柱	统一受益的第一支柱	改革，但对新职工开放	对以前的工作年份进行补偿
澳大利亚	强制性第二支柱	财富审查的第一支柱	全部功能	没有必要，第二支柱仅对第一支柱进行补充
玻利维亚	基本制度	对于在 1995 年，年龄大于 21 岁，并在国有企业没有股权的职工提供年度养老金受益	向新职工和年龄小于 35 岁的职工关闭	补偿性养老金
智利	基本制度	最低养老金担保	向新职工关闭	发行在退休时支付的认可债券
哥伦比亚	最优基本制度	最低养老金担保	微小改革，但向新职工开放	认可债券

续表

国家	基金积累制支柱、私人管理	安全网	老制度的状况	转轨机制
萨尔瓦多	基本制度	最低养老金担保	向新职工和年龄小于35岁的职工关闭	认可债券
匈牙利	最优第二支柱	收入关联的第一支柱	对新参加工作者关闭	补偿性养老金
哈萨克斯坦	基本制度	最低养老金担保	完全关闭	补偿性养老金
墨西哥	基本制度	最低养老金担保	完全关闭	现在的职工保留对国家养老金的请求权
秘鲁	最优基本制度	没有	向新职工开放	在退休时得到认可债券
波兰	强制性第二支柱	名义账户的第一支柱	对新进入者和年龄低于30岁的职工关闭	国家资本
瑞典	强制性第二支柱	名义账户的第一支柱	关闭传统的DB计划	在转向名义账户制时支付补偿性养老金
英国	最优第二支柱	统一比例的第一支柱	对所有人开放	基于最后供款计算补偿性养老金
乌拉圭	最优第二支柱	收入关联的第一支柱，但没有封顶线	改革，但向新职工开放	对于40岁以下者，认可服务年限，但按照新的待遇计算公式；对于40岁以上者，可以得到改革的受益

4.2　现收现付制与基金积累制养老金制度的比较：储蓄效应

现收现付制养老金制度和基金积累制养老金制度对于私人储蓄的效应是养老金制度改革的关键因素之一。从20世纪70年代起，经济学家就两种模式对私人储蓄的效应进行了系统的分析和卓有成效的实证研究，取得了大量的研究成果。但是，由于影响私人储蓄行为的因素非常多，并且在不同国家资本市场的发达程度、个人的储蓄偏好、养老金制度设计特征等方面都存在比较大的差异，因此，现收现付制和基金积累制养老金制度对私人储蓄的影响非常复杂。迄今为止，经济理论界还没有就两者对私人储蓄的效应达成一致。

4.2.1　现收现付制养老金制度对私人储蓄的效应

在某些条件下，现收现付制养老金制度有可能减少私人储蓄，这称为现收现付制对私人储蓄的“挤出效应”。最先明确提出这一点的是费尔德斯坦。① 假定整个工作期内的储蓄都是为了退休期间的消费，费尔德斯坦应用一个排除私人自愿代际转移（即预防性储蓄）的“扩展的生命周期模型”证明：现收现付制通过两个相反的力量影响私人储蓄：一方面，人们既然可以从现收现付制养老金制度中获得养老金受益，就可以减少为了退休期的消费而在工作期积累财富的需要，这叫做“资产替代效应”；另一方面，因为与财富审查有关的现收现付制养老金制度可以增加储蓄，因而可能诱使人们提前退休。提前退休意味着工作期的缩短和退休期的延长，这反过来又要求人们有一个比较高的储蓄率，这叫做“退休效应”。私人储蓄的净效应取决于这两个方向相反的效应的力量对比。如果资产替代效应大于退休效应，私人储蓄将减少；如果退休效应强于资产替代效应，则私人储蓄可能增加。

1974年，费尔德斯坦应用1929—1971年（除了1941—1946年）期

① Feldstein, M., 1974, “Social Security, Induced Retirement and Aggregate Capital Accumulation”, *Journal of Political Economy* 82, pp. 905 - 926.

间美国的指标进行参数估计的结果支持现收现付制会大大地减少私人储蓄的结论。几乎所有的估计值意味着在没有现收现付制的条件下，私人储蓄将至少高50%甚至100%。[①]

同年，巴罗（Barro，1974）根据“中性理论”指出，现收现付制有可能被个人的代际转移支付所补偿，这可能会抵消一部分挤出效应；进一步，假设不同的人都具有相同的偏好、工作能力、禀赋、税负以及养老金缴费率，那么退休年龄就不会因为现收现付制养老金制度的引入而受到影响。在这种情况下，如果存在遗产动机，现收现付制对于私人储蓄的挤出效应应该是零。[②]

在另外一些主要的论著中，达拜（Darby，1979）认为生命周期储蓄对于私人储蓄行为仅仅提供了部分的解释，通过引入费尔德斯坦的社会保障财富变量，他扩展了他早期应用的持久收入消费函数，认为实际的效用应比费尔德斯坦所估计的要小。[③]

后来，雷默尔和莱斯诺伊（Dean R. Leimer & Selig D. Lesnoy，1982）又指出费尔德斯坦模型的构建的一个主要缺陷是他对那些将有资格成为各种不同社会保障受益享有者人数的估计存在问题，特别是他的模型的计算程序存在着众多缺陷：其一，给定制度内人口的就业现状，模型没有随着确定受益的条件概率的变化而做出调整；其二，忽视了女性参加工作的比例的重大变化；其三，没有包括当前领取待遇的女性。因此，雷默尔和莱斯诺伊调整费尔德斯坦的计算程序，得出的结论显示出社会保障对储蓄有影响，但不管是正的，还是负的，都没有提供一个有统计意义的结论。并且使用费尔德斯坦的消费者支出函数进行检测的时间序列结论并没有支持社会保障大量减少私人储蓄（美国），甚至战后的数据说明社会保障可能

---

① Martin Feldstein, 1974, “Social Security, Induced Retirement, and Aggregate Capital Accumulation”, *Journal of Political Economy*, (No. 5. Vol. 82.), pp. 905 - 926.

② Barro Robert J., 1974, “Are Government Bonds Net Wealth?” *Journal of Political Economy*, 82, No. 6, pp. 1095 - 1117. 1978, “The Impact of Social Security of Private Saving”, Washington: American Enterprise Inst.

③ Darby, Michael R., 1979, “The Effect of Social Security on Income and the Capital Stock”, Washington: American Enterprise inst.

增加储蓄。①

但费尔德斯坦于1982年进行了反驳，认为即使修改了那个计算程序上的错误，1972年以前，美国社会保障对于个人储蓄的负面影响也要在44%左右，对私人储蓄的影响达34%左右。② 并且，费尔德斯坦1995年用新的时间序列方法估计1974年那篇著名文章的结论，他在1974年文章的基础上再添加21年的数据，并修正了最初的社会保障财富变量，得出的最终结论是每1美元社会保障财富减少2—3美分私人储蓄，总的来说，参数值意味着社会保障总共减少私人储蓄近60%。③

在由莫迪利亚尼和布伦伯格（Modigliani & Brumberg，1954）④、安藤和莫迪利亚尼（Ando & Modigliani，1963）⑤ 所发展的储蓄生命周期模型中，预示了资金不足的现收现付制会减少储蓄，且在封闭经济中会减少资本存量。类似的研究（Kotlikoff，1979⑥；Auerbach 和 Kotlikoff，1987⑦）指出，20世纪80年代许多发达国家的现收现付制养老金制度的规模使这些国家的长期资本存量减少20%—30%，当然，先要假设这些国家符合生命周期模型。到目前为止，对现收现付制养老金制度的储蓄效应进行的大量实证分析的结果是混乱不清的。

但是，对于挤出效应假设不成立的看法同样反映在此后大量的实证研究中。考匹茨和古特（Kopits and Gotur）等人所做的一些研究出现了现收

① Dean R. Leimer and Selig D. Lesnoy, 1982, "Social Security and Private Saving: New Time – Series Evidence", *Journal of Political Economy*, Vol. 90, No. 3, pp. 606 – 629.

② Martin Feldstein, 1982, "Social Security and Private Saving: Reply", *Journal of Political Economy*, Vol. 90. No. 3. pp. 630 – 642.

③ Martin Feldstein, 1995, "Social Security and Saving: New Time series Evidence", NBER working Paper No. 5954.

④ Modigliani, F and Brumberg, R., 1954, "Utility analysis and the consumption function: an interpretation of cross section data", In Post – Keynesian Economics, ed. K. K. Kurihara, New Brunswich, NJ: Rutgers University Press.

⑤ Ando, A. and Modigliani, F., 1963, "The 'life cycle' hypothesis of saving aggregate implications and tests", *American Economic Review*, 53, March, pp. 55 – 84.

⑥ Kotlikoff, L. J., 1979, "Social security and equilibrium capital intensity", *Quarterly Journal of Economics*, 93 (2), May, pp. 233 – 254.

⑦ Auerbach, A. J. and Kotlikoff. L. J., 1987, "Dynamic fiscal Policy", Cambridge: Cambridge University Press.

现付制对私人储蓄没有影响和具有正面激励作用等不同的结论，从不同程度上否定了挤出效应假说。戴蒙德（Diamond）也认为，并不是所有的现收现付制都会产生挤出效应。[①] 雷默尔和李嘉图逊（Liemer and Richardson，1992）认为，现收现付制的减少将会导致私人储蓄的增加，但这同时会使消费者蒙受很大的福利损失。[②] 斯莱特（Slate，1994）也认为，现收现付制养老金制度对私人储蓄并没有显著的影响。[③]

表 4－2 列出了一系列有关现收现付制养老金制度对于私人自愿性储蓄效应的计量研究结果。

表 4－2　现收现付制养老金财富、供款或储蓄对私人自愿储蓄（自愿性金融财富）影响的计量分析结果

样本国家	现收现付制养老金财富、供款或受益对私人储蓄的效应	研究者
美国	40%—50% 较低	Feldstein（1974）
美国	没有明显的效应	Leimer and Lesnoy（1982）
美国	有意义的负效应	Leimer and Richardson（1992）
美国	60% 较低	Feldstein（1995）
加拿大	较高	Denny and Rea（1979）
比利时	较低	Perelman and Pestieau（1984）
法国	没有影响	Oudet（1979）
德国	没有明显的效应	Blum and Gaudry（1987）
日本	68% 较低	Yamada and Yamada（1988）
日本	34%—38% 较低	Yamada, Yamada, and Liu（1992）
印度	有点高	Shome and Saito（1980）
斯里兰卡	有点高	Shome and Saito（1980）

① 李绍光：《养老金制度与资本市场》，中国发展出版社 1998 年版，第 96 页。

② Leimer, Dean R. & David H. Richardson, 1992, "Social Security, Uncertain Adjustment and the Consumption Decision", *Economica*, 59, pp. 311–354.

③ Slate S., 1994, "The Impact of Government Deficits and Social Security on Private Savings: Experimental Evidence", Ph. D. Dissertation of University of Colorado at Boulder.

续表

样本国家	现收现付制养老金财富、供款或受益对私人储蓄的效应	研究者
菲律宾	没有影响	Shome and Saito (1980)
15 个国家	1.5% 较低的储蓄率	Feldstein (1977)
14 个 OECD 国家	没有明显的效应	Kopits and Gotur (1980)
40 个发展中国家	没有明显的效应	Kopits and Gotur (1980)
21 个 OECD 国家	没有明显的效应	Modigliani and Sterling (1983)
16 个 OECD 国家	没有明显的效应	Koskela and Viren (1986)
11 个 OECD 国家 25 个欠发达国家	较低	Edwards (1995)
荷兰	40% 的补偿	Draper (1994)

资料来源：参见参考文献中相应的资料出处。

为什么私人自愿性储蓄不因为建立强制性现收现付制养老金制度而减少呢？对于这个问题有几个解释：其一，当现收现付制养老金制度引发提前退休时，那么对于自愿性储蓄的需求增加。其二，当现收现付制养老金制度使人们更清楚他们应该为老年储蓄时，这个制度引起一个“认可效应”（recognition effect），即个人也有必要为自己进行养老储蓄。其三，许多私人储蓄是由高收入家庭户拥有，而这些高收入家庭户的储蓄行为并不受现收现付制养老金制度的纳税义务的影响。总的来说，私人自愿性储蓄并不因为强制性现收现付制养老金制度而同比例减少。

4.2.2 基金积累制养老金制度对私人储蓄的影响

基金积累制养老金制度对私人储蓄行为的影响比现收现付制更复杂。1995 年，戴维斯（Davis）① 利用生命周期理论讨论过基金积累制对于个人生命期储蓄的影响：第一，由于养老金承诺的非流动性和未来收益的不确定性，尤其是在通货膨胀的压力下，私人储蓄不会随着养老金受益的增

① Davis, E. Philip, 1995, “Pension Funds-Retirement - Income Security, and Capital Markets—A International Perspective”, *Clarendon Press*, *Oxford*.

加而一对一地减少。第二，流动性约束的存在限制了个人自由借债的能力，意味着个人在其一生中需要较高借债的那些时期内，并不能按照其整个生命期的消费计划进行消费，这样，强制性储蓄（如基金积累制的缴费）既不会因为借债也不会因为减少个人自愿储蓄而减少。第三，在一个增长的经济中，职工可能希望提前退休，这也会使他增加工作期的储蓄。第四，如果从当前消费转向未来消费的替代效应超过了可以减少储蓄的收入效应，那么税收方面的优惠政策也会为提高个人的总储蓄而提供激励。假定存在一个基金积累制 DC 养老金计划，作为一个对个人的部分收入进行延迟支付的机制，它强制在职职工进行储蓄。假定个人的生命期收入和生命期的消费倾向一定，则这种强制性储蓄也可能减少个人的自愿储蓄。因为强制性储蓄和自愿储蓄之间同样具有替代效应，所以，它对总的个人生命期储蓄会有什么影响，首先也就取决于强制性储蓄和自愿储蓄之间边际替代率的大小。如果边际替代率是 1，则强制储蓄对个人的生命期储蓄就不会有所影响，但如果边际替代率不等于 1，则强制储蓄也要减少个人自愿储蓄。戴维斯在分析了 12 个 OECD 国家、智利和新加坡的养老金基金以后，并没有发现基金积累制养老金制度对于私人储蓄的规律性影响，因此，他的结论是，基金积累制养老金制度对私人储蓄的影响要依各个经济的具体状况而定。①

世界银行通过对美国职业养老金计划、澳大利亚超级年金计划和智利、新加坡基金积累制制度的研究，认为基金积累制有增加居民储蓄，促成资本形成的潜力，而现收现付制则没有这种潜力。②

很多文献也对基金积累制与储蓄的关系进行了研究，但得出的结论并不一致。穆纳尔（Munnell，1976）③，迪克斯－米瑞尤科斯和金（Dicks－Mireaux & King，1984）④ 发现基金积累制养老金和储蓄之间存在着很大

① 李绍光：《养老金制度与资本市场》，中国发展出版社 1998 年版，第 99 页。

② 世界银行，劳动部社会保险研究所等译：《防止老龄危机：保护老年人及促进增长的政策》，中国财政经济出版社 1997 年版。

③ Munnell, Alicia H., 1976, "Private Pension and Saving: New Evidence", *Journal of Political Economy*, 84, pp. 1013－1032.

④ Dicks－Mireaux, Louis, and Mervyn King, 1984, "Pension Wealth and Household Saving: Test of Robustness", *Journal of Public Economics*, 23, pp. 115－139.

的抵消，而最近博海姆和斯科尔兹（Bernheim and Scholz，1993）① 却发现基金积累制养老金与储蓄之间不相关或负相关，万提和瓦斯（Venti & Wise，1994）② 估计基金积累制养老金对储蓄有正的效应，塞姆威克（Samwick，1994）③ 发现基金积累制养老金对储蓄有很小的负的抵消。1999 年，他再次认为从现收现制向基金积累制转轨的养老金制度改革提供了一个增加国民储蓄的机会。④ 如果转制成本通过税收，而非债务筹资，如果资本市场不完善，储蓄可能增加。在稳定状态下，低税率将导致福利增加和潜在的高储蓄以及其他效应，如“认可效应”或资本市场发展，也可能增加储蓄，相对于发达国家来说，这些效应在发展中国家更大。

回顾有关基金积累制养老基金的强制储蓄产生的挤出或挤进自愿储蓄的实证研究，可以发现，研究结果与数据分类、因变量的选择一致，与经济发展程度部分一致。当因变量是私人储蓄，并使用宏观经济数据时，结果或是没有效应或是有意义的挤进效应，即有意义的正效应（如对于智利以及许多 OECD 和发展中国家）。然而，对于 OECD 国家的家庭户的非养老金财富的实证结果显示出一个从没有效应到具有较大效应的变化范围，这个较大的替代效应的相关系数高达 66%（见表 4－3）。

表 4－3　私人储蓄对基金积累制养老金制度的财富或资产的反应的计量研究结果

样本国家	养老基金的类型	基金积累制养老金制度的财富对其他私人储蓄的效应	研究者
新加坡	公共的中央公积金	有意义的正效应	Faruqee and Husain（1994）
		没有意义	Husain（1995）

① Bernheim, B. Douglas, and John Karl Scholz, 1993, “Private Saving and Public Policy”, In James M. Poterba, (ed.), Tax Policy and The Economy, Vol. 7, Cambridge: MIT Press, pp. 73－110.

② Venti, Steven F. and David A. Wise, 1994, “Individual Response to a Retirement Saving Program: Result from U. S. Panel Data”, *Ricerche Economiche*, Vol: 49, pp. 235－254.

③ Samwick, Andrew A., 1994, “The limited offset between Pension Wealth and Other Private Wealth: Implication of Buffer－Stock Saving”, *Mimeo*, December.

④ Samwick Andrew A. 1999, “Is Pension Reform Conducive to Higher Saving?” The World Bank Working Paper.

续表

样本国家	养老基金的类型	基金积累制养老金制度的财富对其他私人储蓄的效应	研究者
马来西亚	职业养老金	没有意义	Faruqee and Husain (1994)
智利	私人养老金	有意义的正效应	Corsetti and Schmidt - Hebbel (1997)
		有意义的正效应	Morandé (1996)
7 个 OECD 国家 4 个欠发达国家	不同的基金积累制养老基金	有意义的正效应	Reisen and Bailliu (1997)
美国	职业养老金	62%较低	Munnell (1976)
美国（与前者研究的数据相同）	职业养老金	没有效应	Kotlikoff (1979)
美国	职业养老金	没有效应	Diamond and Hausman (1984)
美国	职业养老金	16%较低	Hubbard (1986)
美国 （老年家庭户）	职业养老金	66%较低	Avery, Elliehausen, and Gustafson (1986)
加拿大 （有住房者）	职业养老金	50%较低	Waters (1981)
加拿大	职业养老金	27%—51%较低	Dicks - Mireaux and King (1984)

资料来源：参见参考文献的出处。

这些结论说明：不同的样本和数据产生了方法上的差异，认可效应的程度与短视和借入约束的共同效应，在发展中国家比在 OECD 国家更大。因此，在发展中国家，基金积累制强制性养老金制度的建立将有效地增加储蓄。这种影响在美国或加拿大（或其他工业国家）是非常弱的，因为观察到的储蓄挤出的范围较大，尽管没有全面的证据被记录。

4.3 现收现付制与基金积累制养老金制度的比较：经济增长效应

4.3.1 现收现付制与基金积累制的经济增长效应比较

养老金制度安排对经济增长的影响，可以分为两种研究思路：一种以储蓄作为中间变量，通过考察现收现付制和基金积累制对储蓄的影响进而影响到经济增长；另一种思路则不考虑储蓄这一变量，而是基于经济增长的“黄金律”理论。所谓“黄金律”增长，是指在一个封闭型经济中，只要资本收益的递减保持在一定水平之上，那么经济的稳定增长与储蓄率无关。于是在保证经济稳定增长的前提下，可以有一个使国民消费最大化的路径，即国民消费等于国民工资总额，国民储蓄等于利润，利率等于经济的稳定增长率。[①]

1975 年，萨缪尔森认为[②]，一个适当的专门的现收现付制养老金制度可以保证经济的黄金律增长。假定现收现付制真的会挤出个人储蓄，那么在没有现收现付制养老金制度的情况下，如果私人养老基金的积累过度，则可以导入一个现收现付制制度来达到黄金律的增长。同样，如果经济的稳定增长是资本积累不足的，那么所导入的现收现付制养老金制度就要有一个适当的资本积累。[③]

1979 年，胡（Shen Cheng Hu，1979）利用一个引入内生退休决定和遗赠动机的新古典生命周期增长模型分析现收现付制在经济增长中的长期效应。他证明现收现付制的短期效应依赖于劳动的供给和需求弹性；长期效应依赖于储蓄和遗赠的弹性。并进一步证明，合适的现收现付制制度能够通过引起资本收益率收敛到黄金律而增加经济的长期福利。从长期均衡方面来分析现收现付制的福利意义，增加养老金水平的效应是双重的：一方面，引起消费和退休间的边际替代率因工资率和劳动的边际产品的不同而不同，这种劳动市场的扭曲代表了静态无效率，会减少个人福利；另一方面，它导致收入的代际再分配和长期均衡的资本水平的变化，如果它引起资本收益率收敛到黄金律水平，将增加社会福利。因此，总效应是否为正，依赖于增加的动态有效率是否超过了因它而致的静态无效率。如果遗赠动机不存在和退休决定是外生的，那么最优的现收现付制规模服从资本积累的黄金律，即它使资本收益率等于人口增长率。相反，如果遗赠动机

① 《新帕尔格雷夫经济的大辞典》第二卷，经济科学出版社 1992 年版，第 576 页。

② Samuelson, P., 1975, “Optimum Social Security in a Life - Cycle Growth Model”, *International Economic Review* 16, pp. 539 - 544.

③ 转引李绍光：《养老金制度与资本市场》，中国发展出版社 1998 年版，第 101 页。

存在和退休决定是内生的，黄金律不存在，特别是，如果遗赠与劳动供给成反比，与临终前财富量成反比，则最优的现收现付制规模处于利率低于人口增长率水平。①

罗默（Romer，1996）② 利用戴蒙德模型分别分析了现收现付制和基金制养老金制度对经济增长路径的影响：对于现收现付制来说，如果经济最初是动态有效率的，养老保险税 T 的边际增加会导致老年一代获得额外受益，但是它将使平衡路径的 K^* 值进一步低于黄金律水平的 K_{GR} 值，并因此使未来若干代人福利状况变坏；如果经济最初是动态无效率的——如 $K^* > K_{GR}$——老年一代得到额外受益，K^* 值的减少实际上提高未来若干代人的消费水平，在此种状况下，养老保险税的引入减少或可能消除由于资本过度积累所导致的动态无效率。对于基金积累制来说，其并不影响未来各期资本存量间的关系。

4.3.2 从现收现付制向基金积累制转轨对经济增长与福利的一般均衡效应

基金积累制养老金制度改革的总效应取决于现收现付制的特征、改革对要素市场、储蓄决定的扭曲，以及基金积累制的实施方式和政府为改革采取的筹资形式等。本部分将通过回顾一系列有关实际经济中税收筹资的现收现付制养老金制度向基金积累制养老金制度转轨的模拟结果，强调基金积累制养老金制度改革对收入和福利的效应以及长期增长效应。

（1）*以税收方式筹资的养老金制度改革对稳定收入和福利水平的效应*

萨缪尔森（1958）③ 和戴蒙德（1965）④ 的经典贡献是将两期 OLG 模型引入到公共金融、公共债务与老年保障制度的代际福利的分析领域。对戴蒙德两期 OLG 模型的一个主要发展是奥尔巴乔和科特里考夫（Auer-

---

① Shen Cheng Hu, 1979, "Social Security, the Supply of Labor, and Capital Accumulation", *The American Economic Review*, Vol. 69. No. 3, pp. 274–283.

② David Romer, 1996, "*Advanced Macroeconomics*", The McGraw–Hill Companies, Inc., p. 92.

③ Samuelson, P. A., 1958, "An Exact Consumption–Loan Model of Interest with or without the Social Contrivance of Money", *Journal of Political Economy* 66 (6), pp. 467–482.

④ Diamond, P., 1965, "National Debt in a Neoclassical Growth Model", *American Economic Review* 55 (5): 1126 – 1150.

bach and Kotlikoff, 1987)[①] 的多代 OLG 动态模型，这个模型在证明强制性养老金制度改革的影响、转制和静态效应方面非常有用。从奥尔巴乔和科特里考夫的书出版以后的 10 多年，模拟研究养老金制度改革的模型都是以戴蒙德—奥尔巴乔—科特里考夫（DAK）模型为基础的。

有关以税收方式筹资的现收现付制养老金制度向基金积累制养老金制度转轨的产出和福利水平的效应的四个结论在表 4－4 中显示。研究结果反映了不同的行为假设和基本 DAK 模型的变化。

表 4－4　　外生增长的 OLG 模型的一般均衡模拟　　单位：%

<table>
<tr><th colspan="2">模拟研究</th><th>产出变化</th><th>福利变化</th><th>研究者</th></tr>
<tr><td colspan="4">1. 人口增长和没有人口增长</td><td rowspan="3">Arrau & Schmidt－Hebbel (1993)</td></tr>
<tr><td colspan="2">2% 的人口增长</td><td>+3.0</td><td>+6.8</td></tr>
<tr><td colspan="2">0 人口增长</td><td>+5.0</td><td>+12.5</td></tr>
<tr><td colspan="4">2. 同质和异质</td><td rowspan="3">Valdés－Prieto & Cifuentes (1993)</td></tr>
<tr><td colspan="2">同质的消费者（没有短视和信贷约束）</td><td>+1.9</td><td>+5.9</td></tr>
<tr><td colspan="2">异质的消费者（包面临信贷约束的短视群体的经济体系）</td><td>+27.1</td><td>+13.5</td></tr>
<tr><td colspan="4">3. 富人和穷人：以基金积累制替代一个具有较高再分配性的现收现付制</td><td rowspan="3">Valdés－Prieto (1994)</td></tr>
<tr><td colspan="2">低收入集中，适中的供款率</td><td>7.2</td><td>4.6</td></tr>
<tr><td colspan="2">高收入集中，低的供款率</td><td>1.4</td><td>－1.1</td></tr>
<tr><td colspan="4">4. 低忍耐性和税收逃避者</td><td rowspan="4">Schmidt－Hebbel (1997a)</td></tr>
<tr><td colspan="2">单部门经济</td><td>11.9</td><td>6.9</td></tr>
<tr><td rowspan="2">两部门经济</td><td>劳动集中的工规部门</td><td>9.3</td><td>5.9</td></tr>
<tr><td>资本集中的正规部门</td><td>－0.04</td><td>－1.2</td></tr>
</table>

说明：本表是研究在代表性经济中，以税收方式筹资的现收现付制养老金制度向基金积累制养老金制度改革产生的稳定产出和福利效应。

资料来源：参见参考文献中的资料出处。

研究结果显示，假定对代表性经济进行一般均衡模拟研究的设定参数

① Auerbach, A. and L. J. Kotlikoff, 1987, "*Dynamic Fiscal Policy*", Cambridge University Press.

是合理的，那么以税收方式筹资的养老金制度改革将产生长期稳定的产出和福利效应，并且是正效应。基金积累制养老金制度改革的规模越大，原来的现收现付制养老金制度的扭曲程度越高，未来几代人从基金积累制养老金制度改革所产生的财政规模收缩中获得的长期收益将越大。但是，人口增长将减少长期收益，主要是因为人口增长提高了原来的现收现付制养老金制度的收益率。还有一个关键的变量是具有借入约束的短视消费者的比例，这些消费者被迫储蓄超过他们自愿储蓄意愿的资源。他们的出现将大大提高长期储蓄和收入水平，但他们自己的福利水平可能因为强制性的基金积累制储蓄而下降。尽管原来的现收现付制养老金制度是向穷人再分配，但是从长期来看，不具再分配功能的基金积累制养老金制度也可以使穷人分享经济增长的收益。

（2）从现收现付制养老金制度向基金积累制养老金制度改革的长期增长效应

对于一个两部门“AK”经济的一般均衡的模拟结论显示：从现收现付制向基金积累制养老金制度转轨将产生年均0.3%的长期增长收益。这个增长效应反映出，以税收方式筹资的基金积累制养老金制度改革可以使未来群体受益，并引起代际转移；也说明了一个以税收筹资的养老金制度改革现在可以提高经济的长期增长水平。进一步讲，当养老金制度改革减少原来的现收现付制养老金制度的扭曲现象时（这种扭曲引导劳动力向生产率较低的非正规部门转移），养老金制度改革可以获得大约相当于GDP的0.4%的增长收益（见表4－5）。

表4－5　利用外生增长模型的模拟　单位：%

模拟研究		增长变化	研究者
1. 在一般均衡中模拟一个代表性AK经济	最初的现收现付制制度没有扭曲正规—非正规劳动力配置	+0.3	Corsetti & Schmidt－Hebbel（1997）
	最初的现收现付制制度扭曲了正规—非正规劳动力配置	+0.7	

续表

模拟研究		增长变化	研究者
2. 对于智利1981年改革的估计/模拟	总增长效应：低估计	+1.0	Holzmann（1997b）
	金融市场发展引起的TFP增长收益	+0.4	
	金融市场发展产生的较高投资率	+0.5	
	较高的就业增长产生的增长收益	0	
	总增长效应：高估计	+2.9	
	来自金融市场发展的TFP增长收益	+1.1	
	金融市场发展产生的较高投资率	+0.6	
	较高的就业增长产生的增长收益	+1.1	

说明：表中是在一个代表性经济和智利，以税收方式筹资的基金积累制养老金制度改革的稳定增长效应。

资料来源：参见参考文献的资料出处。

4.4 从现收现付制向基金积累制养老金制度转轨的成本：隐性债务与转制成本

制度之所以是稀缺的，是因为制度的供给是受到约束的，几乎任何能够带来预期收益的制度变迁都需要成本，养老金制度的改革与变迁也不例外。① 养老金制度革命使人们看到了养老金制度也可以通过一定的制度安排，从现收现付制养老金制度向基金积累制养老金制度转轨以实现养老金制度的效率功能。但是这种制度变迁存在的一个重要问题是测算转轨的成本——隐性养老金债务（implicit pension debt，IPD）和转制成本以及如何为转轨筹资。

4.4.1 隐性养老金债务和转制成本的定义

（1）隐性养老金债务和转制成本的形成与区别

养老金隐性债务是采取受益基准制原则的现收现付制养老金制度向制度覆盖职工做出的养老金受益承诺。当现收现付制公共养老金制度创立

① 刘昌平：《养老金转制成本研究》，载《社保财务》2000年第5期，第7页。

时，政府利用在职职工的强制性供款向当前的退休者支付养老金受益，并向在职职工承诺在未来也以既定标准向其支付养老金受益。既然现收现付制养老金制度没有将当前职工的供款支付未来的养老金受益，而是使用其向当前的退休者支付受益，那么成熟的公共养老金制度具有典型的现收现付制特征，承诺在未来支付养老金受益的当前供款就成为了政府的借入债务。

转制成本则是从现收现付制养老金制度向基金积累制养老金制度转轨后养老金隐性债务显性化的成本。两者之间的主要区别表现在两个方面：

其一，如果养老金制度改革是从现收现付制向一个完全基金积累制转轨，那么不考虑其他因素，现收现付制养老金制度的隐性债务就全部显性化为转制成本，如智利的私人养老金制度改革。如果养老金制度改革是从现收现付制向一个由现收现付制和基金积累制组成的混合制度转轨，那么不考虑其他因素，只有转轨为基金积累制的那部分现收现付制养老金制度的隐性债务会显性化为转制成本。比如，从现收现付制向一个现收现付制和基金积累制各占一半的混合制度转轨时，养老金制度改革的转制成本也仅为隐性债务的一半。我国“统账”结合的基本养老保险制度也是从单一的现收现付制向这样的混合制度转轨。

其二，由于现收现付制养老金制度的隐性债务是依据制度的受益计算公式测算而得，这个受益计算公式涉及诸多变量，而有些变量是可控的，因此，只要改变受益计算公式的参数，将会改变隐性债务的规模，也就可以在计算转轨的成本时减少转制成本。

(2) 隐性养老金债务的可控性

必须明确现收现付制养老金承诺与政府发行的债券是不同的：首先，最主要的区别是，现收现付制养老金制度的债权人没有自愿签署合同，而是受法律约束强制参与的。其次，不存在交易这种养老金承诺的市场，也就是个人不可能向其他人出售（或买入）政府养老金承诺。再次，政府债券的收益是已知的（至少是名义收益率），而现收现付制养老金承诺的终值依赖于一系列变量，这些变量都被考虑进确定受益的计算公式，并且政府有可能根据其他财政需要而改变受益计算公式。最后，现收现付制养老金制度的强制性特征意味着，为现收现付制养老金制度筹资的税收收入通常只能获得一个低于市场利率的隐性收益率。

政府通常会从自己的角度出发改变养老金受益计算公式，因此部分地减少自己的养老金债务。这种行为会使政府债务与养老金承诺之间产生一定的差额，与政府债券相比，减少养老金承诺是比较容易的，也是不需要成本的。事实上，过去几十年在养老金制度改革国家经常发生的重新修改公共养老金的确定受益的计算公式，从而降低养老金制度的承诺受益已经证实了这种分析结论，比如，英国将养老金受益指数化调整的标准由通货膨胀改为物价指数，中国从计划经济体制下国有企业保障制度提供的90%左右的退休金标准降低到1997年基本养老保险制度提供的58.5%工资替代率。另一方面，众所周知，政府也能够减少显性的政府债务——部分或全部减少利率、通货膨胀税收或改变利息税等。隐性养老金债务的可控性的程度，依赖于政府减少养老金受益的能力、公众对他们的受益“资格”的理解、受益计算公式的复杂程度、人口平均年龄等一系列因素。

4.4.2 测算隐性养老金债务和转制成本的必要性

隐性和显性债务都可以被列为公共债务，因此，有关隐性养老金债务的规模和发展状况的信息对于宏观经济分析和政策决策是非常重要的。此外，一个准确的隐性养老金债务的测算对于养老金制度改革，以及改革前的准备和改革后的评估也非常重要。

(1) 宏观经济分析和政策制定的需要

隐性养老金债务的准确测算对宏观经济分析和政策决策是非常重要的：

第一，如果现收现付制养老金承诺是公共部门债务，那么将会出现隐性养老金债务将如何影响个人的消费决定和资产配置的问题。许多经济文献研究了公共养老金制度的宏观经济意义，都假定通过一个现收现付制养老金制度获得的养老金财富可以引导个人增加他们的生命期消费。现收现付制养老金债务可以在政府平衡账户中作为一个资产，而养老金财富不能在个人平衡账户中作为一个资产。既然养老金资产和金融资产有不同的收益率，那么养老金财富的规模、收益率和波动性将会影响到个人资产的组合。

第二，既然现收现付制养老金债务是公共债务，它们将共同决定政府的期间预算约束。保持政府的偿付能力要求增加未来的税收收入、部分减少政府的养老金承诺或未来较低的公共支出。因此，做出有关财政收入和支出政策的决策要求准确获悉当前和未来隐性养老金债务的规模的信息。

第三，一个采取固定政策参数的隐性养老金债务的测算将降低政府管理显性养老金债务（转制成本）的能力。

（2）准备养老金制度改革的需要

当改革一项养老金制度时，有关最初的和改革引起的隐性养老金债务的变化信息是非常重要的。隐性养老金债务的测算和它在一个未改革的制度下的未来路径将有助于向公众宣传改革的必要性。预期隐性养老金债务变化路径的测算将有助于向公众说明，养老金制度改革可以改善制度的长期可持续性。如果不能确知老制度和新制度的财政支出和收入路径，那么也就无法为养老金制度改革决策提供可靠的信息支持。例如，将养老金受益与工资指数化调整改为受益与价格指数化调整，对于改善养老金计划的财政平衡仅有较缓慢的效应。

隐性养老金债务测算对于转轨到完全或部分基金积累制的改革是同样重要的。这个转轨使隐性养老金债务显性化。在许多国家，隐性养老金债务非常巨大，以至于一项基金积累制养老金制度改革将对该国的财政稳定性产生严重的冲击。与此同时，养老金制度转轨的速度也决定政府有多少资源可用于解决隐性养老金债务，以及这种转轨将带给政府的间接成本是什么。

（3）评估养老金制度改革的需要

当从一个现收现付制养老金制度向一个基金积累制养老金制度转轨时，采取一次性解决转制成本的方式基本上是不可能的，因为转制成本的存续时期将长达30年以上，只能采取通过税收平滑、消费平滑和代内转移等方式逐步解决转轨的成本。为了评估一个养老金制度改革的财务成功性，并确保它将导致实际的政府总债务规模的下降，有关隐性养老金债务和改革引起的显性养老金债务（转制成本）的持续测算是非常必要的。

4.4.3 测算隐性养老金债务和转制成本的方法

直观地看，隐性养老金债务的概念比较简单易懂，但在现实中，对于隐性养老金债务有不同的定义和计算方法。

(1) 养老金债务的规模——可选择的定义

DB 型现收现付制的养老金债务与养老金制度的精算赤字是密切联系的，当前有关养老金债务有三种主要的定义：①

定义 1：到期债务。到期债务是基于累积的受益权，在未来给付的养老金受益的现值。这种方法不考虑未来的供款，以及这些供款产生的新养老金受益权的累积。

定义 2：现在职工和养老金受领人的预期债务。现在职工和养老金受领人的预期债务涉及假定养老金制度继续存在，直到最后一个供款者死亡，并且没有新成员参与制度。这种方法承认现在成员的未来供款和他们的新养老金受益权。这种方法也称为养老金债务计算的封闭式方法。

定义 3：开放式制度的债务。开放式制度的债务包括在现行原则下新职工的供款和养老金的现值，除了为成年人外，测算的选择范围从现在一直扩展到未来无限代人。

表 4－6　养老金债务的可选择定义、精算赤字和两者间的相互关系

资 产	负 债	精算平衡的定义	债务的定义
财务储备	养老金给付现值		
精算赤字Ⅰ	在职职工的未来养老金受益的现值		
隐性养老金总债务Ⅰ	隐性养老金总债务Ⅰ	精算赤字Ⅰ＝隐性养老金净债务Ⅰ	累积到期的债务
在职职工未来供款的现值	在职职工未来供款的未来养老金受益的现值		
精算赤字Ⅱ			
在职职工的隐性养老金总债务	在职职工的隐性养老金总债务	精算赤字Ⅰ＋Ⅱ＝隐性养老金净债务Ⅱ	在职职工和养老金受领人的预期债务

① Holzmann, R., 1998, "*Financing the Transition*", Social Protection Discussion Paper. No. 9814, The World Bank: Washington, D. C..

续表

资产	负 债	精算平衡的定义	债务的定义
未来职工的供款的现值	未来职工的供款的养老金受益的现值		
精算赤字Ⅲ			
所有职工的隐性养老金总债务	所有职工的隐性养老金总债务	精算赤字Ⅰ+Ⅱ+Ⅲ=精算总赤字（净隐性养老金总债务）	开放式制度的债务

资料来源：Holzmann, R., 1998, "*Financing the Transition*", Social Protection Discussion Paper. No. 9814, The World Bank: Washington, D. C..

表4－6强调可选择的养老金债务的定义与精算赤字、平衡账目之间的相互关系。这三个主要的养老金债务（总IPD）的定义之间的差异反映了应该被考虑的代及其要求权选择基点。总的和净的概念的差异主要来自于资产的考虑（财务储备和未来供款的现值）；净的概念等值于平衡账目和精算赤字。债务或财富的概念代表了政府（债务）或个人（财富）的角度的不同。例如，在职职工的总IPD（从政府的角度来看）与总养老金财富（从个人角度来看）相一致；净养老金财富与在职职工的精算赤字相一致。

对于隐性养老金债务测算适用的定义依赖于所面对的经济政策问题。如果研究跨时的预算约束，包括一个养老金制度的财务可持续性，定义3看上去是最合适的；研究从现收现付制向基金积累制转轨，定义1是比较合适的。既然定义1是不得不被清偿的累积权利的价值，从一定程度上说，累积养老金债务水平取决于贴现率与假设的指数化参数（工资增长率、通货膨胀或其他的参数）和生存概率等变量。

（2）35个低等和中等收入国家的IPD的估计

表4－7提供了在不同贴现率假设下，35个低等和中等收入国家的隐性养老金债务的测算结果，并与官方公共债务、支出水平和现存的金融储蓄（均以占GDP的比重表示）相比较。

表4－7　1999—2000年35个低等和中等收入国家的公共债务养老金支出和隐性养老金债务相当于GDP的比重

单位：%

国家	公共债务（1999—2000）	养老金支出	不同贴现率下的IPD		
			2%	4%	5%
巴西	33	9	500	330	275
马其顿	41	9	441	291	244
斯洛文尼亚	25	11	429	298	255
罗马尼亚	18	6	386	256	214
波兰	43	12	379	261	220
乌克兰	59	9	365	257	220
葡萄牙	55	5	358	233	193
马耳他	56	5	356	234	194
斯洛伐克	31	8	304	210	179
匈牙利	59	9	300	203	171
乌拉圭	45	14	295	214	187
吉尔吉斯斯坦	135	7	282	185	154
克罗地亚	33	11	274	201	175
爱沙尼亚	7	9	268	189	163
摩尔多瓦	78	8	229	159	136
立陶宛	28	7	221	155	134
尼加拉瓜	109	2	220	131	104
土耳其	65	5	217	146	123
哥斯达黎加	34	2	203	121	97
菲律宾	71	1	185	107	81
伊朗	10	2	146	89	72
玻利维亚	56	4	111	73	62
阿根廷	53	5	106	85	78
厄瓜多尔	209	1	103	63	51
墨西哥	19	1	101	65	54
哥伦比亚	24	2	88	56	46

续表

国家	公共债务（1999—2000）	养老金支出	不同贴现率下的 IPD		
			2%	4%	5%
多米尼加共和国	23	1	80	49	40
佛得角	52	1	78	47	38
智利	9	7	77	60	53
塞内加尔	78	2	73	51	44
毛里求斯	35	3	63	47	42
萨尔瓦多	22	2	60	43	37
秘鲁	43	2	57	40	34
韩国	33	1	57	33	26
蒙古	79	1	50	32	26

资料来源：Robert Holzmann, Robert Palacios and Asta Zviniene, 2004, "Implicit Pension Debt: Issues, Measurement and Scope in International Perspective", Social Protection Discussion Paper Series No. 0403, The World Bank.

图 4－1 中的拟合曲线 $y=18.984x+42.908$ 表示隐性养老金债务与养老金支出之间的相关性，可以看出当前的养老金支出是养老金债务可靠的指示器。

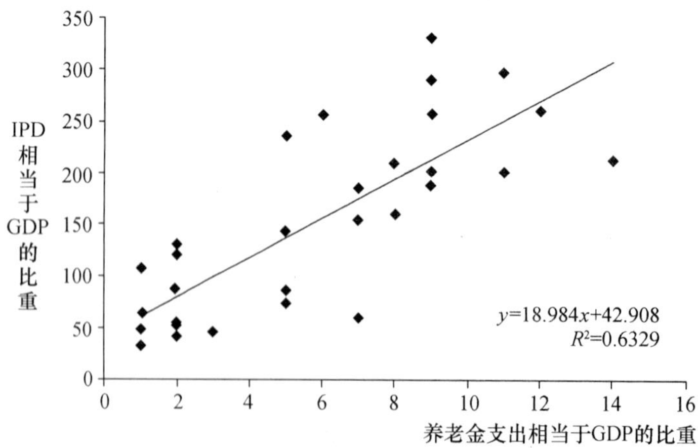

图 4－1　35 个国家的养老金支出与 IPD 估计

4.4.4 为转轨筹资的典范——智利

从现收现付制养老金制度向基金积累制养老金制度转轨的关键问题之一就是如何处理转制成本。智利养老金制度改革取得成功的首要原因是很好地解决了旧制度的遗留问题，从而完成了从旧制度向新制度的过渡。养老金制度转轨提出了三个基本问题：一是为职工制定在新旧制度间的转移规则。哪些职工将参加新体制？哪些职工将继续停留在旧体制中？职工可以做出自由选择吗？二是对于已为旧体制供款，又加入新体制的职工——即所谓“中人”，为其设计债权基金（credit fund）。三是为在旧体制下已退休的职工，即所谓“老人”，提供养老金给付。一旦在职职工将其在旧体制下的养老金受益权转至新的个人账户制度，旧制度会没有任何基金积累来源。概括地说，智利实行的是“老人老制度”，“新人新制度”，“中人”则可以选择参加老制度或新制度。

智利的新养老金法规定：在 1982 年 12 月 31 日之前参加工作的劳动者有 5 年时间选择是否加入新体制。但该期限以后加入劳动力队伍的人必须参加新制度，不能加入老制度。即必须选择一家养老基金管理公司为其经营管理个人账户。对于在老制度下退休的“老人”，政府保证其养老金受益不会因为制度改革而受影响。

政府首先将老养老金制度下的债务，即职工的养老金受益权显性化，明确规定债务由三部分构成：一是“老人”的养老金受益权；二是没有退休却愿意继续留在旧制度中的职工的未来养老金受益权；三是“中人”的养老金受益权。对于前两项，政府直接以一般财政收入来支付，对于后一项，政府以即期发放“认可债券”（即承认职工过去的供款）偿付。政府用发放债券的方法来还清这些职工已向旧制度的供款，并将这些债券存入职工自己选择的任何一家养老基金管理公司。“认可债券”被指数化，真实利率为 4%，只有在职工达到退休年龄时，政府才对“认可债券”进行偿付。“认可债券”可在二级市场上进行交易，以便于职工可以选择提前退休。但 4% 的真实利率低于市场利率，到 1995 年，“认可债券”在二级市场上交易也被取消。

表 4-8　智利养老金制度改革对财政的影响（占 GDP 的比重%）

年份	现金支出	认可债券	总计
1981	1.47	0.01	1.48
1982	4.08	0.11	4.19
1983	4.58	0.22	4.80
1984	4.55	0.25	4.80
1985	4.27	0.30	4.57
1986	4.33	0.41	4.74
1987	4.35	0.49	4.84
1988	4.23	0.50	4.73
1995	3.10	0.80	3.91
2000	2.57	0.94	3.51
2005	1.84	0.99	2.83
2010	1.19	0.80	1.99
2015	0.80	0.40	1.20

资料来源：Sebastian Edwards，1996，“The Chilean pension reform：a pioneering reform”，NBER working papers 5811。

要获得“认可债券”，职工在过去的五年中，必须至少为老制度供款满 12 个月，“认可债券”价值的计算公式是相当复杂的，它考虑了职工的平均工资基数、供款年限、利息、工资增长率、性别等因素。

从财务的角度看，养老金制度改革产生了两项主要的公共支出：一是“认可债券”管理和偿付发生的费用；二是向“老人”支付的养老金。以 1981 年现值计算，政府负债总额约为当年 GDP 的 80% 左右。

智利 1978 年对旧制度进行了改革，尤其是通过指数化，取消了特殊体制以及提高退休年龄使政府债务规模相应减少。债务的最高峰值约为 GDP 的 4.8%，之后逐年下降，预计到 2025 年左右将全部清偿。智利是上中等收入国家，20 世纪 90 年代的人口预期寿命为 72 岁，所约定的养老金债务规模在 OECD 和中等收入国家中间，但智利通过以下五种方法共用，有效地解决了转制成本问题。

第一，由于在新制度下，维持同等养老金标准所必需的供款要低于现行工资税的标准，所以，二者间的差额就作为暂时周转而征收的工资税，因此并未减少职工净工资或提高雇主的劳动力成本。

第二，利用举债方式使转制成本在代际间进行分摊。在智利，约40%的转制成本是通过政府按市场利率发行政府债券的方式解决的。这些债券主要被养老基金管理公司作为证券投资的一部分购入，随着旧体制下的退休职工数量的不断减少，这种债券在不同时期内被逐渐赎回，使政府偿债压力得以缓冲。

第三，承担转制成本的必然责任是对政府减少浪费的一种有力的激励。近年来，预算部门因为考虑转制支出，杜绝了不合理的开支，减少了浪费性支出。

第四，出售国有企业和其他国有资产所得的资金，来偿付政府的养老金债务。智利在经济自由化思想指导下的私有化改革既有效地为转制提供资金，还有提高效率、减少对经济的政治干预等多重益处。

第五，个人账户养老金制度有力推动了经济增长，使税收收入大量增加，从1996年开始，智利预算就已产生盈余。

5　多支柱养老金制度改革

5.1　基金积累制养老金制度的风险性

5.1.1　难以阻挡人口老龄化的冲击

基金积累制替代现收现付制养老金制度的一个传统理由是基金积累制可以应对人口老龄化的冲击，因为基金积累制不受人口年龄结构变化的影响。事实上这是一种误解，基金积累制同样也会面临人口老龄化的风险。基金积累制的个人账户（包括公共储蓄账户）积累的是金融资产，而退休老年人口消费的却是实物，一旦人口老龄化将会导致金融市场、商品市场和劳动市场由于配置不当或配置失效而同时出现非均衡。从劳动力市场的角度来看，原本均衡的劳动力市场会因为老龄化产生的大量劳动力退出而出现劳动力供给不足，导致劳动市场失去均衡；从资本市场的角度来看，由于老龄化导致的大量劳动者同时退休，退休者的预期资产出售将超过在职者的预期资产购买力，资本市场的过度供给将导致资产价格下降，减少退休者的积累；从商品市场角度来看，个人账户积累的大量金融资产将形成过度的消费需求，而劳动力大量减少又导致商品供给下降，这必将引致物价上涨，减少退休者的购买力。

5.1.2　投资风险

只要实行基金积累制，就必须有相应的投资方式，否则基金积累制养老金制度积累的养老基金将会在长达30年左右的积累期内面临巨大的贬值风险。风险是客观存在的，基金积累制养老金制度的养老基金作为金融领域的重要组成部分，必然也面临着众多的风险。特别是随着金融体系的发展、金融市场和金融产品的不断复杂化，养老基金所面临的风险也会更复杂。养老基金本身作为一个基本的分析单位，它的投资行为服从经济学中理性人的假说，同时又是风险厌恶的，它将面临资本市场中所有的风险。养老基金必须就它准备如何承担风险做出决策，按照能不能通过分散化投资来降低的标准，可以将这些风险划分为系统风险和非系统风险。当然，分散风险也是相对的，在一定范围、一定期间内不可分散的风险在更大的范围内和更大的期间内就可能分散，美国的风险投资历史说明了这一点，对于少数新技术产品的开发可能面临着很大的风险，但对足够多数目的新技术产品开发的投资，风险就可能很好地被分散。但是，只有来自养老基金外部的风险，才可能通过分散化投资加以降低。养老基金要想保值增值，必须进行有效投资，应当注意保值增值是实际值的增加，即扣除了通货膨胀的影响，这样养老基金所面临的风险包括政治风险、政策风险、利率风险、经济周期风险、通货膨胀风险、坏债风险、流动性风险、自然风险等。总之，一般来说，系统风险来自投资对象的外部，与市场的整体运动相关联，非系统风险来自具体的投资对象，与其他投资对象无关。基金积累制养老基金投资管理必然会面临上述一系列投资风险。

5.1.3　委托—代理风险

由于委托人与代理人之间的信息不对称，委托人（或代理人）将利用其在信息方面的优势损害代理人（或委托人）的利益，这就是委托—代理风险。在养老基金的管理过程中，当计划受托人和投资管理人的利益与养老金受益人的利益不完全一致时，代理风险就会产生。与长期投资相关的复杂的投资组合战略、基金经理与养老金受益人之间的信息不对称、养老金受益人不了解有关的法律和财务问题，为失职、低效和滥用权力等行为提供了空间。这些代理风险在很大程度上取决于养老基金的法律和治理结构的完善程度，但所有这些养老基金都以这种或那种方式暴露于代理风险之下。

最直接和明显的道德风险是欺骗、不履行、错误履行或公开盗窃养老基金资产的可能性。非常著名的事件如英国的马克斯威尔（Maxwell）案①和个

① 1991年，罗伯特·马克斯威尔从他自己公司镜报报业集团（Mirror Group Newspapers）和马克斯威尔通信公司（Maxwell Communication Corporation）的养老基金中窃取了4亿英镑的基金资产，而他自己一直是这两个养老基金的计划受托人。

人养老金计划的误售[①]、美国的“安然事件”[②] 和20世纪60年代中期发生的“斯图特贝克事件”[③]。这些案件已经多次使这个问题成为关注的焦点。巨额养老基金资产和养老金受益人与养老金计划发起人的相对无知放大了这种受损失的可能性。但是，治理主体或基金管理人还有其他更隐蔽的渠道从养老金受益人那里窃取养老基金资产：可以使用养老基金资产支持治理主体的母公司的股票；使用养老基金资产支持母公司的证券发行；进行关联交易；不合法地使用因养老基金管理权所获得的特权或内幕信息等。这些行为虽然不同于公开盗窃，但可能会使养老基金资产收益率远远低于相似风险下的其他可替代投资。另外，在支付各种各样的经费开支和佣金时（包括经营、会计、资产管理和交易费用以及与养老基金有关的其他费用）也有可能发生代理风险。比如，计划发起人缺乏控制经费开支的激励；佣金方面也存在着透明度的问题，因为佣金往往是根据投资回报净值计算的，它隐藏于财务报告中，或者与其他服务捆绑在一起，使得养老金受益人无法与相似的金融服务进行相关比较。

5.1.4 长寿风险

基金积累制养老金制度是通过正式的制度安排平滑个人一生的收入和消费需求。但是，由于基金积累制养老金制度的供款率是按照社会平均预期寿命厘定的，当以个人账户养老基金积累支付养老金受益时，有些个人

① 1988年，个人养老金计划开始在英国实施。但是，在实施过程中出现了一个非常严重的问题，即个人养老金“误售”，这是有关零售市场上提供养老金计划存在潜在风险的一个典型例证。在个人养老金计划产品销售代理人的误导之下，成千上万的人购买了个人养老金计划产品。但是结果是，一旦退休，他们能够获得的养老金待遇水平将远远低于销售代理人的承诺。幸运的是，这个问题得到了及早发现，在有关部门的深入调查下，那些受到误导购买了个人养老金计划产品的个人得到了应有的补偿。在整个案例中，个人养老金计划产品已经实施了6年之久，有上百万的养老金计划合同已经销售，按照金融监管委员会的估算，被“误售”的个人养老金计划合同超过200万份，合同销售方必须承担的补偿总额大约为110亿英镑。

② 安然公司破产，最大的受害者是其遍布全球的21000名职工。这是因为，在“安然”养老金计划的21亿美元资产中，“安然”股票占了58%。

③ 1963年年底，美国的斯图特贝克汽车制造厂关闭，造成7000多工人失业，并导致该厂为其雇员所资助的养老金计划的终止。由于没有健全的法律规定和要求，该公司在倒闭之前已经停止继续向养老金计划供款。这就导致了该计划终止时，计划资金的严重短缺，从而造成了参加计划的大约4000多工人完全丧失了他们为公司工作了大半生而指望获得的养老金。

可能面临因其实际寿命超过社会平均预期寿命而导致的个人账户养老金基金积累不足的风险，即长寿风险，而另外一些人则出现个人账户积累过剩。因此，基金积累制养老金制度将无法回避个人长寿风险。而现收现付制养老金制度的给付水平是预先确定的，一般都是与通货膨胀率或物价指数挂钩，并且供款率是随着预期给付变化。因此，从生存年金（life annuity）角度来看，现收现付制养老金制度的给付形式是典型的隐性生存年金，并且是提供指数化保护的真实年金（inflation - indexed real annuity）。我们通过年金化和非年金化两种方式对老年人的最优退休收入与消费分配路径进行比较研究可以看出，养老金年金化方式可以提高退休者消费效用。①

针对基金积累制养老金制度下个人面临的长寿风险，世界上一些养老金制度改革国家采取了对基金积累制养老金给付实行年金化方式发放。新加坡中央公积金制度要求退休者满 62 岁时必须选择三种方式领取养老金受益：仍然留在中央公积金中、将公积金存入特许的银行定期领取养老金、购买年金。年金合约可以分解为三部分：7 年的定期存款（55—62 岁）、15 年期间保证年金（62—76 岁）、77 岁以后的终生年金。② 澳大利亚超级年金计划的给付主要采取三种方式：终生年金、期间保证年金、定义为“年金和养老金组合”的定期给付。智利私人管理的养老金制度要求职工退休后可以采取三种方式给付养老金：留在养老基金管理公司定期支取、即付年金、延付年金。英国则实行养老金强制年金化，要求个人在 75 岁之前退休，将采取三种形式之一给付：一是从人寿保险公司购买年金；二是购买专门为个人账户设置的年金；三是从投资机构定期支取。但是在 75 岁时，无论最初采取何种方式都必须转化为年金。

但是，相对于其他险种，年金的市场规模仍然较小。这主要是由于一系列因素影响养老金受益年金化：职工的短视行为、预防性储蓄和遗赠动机、对保险公司的不信任、逆选择、社会保障的挤出效应、年金市场提供的年金数额小于纯保险费的价格、制度和立法障碍等。

---

① 邓大松、刘昌平：《受益年金化：养老金给付的有效形式》，载《财经科学》2002 年第 5 期，第 72 页。

② Suzanne Doyle, Olivia S. Mitchell, John Piggott, “Annuity Values in Defined Contribution Retirement Syestems: The Case of Singapore and Australia”, NBER Working Paper 8091, p. 7.

5.1.5 个人风险

在基金积累制养老金制度下，由于供款率确定，受益水平不确定，那么逐年积累起来的养老基金不仅面临基金积累不足的风险，而且面临失业以及利率变动等风险。

从经济周期的角度来看，一国经济的发展都会因制度不完善和市场经济体制本身的缺陷经历高涨、危机、萧条和复苏四个阶段，即使是一个政治、经济体制成熟和稳定的国家，经济周期也是不可避免的。那么，在危机和萧条阶段，必然会有大量劳动者被迫退出劳动力市场，成为失业人口；再者，由于个人能力和受教育程度不同，失业风险也是不尽相同，那些劳动能力较差、受教育程度较低的社会成员更有可能成为失业人口。因此，在其他条件相同的情况下，那些从劳动力市场退出的制度参与者的养老基金积累与同期在业人口相比可能存在天壤之别，这将使他们面临未来养老基金积累的给付能力不足的风险。

从利率和经济增长率变动的角度看，处于一国经济发展不同时期的制度参与者也会因利率和经济增长率的不同面临养老基金积累的给付能力不足的危机。有研究表明，德国、日本、英国和美国四个工业化国家在基金积累制养老金制度下，从1953—1973年、1974—1995年间，由于利率和工资增长率变化不同导致实际养老金替代率出现完全相反的情况（见表5-1）。

表5-1 实际替代率（目标替代率的百分比）

	德国	日本	英国	美国
按1953—1973年间的利率和工资增长率计算的养老金	261	255	233	342
按1974—1995年间的利率和工资增长率计算的养老金	41	40	43	30

资料来源：亨利·阿伦：《中国社会保障改革：个人保障与经济增长》，《1998年度中国社会保障国际研讨会论文选》，经济科学出版社1998年版，第82页。

5.1.6 管理成本

自20世纪70年代末80年代初以来，随着智利养老金制度私有化改革取得初步成功，国际社会就开始对养老金制度私有化问题展开讨论，其主要争端在于私有化产生了高昂的管理成本。比如，智利私人养老基金的年均管理费率为养老基金资产的0.96%[①]；1989—1999年英国个人账户养老基金的年均管理费为14.03%。[②]

(1) 高管理成本的不利影响

主张养老金制度私有化的人士普遍认为，虽然私人管理的个人账户成本比公共管理的成本高，但它可以换取很高的投资回报率。显然，成本问题已经成为养老金制度改革模式选择的一个重要参数。养老金制度私有化产生高管理成本的主要原因在于其个人账户的管理方式：

其一，吸引客户。通过广告、佣金及推销等手段来获取养老基金委托管理权的代价非常高昂的。这是个人账户养老基金管理机构面临的最大成本。

其二，管理费。养老金计划必须向各类养老基金管理服务机构支付养老基金管理费，如养老基金受托人、投资管理人、账户管理人、基金托管人、律师事务所、精算师、咨询评级机构和会计师事务所等，这部分管理费将大大地减少养老基金投资收益，甚至减少养老基金积累。

其三，业务费。记账和账户管理以及信息管理系统所需设备的购置部分开支也是非常高的，特别是对于养老金账户基金积累规模较小的计划参与者，其摊销的固定成本相对较高。

过高的管理成本将会对养老金制度产生不利的影响：

其一，管理费用越高，意味着养老金计划参与职工的个人账户养老基金积累将会减少，从而削弱养老金制度的保障功能。

其二，过高的管理费用会引发与低工资收入计划参与职工相关的公平问题。因为在个人账户的管理过程中，低工资收入者与高工资收入者支付数额基本相等的账户管理和维护费用。

其三，许多国家对基金积累制养老金制度设立了担保机制，假如计划参与职工的个人账户养老基金积累不足，过高的养老基金管理成本会加重

① Estelle James, Gary Ferrier, James Smalhout, Dimitri Vittas, 1998, "Mutual Funds and Institutional Investments: What is the Most Efficient Ways to Set Up Individual Account in A Social Security System?", NBER Conference.

② Mamta Murthi, J. Michael Orszag and Peter R. Orsazg, 2000, "The maturity structure of administrative costs: the theory and the U. K experience", Center for Pension and Social Insurance, Research Report 17/2000.

未来政府的财政负担。例如，在智利，缴费年限超过 20 年的职工，如果其个人账户养老基金积累不足以支付最低标准的养老金，那么其不足部分将由政府弥补，这将会大大地增加政府的财政负担。

其四，过高的养老基金管理费会激励低工资者提前停止供款。一旦低工资参与者供款达到享受最低退休养老金受益的年限，额外的供款将被视为一种纯粹的纳税。

（2）智利私人养老金制度的管理成本

1981 年 5 月智利改革政府管理的现收现付制退休金制度，创立基金积累制个人账户管理方式的私人养老金制度。智利养老基金只允许专门成立的养老基金管理公司（Administradores de fondos de pensiones，AFPs）运作，实行“一人一账户”、“一公司一基金”的管理制度（目前允许一公司两基金）。但是智利模式也因其高昂的营销成本和 AFPs 之间的恶性竞争而受到多方责难。

智利采取了一种不寻常的收费方式。当供款进入制度时，就开始征收管理费用，此后不再征收管理费。改革之初，费率为供款的 20%，后来降至 15%。如此高的前端费用相当于雇员“借钱”给 AFPs 作为创建成本，作为回报，积累期的养老基金管理不征收管理费。如果将前端费用平均化，年均费率为养老基金资产的 0.96%。[①]。

从 AFPs 的费用结构来看，允许雇员在 AFPs 之间不受限制的自由转换导致很高的营销成本。由于投资监管和费用、佣金规定，各 AFPs 提供的产品之间的差异性很低，因此，各 AFPs 都试图通过提供礼品和其他激励吸引雇员转换 AFPs。1995 年有 25% 的雇员转换 AFPs，而希望转换的雇员达到 37%，这迫使 AFPs 的营销代理人增加到 15432 人，从而大大地增加了营销成本[②]。从表 5－2 可以看出，不考虑营销成本被低估的因素，AFPs 的年均营销费用占到总成本的 45% 左右。

① Estelle James, Gary Ferrier, James Smalhout, Dimitri Vittas, 1998, “Mutual Funds and Institutional Investments: What is the Most Efficient Ways to Set Up Individual Account in A Social Security System?” NBER Conference p. 7.

② Hemant Shah, 1997, “Towards Better Regulation of Private Pension Funds”, The World Bank Working Papers, p. 9.

表 5－2　1982—1998 年智利 AFPs 的费用结构（占每年总支出的百分比）单位：%

年　份	1982	1983	1984	1985	1986	1987	1988	1989	1990	1991	1992	1993	1994	1995	1996	1997	1998
工资和利润	25	30	32	33	37	38	37	39	39	37	34	32	31	28	25	24	30
营销成本*	46	40	36	30	24	21	23	22	24	26	30	35	38	43	49	52	46
其　他	29	30	32	37	39	41	40	39	37	37	37	33	31	29	26	24	25

* 包括销售佣金、广告费和分摊的创建成本，而负责营销和账户转移的人员和利润并不包括在内，因此总营销成本被低估。

资料来源：Estelle James，Gary Ferrier，James Smalhout，Dimitri Vittas，1998，"Mutual Funds and Institutional Investments：What is the Most Efficient Ways to Set Up Individual Account in A Social Security System?" NBER Conference。

从养老基金市场的发展演变来看，规模经济是通过兼并实现的。允许个人自由选择 AFPs 和进行零售管理导致整个养老基金规模不经济、AFPs 之间恶性竞争。1981 年改革之初，AFPs 的数目是 12 家，20 世纪 90 年代初期达到最高的 21 家，此后不断下降，1996 年为 15 家，1997 年年底为 13 家，其中三家最大的 AFPs 拥有 68.8% 的个人账户。

5.2　国际组织倡导的多支柱养老金模式

虽然相对于现收现付制养老金制度而言，基金积累制养老金制度在储蓄效应、增长效应等方面可能具有一定的比较优势。特别是，基金积累制养老金制度为职工提供了一个由储蓄转化为投资的路径，并强化了缴费与受益之间的关联，具有较强的激励效应。但是，前面的分析已经指出，基金积累制养老金制度也存在不可避免的问题：不能提供收入再分配，这显然违背了社会保障的目的；也会面临人口老龄化的冲击；产生了一系列风险，并且这些风险主要由职工个人承担，难以实现风险的分散化。因此，养老金制度私有化改革受到了颇多责难。许多国际组织通过多年的研究，分别于 20 世纪 90 年代提出了建立多支柱养老金模式的改革建议。

5.2.1 世界银行倡导的三支柱养老金模式[①]

面对各国养老保障制度面临的巨大压力，世界银行以伊斯特利（Estelle James）为代表的数十位著名经济学家和养老金专家，通过对全球几十个国家的广泛调查，并在对调查数据整理和分析的基础上，最终于1994年形成了《防止老龄危机：保护老年人及促进增长的政策》的研究报告，提出老年保障制度的多支柱模式，主要内容是：为避免单一制度存在的问题，将储蓄功能与再分配功能相分离，在两个不同的强制性支柱下，用不同的筹资模式和管理方式分别去完成——一个是公共管理的、以税收筹资的养老金制度；另一个是私人管理的、完全基金积累制的养老金制度；再一个自愿的养老金支柱则可以作为补充，以满足较高水平的保障需求。三个养老金制度共同构筑老年收入保障的三支柱模式（见图5－1）。

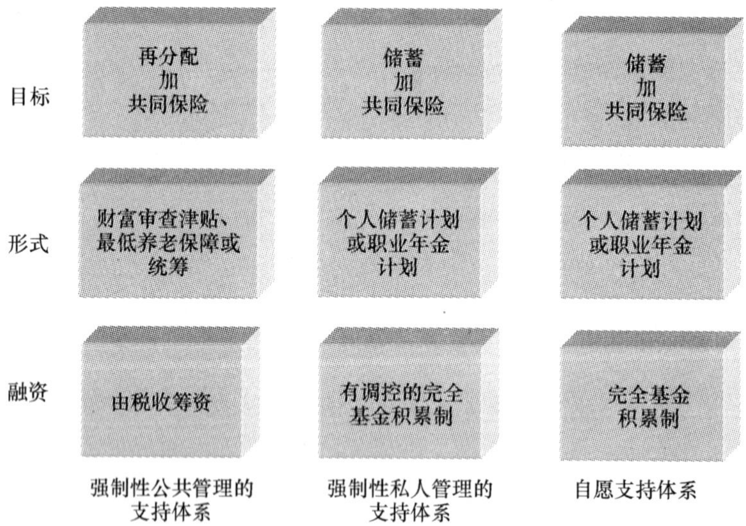

图5－1 世界银行倡导的三支柱养老金模式

① 世界银行著，劳动部社会保险研究所等译：《防止老龄危机：保护老年人及促进增长的政策》，中国财政经济出版社1997年版，第9页。

第一个公共支柱的目标是有限度地缓解老年贫困，提供各种风险保障。由于有政府税收的支持，这一支柱有独特的功能，既能为刚实行该计划就退休的人支付津贴，向穷人提供收入再分配，又能应付长期的低投资收益、经济衰退、通货膨胀和私人市场失灵的风险。公共支柱有三种形式可供选择：一是它可以提供以财富审查为基础的津贴，这是对各年龄段穷人给予资助的计划之一。取得津贴的条件是老年人工作能力的丧失，津贴的水平则要考虑与年龄有关的条件。二是它可以为强制储蓄制度提供一个最低的年金保障。三是为更大范围的人口组别提供统一的年金，可以是统一受益的或与收入关联的。但公共支柱在规模上应当适中，以给其他支柱留下较大的发展空间，并应实行现收现付制，以避免出现国家管理的公积金制度中常见的问题。由于目标明确、责任有限，公共支柱应大幅度降低税率，从而减少逃税和劳动力配置不当，以及赤字和不适当的代内、代际转移支付的压力。

第二个支柱是强制性的、完全基金积累的、由私人管理的支柱。它可将精算过的津贴与成本相联系，发挥在所有人口组别间平衡收入或储蓄的功能。这种联系将避免公共支柱容易导致的一些经济和政治上的不良影响。完全基金积累制将促进资本积累和金融市场的发展，由此带来的经济增长将使公共支柱的筹资更容易。不过，第二支柱如果运作比较成功的话，将会减少人们对第一支柱的依赖。这种强制性的支柱可采用个人储蓄账户或职业年金计划两种形式，两种强制性计划都需要严格监管。

第三个支柱是自愿的职业年金计划或个人储蓄计划，将为那些想在老年得到更多收入及保险的人提供的额外保护。

尽管再分配和储蓄功能是分离的，保险功能则由三重支柱共同提供，因为面对一个变幻莫测的世界，多样化是保险的最佳方式。

5.2.2 国际劳工组织倡导的四层次养老金模式[①]

国际劳工组织对于老年人问题的关注历史悠久。从 1933 年开始，

① 科林·吉列恩（Colin Gillion）、约翰·特纳（John Turner）、克利夫·贝雷（Clive Bailey）、丹尼斯·拉图利普（Denis Latulippe）编，杨燕绥等译：《全球养老保障——改革与发展》，中国劳动社会保障出版社 2002 年版，第 15 页。

国际劳工组织就着手研究老年人的工作和社会保障等一系列问题，几十年来就老年人的就业、丧失劳动能力、养老以及遗属保护等专题的标准和退休政策形成了若干个条约。20世纪70年代以后，随着工业化国家老龄化和退休及养老金制度之间的矛盾越来越突出，国际劳工组织又对养老金制度的改革提出了建议，试图加强对老年人的保护政策。其主要观点是：

从来没有一个放之四海而皆准的社会保障制度。一个可持续发展的养老金制度必须与本国经济发展水平、人口结构和政治体制相适应。当一国的经济、人口和政治环境发生变化时，养老金制度可能也要随之进行调整。由于养老金制度和经济发展之间存在互动关系，养老金制度会随着时间的推移而发生演变。不同的国家适用的制度不尽相同，而且在本国的不同历史阶段也呈现出不同的特点。

当今各国都需要发展多层次养老金体系，同时维持其弹性结构。为了缓解老年人的贫困以及为人们提供低风险的养老金待遇，多渠道的资金来源是非常必要的。国际劳工组织非常强调养老金制度在减轻贫困和提供低风险的养老金待遇方面所起的作用。为了实现这个目标，养老金待遇必须具有收入再分配的功能，它的资金来源必须多样化。各个来源的相对重要性取决于它的资金收益率和资金风险。而这些资金由政府部门还是由私营公司来管理，则视各国的政治哲学而定，包括对政府和私营公司责任的划分、政府的作用以及对于公共或私营部门监管能力的判断。

在通过分散风险来降低风险方面，发达国家使用了一个非常好的办法，那就是在对再分配功能和风险判断的基础上，建立多层次的养老金制度体系。这种体系的第一个层次，是为收入最低的人设计的。它的资金来源是国家税收，保障对象是经过财富审查后决定的生活水平低于最低贫困线的老年人，目的是使他们达到最低生活标准。第二个层次是一个现收现付制养老金制度。第三个层次是强制缴费的基金积累制养老金制度。第四个层次（最高层）是自愿退休储蓄和非年金收入。这个方法的最大优点在于它的资金来源多样化——风险被分散了（见图5-2）。

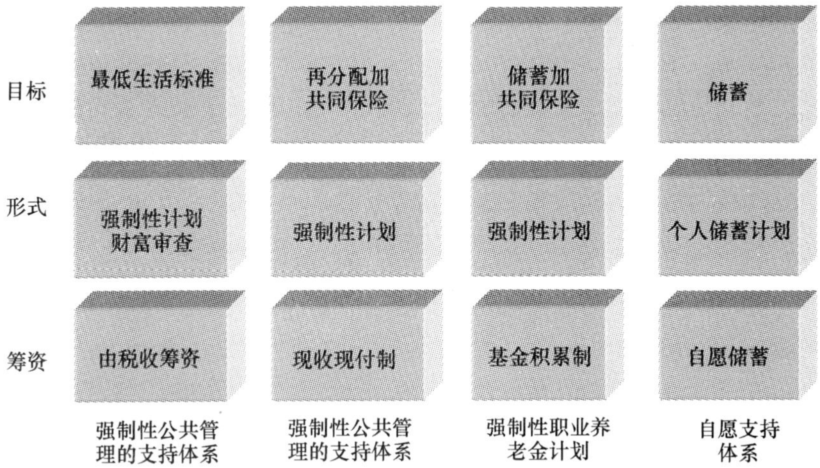

图 5－2 国际劳工组织倡导的四层次养老金模式

5.2.3 国际货币基金组织倡导的三级养老金模式①

所有社会都以这样或那样的方式试图满足无法自食其力的老年人的需求。发展中国家随着其社会经济制度复杂性的提高，将面临何时以何种方式建立养老金制度的难题。正在从计划经济向市场经济转轨的国家也面临类似的决策问题。在工业化国家，虽然养老金制度由来已久，几十年来一直收支自如，但目前也受到威胁，原因是养老金领取者迅速膨胀，而从事生产性劳动、供养退休人员的工人数量却在不断减少。

这枚人口定时炸弹引发了关于养老金制度全面改革的激烈争论，尤其是关于是否有必要或应该放弃政府设立的现收现付制养老金制度，转向私营部门或公共部门设立的基金积累制养老金制度。

鉴于许多国家都面临此类问题，因此有必要从经济学角度分析各种养老金制度的利弊，以探索建立新制度和改革旧制度的先决条件。

要设计合理的政策，首先应该就政策目标统一认识，然后讨论采用什

① ［英］尼古拉斯·巴尔：《养老金的难题——养老金制度设计的先决条件与政策选择》，国际货币基金组织丛书“经济问题”的总前言，2002 年 3 月版，第 1—2 页。

么工具来实现目标。所有养老金制度都具有三重主要目标：一是防止老无所养；二是拉平一生中消费支出的分布，将一部分支出从挣钱能力最强的时期转移到挣钱能力最差的时期；三是保险功能——为长寿者提供养老生活保障。

为了实现这些公认的目标，养老金制度已发展为三个独立的级别。这三个不同级别的养老金制度也显示出各国所能做出的关键性取舍（见图5-3）。

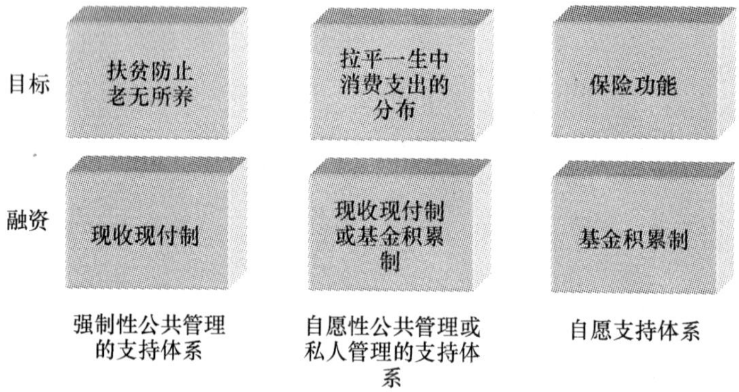

图5-3 国际货币基金组织倡导的三级养老金模式

第一级养老金制度主要是为了扶贫。这一级养老金制度是强制性的，虽然通常由政府管理并且采用现收现付制，但其具体形式有较大的差异。

第二级养老金制度的目的是拉平一生中消费支出的分布。原则上讲，这一级养老金制度既可由政府设立，也可由私营机构管理；既可设立基金积累制，也可以设立现收现付制；既可以与第一级养老金相结合，也可以独立存在。

第三级养老金制度由私营机构管理，采用基金积累制，并且自愿参与，目的在于使个人有更多的选择余地。

国际货币基金组织认为：首先，不论是否实行基金积累制，所有养老金制度的成功都离不开一个强大而有效的政府。最根本的是，政府必须有效地管理经济，使经济的增长幅度足以应付养老金给付的需要，同时还必须建立强有力的监管环境。其次，虽然人们不断争论应该采取政府管理的现收现付制养老金制度，还是采取基金积累制养老金制度（包括由私营机构和政府管理的养老金制度）。但是，这两种形式的差异本身并不重要，重要的是政府是否有能力来有效地管理经济、推动经济产出达到足够快的增长速度以及为养老金制度提供稳固的经济基础。最后，在经济条件允许的范围内，各国在如何设计养老金制度方面有很大的选择余地。为了使养老金制度改革成功，各国能够而且必须根据本国的文化、历史以及国民价值观做出选择。

5.2.4 经济合作与发展组织倡导的三支柱养老金模式

一个更分散化的退休收入保障模式是必要的。相对于公共养老金制度来说，这样才能使资源在老年退休保障体系中起到重要作用。更广泛的退休收入保障资源也应该有助于降低未来收入损失的风险。三个支柱养老金体系应该使退休者可以预期到三种养老金资源：一是来自现收现付制养老金制度的收入；二是来自强制性、完全基金积累制养老金制度的收入；三是来自自愿性、完全基金积累制养老金制度的收入。这个三支柱养老金体系的目标是使风险分散化，更好地平衡代际负担的分布，使个人的退休决定更具弹性。

经合组织提供的具体建议是：应该采取特定的措施分散退休收入保障制度的风险，三支柱养老金体系应该能够增加现在仍以现收现付制养老金

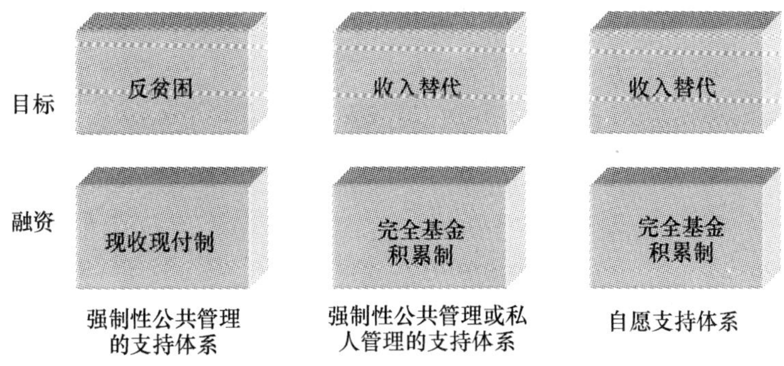

图 5－4 经济合作与发展组织倡导的三支柱养老金模式

制度为主的国家中基金积累制养老金制度的比重；减少公共养老金制度在养老保障体系中的规模；调整收入关联养老金制度，以使退休期受益与在职供款之间有一个直接的关联；将公共养老金制度的反贫困作用与收入替代作用分离，建成两个不同的制度。基于代际公平的考虑，一个国家在走向三支柱养老金体系的过程中有一个速度问题，现在的职工将缴纳两次供款：一次是为现在的退休人员，另一次是为他们自己的养老基金。应该对这个问题有一个妥善的解决方式，同时，基金积累制养老金制度的发展应与金融市场基础设施的完善同步进行，并建立一个现代化的、有效的监管框架；税收制度也应该进一步改革和完善，以有利于解决转制期出现的问题。

5.2.5 多支柱（层次、级）养老金制度改革建议评析

比较上述四项政策建议，可以看出，四大国际组织对养老金体系的再分配功能的侧重点不同，这主要是由四个国际组织所处的社会背景和理论背景不同导致的。当前在世界范围内福利制度有斯堪的纳维亚模式（Scandinavian model）、盎格鲁—撒克逊（Anglo－Saxon model）模式和欧洲大陆模式或俾斯麦模式（Continental European or Bismarck model）三种模式。斯堪的纳维亚模式主要包括丹麦、瑞典、挪威等国，其特点是提供相对广泛和慷慨的福利，甚至强调向国民提供社会福利服务，转移支付和福利服务制度主要依靠自愿性供款的保险基金（丹麦除外）支撑，基本保障体系仍然依靠政府财政收入支持。欧洲大陆“福利国家”则更强调转移支付制度，对此比较慷慨，其基金主要来源于工薪税。盎格鲁—撒克逊模式包括美国、英国、澳大利亚和新西兰，提供较低的福利受益，并对享受社会福利的对象提出更严格的资格要求。

世界银行1994年的政策研究报告，主要就是由一批来自美国主流派经济学家撰写的，他们具有十分明显的经济自由主义倾向。这主要植根于盎格鲁—撒克逊国家的社会背景和理论背景。美国崇尚经济自由主义，历来反对国家过多地干预社会经济生活以及向国民提供社会保障，特别是社会福利。即使是美国的现代社会保障制度也是在1929—1933年世界性经济大危机的背景下，在凯恩斯国家干预主义经济理论的支撑下，建立和不断完善起来的，但实际保障水平也不高。以美国老年社会保障（OASI）

为例，其替代率水平也仅为40%左右，美国庞大的私营养老金计划事实上已经成为职工的主要退休收入来源。英国自“福利国家”危机之后，逐渐实行社会保障部分私营化改革，建立三支柱养老金体系，国家逐渐将在养老金体系中占主导地位，让渡给由市场主导的职业养老金制度。因此，世界银行的政策报告更注重市场在公共品混合提供中的作用，缩小政府的干预领域，降低政府的干预力度。

国际货币基金组织和经济合作与发展组织所倡导的多支柱养老金模式与世界银行的三支柱养老金模式基本一致。这三大国际组织的养老金制度改革建议都强调基金积累制养老金制度在养老金体系中的积极作用，倡导私营部门在养老金提供方面的效率性。

国际劳工组织所提出的改革设想的现实基础以及它所针对的主要目标，事实上是在大致不降低老年人原有福利待遇相对水平的基础上，对第二次世界大战后建立起来的养老金制度进行局部性改良和调整。这主要植根于欧洲大陆国家，特别是德国和北欧国家的社会背景和理论背景。由于社会民主党的推动作用，以及社会市场经济理论和瑞典福利学派经济理论的指导，在第二次世界大战之后，欧洲大陆国家普遍建立起覆盖全民，待遇较高的社会福利制度。因此在这种背景之下，国际劳工组织的政策建议的出发点还是竭力争取在原有的制度框架内解决它所面临的难题，即对原有养老金制度进行结构性调整和技术性调整。

5.3 全球多支柱养老金制度改革回顾

按照多支柱养老金制度改革的进程和改革的制度特点，可以将从20世纪90年代开始的全球多支柱养老金制度改革划分为OECD成员国、欧洲与中亚国家、拉丁美洲国家和亚洲国家四个区域，下面将分别介绍世界上四个不同地区的多支柱养老金制度改革情况。OECD成员国已经在改革中引入了基金积累制养老金制度，但改革的主要方向集中于制度性创新，并在现收现付制养老金制度的基础上创立了名义账户制度；欧洲和中亚国家在经济转轨过程中也实行了与OECD成员国基本类似的改革方式；拉丁美洲国家是养老金制度改革最激进的国家，已经创建了完全基金积累制的私人管理的养老金制度，并采取多支柱养老金模式；亚洲国家的养老金制度主要表现为建立多支柱养老金模式。

5.3.1 经济合作与发展组织成员国的多支柱养老金制度改革

到20世纪80年代末期，OECD成员国普遍出现了人口老龄化和劳动市场参与率下降的现象，这些社会经济条件的变化与现收现付制养老金制度的前提条件是相悖的。世界银行预测，OECD成员国的人口将在今后30年中迅速老化，60岁以上的人口预期从当前的20%增加到2020年的27%，到2030年达到30%（见表5-3），人口老龄化预期是人均寿命延长和出生率下降共同作用的结果。

表5-3　世界不同区域60岁以上人口占总人口的预期比例　单位：%

国家或地区	2000年	2010年	2020年	2030年	2050年
OECD	19.9	23.1	27.0	30.7	31.2
转制国家	17.0	18.2	21.5	22.7	26.5
拉美国家	7.7	9.3	12.2	16.0	23.5
亚洲	7.3	8.6	11.6	15.0	20.7
中东和北非	7.3	8.1	10.0	12.4	18.1
非洲撒哈拉地区	4.4	4.5	4.9	5.9	9.9

资料来源：World Bank. 1998，“World Development Indicators 1998”，CD-ROM. Washington, D. C..

总的来说，人们生活得更健康，寿命更长，但却提高了国家承诺的隐性养老金债务，并势必将增加当前人口和未来人口承担的社会保障税收。迪斯尼（Disney，1999）的研究发现①，不考虑预期寿命延长产生的成本，许多OECD国家在其现收现付制养老金制度中已经没有足够的基金积累保证战后“婴儿潮”一代人的“额外养老成本”。国家需要通过紧缩性财政政策或增加现在的养老基金积累（税收或供款）来减少现在的隐性养老金债务，以维持养老金制度平稳运行。

面对现收现付制养老金制度依存的社会经济条件的变化，OECD成员

① Disney，Richard. 1999，“OECD Public Pension Programs in Crisis：An Evaluation of the Reform Options”，Social Protection Discussion Paper No. 9921，World Bank，Washington，D. C..

国从20世纪70年代就开始改革各自的现收现付制公共养老金制度。改革的主要政策措施表现在：

其一，创建基金积累制个人账户养老金制度。英国在20世纪80年代允许劳动者可以通过“解约”的方式退出国家收入关联养老金计划，并参加基金积累制私人养老金计划，从而将基于雇主责任的私人养老金计划纳入到多支柱养老金体系。从1992年起，澳大利亚要求雇主建立以个人账户为基础的基金积累制养老金计划（超级年金计划），并为每个雇员建立个人养老金账户，雇主为雇员的个人养老金账户供款的最低比例已经从1992年的3%提高到2002年的9%，目前自雇者的参与率已经超过了35%，全职职工的参与率超过了95%。因此，雇主养老金计划已经成为了澳大利亚国家养老金计划的重要补充。2000年，瑞典在其新现收现付制名义账户制度的基础上引入了个人账户，并引导个人选择养老基金管理人。与这项改革相一致，瑞典已经将原来的准强制性计划转轨为基金积累制养老金计划。这些国家都是在原来的现收现付制公共养老金计划的基础上，通过创建或引入一个基金积累制的个人账户养老金计划的方式，构建多支柱养老金体系。其他OECD国家也有类似的改革，如瑞士也建立了强制的基金积累制雇主养老金计划，丹麦和荷兰建立了规模较大的准强制性的基金积累制养老金计划。

其二，调整养老金计发办法，减少现收现付制养老金债务。一般来说，许多国家减少养老金债务的方式就是调整养老金受益指数化的公式，主要是将受益与工资指数化调整改为受益与价格指数化调整。例如，英国在20世纪80年代开始就转为养老金受益与价格指数化调整；日本在2000年初的养老金立法中，将受益指数化调整公式作为削减成本的主要方式之一。减少养老金债务的另一种方式是提高获得全额养老金受益的年龄。例如，1983年美国通过立法，将退休年龄从2000年之后逐步提高到67岁；德国将逐步消除领取养老金受益的特别原则（如资历），将领取全额养老金受益的年龄提高到65岁；日本的改革方案也是建议逐步提高厚生年金（the Employees Pension Insurance，EPI）制度的退休年龄，建议在2013—2025年期间将男性领取养老金的退休年龄从60岁提高到65岁，2018—2030年期间将女性的退休年龄从60岁提高到65岁。

其三，强化养老金受益与生命期收入和供款之间的关联。1986年，英国改变收入关联养老金计划的受益计算公式，将受益计发基数从以过去最高工资的20年转变为工作期平均工资；法国正在改变养老金受益计算基数，从收入最好的10年改为收入最好的25年；意大利将计算养老金受益的基数从5年扩展到个人参加养老金计划期间的全部收入。

其四，创建现收现付制名义账户制度。瑞典在1994年，意大利在1995年分别通过立法创建了现收现付制名义账户制度，这种制度事实上仍然是现收现付制，但它融合了DC计划有关受益与供款相关联的原则。这种制度为在20世纪90年代一直备受责难的传统的现收现付制DB制度与完全基金积累制DC个人账户制度的两极化冲突找到了一条中间道路。在现收现付制名义账户制度中，职工按照固定的比例向制度缴纳供款，供款被积累于职工自己的名义账户中。名义账户的养老金受益分别按照退休时的账户价值和混合生命表计算养老金受益，并提供与价格指数化调整的年金。

表5-4　　部分OECD成员国的养老金制度改革

国　家	时　间（年）	模　式	特　征
瑞士	1985	多支柱	修改
英国	1987	多支柱	替代
澳大利亚	1994	完全基金积累制DC	替代
瑞典	1994/1999	多支柱	修改
美国		多支柱	修改

资料来源：Robert Holzman，2000，“World - Wide Pension Systems and Directions of Reform”，The World Bank，WBI - HIID。

5.3.2　欧洲和中亚转制国家的多支柱养老金制度改革

转制经济国家的经济发展水平差异很大，从收入水平相对较高的国家，如捷克共和国和斯洛文尼亚到收入水平较差的国家，如亚美尼亚和乔治亚苏维埃社会主义共和国。总的来说，这些国家都是比较贫困的，特别是在农村地区。并且由于人口老龄化，从20世纪80年代开始，这些国家的养老金制度扶养比已经从2.5名职工供养一位退休者下降到20世纪90年代1.5名职工供养一位退休者。

与此同时，从计划经济体制向市场经济体制转轨，导致这些国家出现了养老金制度改革的许多新问题。

其一，非常高的隐性养老金债务。经济体制转轨之后，旧制度的养老金受益权和承诺受益没有改变，但是政府筹集财政收入以满足当前和未来的养老金受益的方法已经发生了巨大变化。

其二，较差的管理能力。没有及时建立起适应市场经济发展需要的管理机构，管理机构和管理人员的综合管理能力较差。

其三，供款人数减少。由于计划经济的解体，在较贫困的国家已经发生经济活力下降，女性劳动参与率下降和相当部分劳动力转移到非正规部门就业的现象。

其四，存在许多特权阶层。这些特权阶层给养老金制度向适应市场经济转轨带来了许多问题。

其五，较低的退休年龄。除了波兰，在前苏联国家和许多东欧国家，获得全额国家养老金的人口年龄男性平均为60岁，女性为55岁，并且允许特殊行业和特殊群体提前退休。

面临转制带来的问题和社会经济条件的变化，最初欧洲和中亚转制经济国家主要是调整养老金制度的受益公式，以适应财务资源的限制。但20世纪90年代后，欧洲和中亚转制经济国家的养老金政策开始出现了更大的变化，改革措施更具前瞻性。

第一步是继续调整养老金政策。其一，取消特殊阶层的特权。主要采取了两项措施：一项是废止已授予的新权利，并将在原来养老金制度中已经获得的养老金受益权转到改革后的新公共养老金制度中，这是许多国家都已经达成的共识；另一项是将原来养老金制度中已获得的养老金受益权转到一个新创立的职业性养老金计划中，如波兰采取了这种方法。其二，延长退休年龄。匈牙利是第一个成功提高并统一男女退休年龄（62岁）的国家，克罗地亚也采取了这种方式。

第二步是从20世纪90年代中期开始实行制度化改革。拉脱维亚于1995年通过立法，将原来的现收现付制养老金制度下承诺的养老金受益权转到一个现收现付制名义账户制度中，这是转制经济国家中第一个将新创建的现收现付制名义账户制度作为第一支柱的国家。匈牙利于1998年通过立法，创建了一个基金积累制的养老金个人账户制度，作为现收现付制养老金制度的补充，以增强供款与受益的关联，并强制要求新参加工作者必须参加这个个人账户制度，但在职职工可以在现收现付制养老金制度和个人账户制度中选择。作为转制经济国家中第一个模仿智利模式的国家，哈萨克斯坦在规划了一个清偿现行养老金受益权的转制期之后，于1997年终止了公共现收现付制养老金制度。1998年，克罗地亚参照德国的模式，改革本国的现收现付制养老金制度，并在1999年通过立法创建了一个基金积累制养老金制度作为现收现付制第一支柱的补充。这个第二支柱对于年龄在40岁以下的职工是强制性的，对于年龄在40—49岁期间的职工是选择性的。其他国家也对本国的第一支柱进行了改革，还有几个国家正在考虑通过增强财政支持能力的方式创建一个基金积累制养老金制度。

表5－5　　部分东欧和中亚国家养老金制度改革

国　　家	时　　间（年）	模　　式	特　　征
拉脱维亚	1996	NDC	强制
匈牙利	1998	多支柱	多支柱
哈萨克斯坦	1998	DC	强制
波兰	1999	多支柱	多支柱
蒙古	1999	NDC	强制
克罗地亚	2000	多支柱	多支柱

资料来源：Robert Holzman，2000，“World－Wide Pension Systems and Directions of Reform”，The World Bank，WBI－HIID。

5.3.3　拉丁美洲国家的多支柱养老金制度改革

拉丁美洲国家的第一轮养老金制度改革是由智利于1981年率先发起的，智利改革其现收现付制公共养老金制度，建立了私人管理、完全基金积累制、个人账户制养老金制度，成为了从现收现付制养老金制度向完全基金积累制养老金制度转轨的典范。但是从20世纪90年代中期开始，拉丁美洲国家又爆发了第二轮养老金制度改革，其主要原因是20世纪80年代末和90年代初发生了一系列财政和金融方面的危机，从而再次暴露出现收现付制养老金制度的弱点。特别是在财政成本方面，高通货膨胀已经从两方面严重侵蚀养老金受益：一方面是，养老金受益指数化调整很少能与通货膨胀保持一致，这导致承诺的养老金受益的真实价值不断被侵蚀；另一方面是，在许多国家，养老金受益依赖于过去3—5年的收入，通货膨胀也将侵蚀这个收入。其结果是，除非通货膨胀停止，实际的养老金替代率将远远低于承诺的替代率。当养老金制度的覆盖范围和真实工资没有得到快速增加时，养老金制度的赤字就因此而出现。

因此，20世纪90年代中期以来，在智利模式的示范之下，有关养老金制度改革的压力日益增强。因为智利的个人账户中的养老基金储蓄已经获得了非常高的收益率，这使职工可以预见到在退休期将获得较高的养老金受益。因此，拉丁美洲的第二轮养老金制度改革主要围绕如何将个人账户制度提供的微观经济激励与一个生命期供款——受益链联系在一起，同时也将养老金制度改革与资本市场发展联系在一起。

拉丁美洲国家第二轮养老金制度改革并不是完全仿效智利模式，代表国家是阿根廷、哥伦比亚和秘鲁，随后是乌拉圭（1995）、墨西哥和玻利维亚（1997）、萨尔瓦多（1998）。这些国家的改革基本上都采取了多支柱养老金制度，但具体的结合方式有所不同：第一种与欧洲相似，例如，阿根廷和乌拉圭是一个现收现付制第一支柱加上一个中等待遇水平的第二支柱，阿根廷的第一支柱采取统一受益方式，而乌拉圭第一支柱的养老金受益与供款相关联；阿根廷的第二支柱是自愿性的。第二种是可以自由选择支柱。在秘鲁和哥伦比亚，职工可以在第一支柱（从现收现付制中解约）和第二支柱中选择。在秘鲁，职工一旦选择了参与第一支柱，那么就必须一直留在这个制度中。

非常有趣的是，拉美国家在第二支柱养老金制度的设计特征方面表现出惊人的一致。除玻利维亚外，所有的拉美国家在第二支柱的设计中采取了基本的智利模式，即私人养老基金管理公司为管理个人账户养老基金的权利进行市场竞争。并且，在改革之初，所有国家都对养老基金投资实行严格的监管政策（债券和国有资产投资占较大比例），然后随着制度成熟和经验丰富逐步放松监管。在第二支柱养老金制度的管理方面，这些国家主要引入了实行集中供款征集制度和合并养老基金的监管机构两个重要的改革。

表 5-6　　部分拉丁美洲国家养老金制度改革

国　家	年　份	改革模式	转制	老制度
智利	1981	完全基金积累制	可选择的	废止
秘鲁	1993	多支柱	可选择的	改革
阿根廷	1994	多支柱	可选择的	改革
哥伦比亚	1994	多支柱	可选择的	改革
乌拉圭	1995	多支柱	强制	改革
墨西哥	1997	完全基金积累制	强制	减少
玻利维亚	1997	完全基金积累制	强制	减少
萨尔瓦多	1998	完全基金积累制	强制	废止
尼加拉瓜	1999	完全基金积累制	可选择的	废止

资料来源：Robert Holzman，2000，“World - Wide Pension Systems and Directions of Reform”，The World Bank，WBI - HIID。

5.3.4 亚洲国家的多支柱养老金制度改革

世界上几乎一半的人口在亚洲，面对快速下降的死亡率和日益增加的预期寿命，亚洲国家在 21 世纪将面临许多养老金制度问题。例如，在东亚，老年人与在职职工的比例预期在未来 40 年翻三倍。在斯里兰卡，60 岁以上人口预期从现在的 9% 增加到 2025 年的 20%。与 OECD 和拉美国家相比，这个人口转型将更可能在亚洲不同收入水平的国家中发生。

亚洲国家的养老金制度比较特殊，中央公积金作为第一支柱是相当普遍的。有几个国家不允许公共部门职工参与中央公积金制度，而是向他们提供一个现收现付制或部分积累制的 DB 制度，如印度尼西亚、马来西亚和斯里兰卡。各国养老金制度的覆盖范围也非常不同，覆盖范围与经济发展水平的相关性不强，在高收入国家，如马来西亚（60%）和新加坡（65%）比较高，而在低收入国家，如斯里兰卡和蒙古超过 50%，但在越南和印度大约为 10%，菲律宾为 28%。另外，这个区域的许多国家还是依赖非正规的家庭养老保障方式，这种家庭保障模式在未来将受到快速人口转型的冲击。

亚洲国家的养老金制度改革主要是建立多支柱养老金制度。泰国和印度已经通过增加或强化第一支柱，并维持一个第二支柱的方式来实行多支柱模式；蒙古正在将现收现付制 DB 制度转轨为一个名义账户制度；中国香港已经建立了一个完全基金积累制的强制性公积金制度作为第二支柱；中国已经改革了传统的现收现付制的国有企业保障制度，建立一个包括现收现付制基础养老金、完全基金积累制个人账户养老金和企业年金在内的多支柱养老金体系。

为了建立一个全面的养老金体系，泰国和印度已经将现收现付制 DB 制度的覆盖范围扩展到非正规部门劳动力。印度已经有一个专为公务员设立的 DB 计划和为私人部门职工设立的计划，1995 年，私人部门雇员的计划被大大改进。泰国除了公务员养老金计划外，还有一个自愿的公积金制度。

名义账户制度也是亚洲转制经济国家普遍的改革方式。1997 年 8 月开始，我国设立了国家统一的养老金制度框架，主要是在一个新现收现付制 DB 制度的基础上加上一个名义账户制度。DB 制度提供相当于各地社会平均工资 20% 的统一比例受益，在此之上再加上一个准名义账户制受益。面对持续的财政危机，蒙古于 1999 年通过了一个名义账户制度改革，这个制度没有一个基本受益，而是为缴费 15 年的职工提供一个等于平均工资 20% 的最低担保受益。

中国香港回归之前，已经有一个类似于澳大利亚模式的财富审查形式的养老金制度，1995 年中国香港选择一个由私人基金管理人管理的个人账户制度——强制性公积金制度，这个制度于 2001 年开始运行。但是中国香港的制度在几个重要的方面与智利模式不同：首先，受益是一次性给付（免税），其结果是商业年金市场预期不可能得到较大发展；其次，雇主选择和聘用养老基金资产管理人，雇员必须在雇主聘用的资产管理人中选择基金组合。这种改革的目的是为了降低计账成本和监督成本。中国香港的强制性公积金制度正在将具有亚洲模式特点的受益与具有拉美制度特点的资产管理相结合。

5.4 多支柱养老金模式的理论基础与经济效应

5.4.1 多支柱养老金模式的理论基础

多支柱养老金制度改革的理论基础主要是围绕政府与市场的关系以及如何提高制度供给的混合效率展开的。多支柱养老金模式在当前世界性公共养老金制度危机的背景之下出现，有其必然性和合理性。按照国际货币基金组织设立的养老金制度的主要目标，养老金制度的设计应在维护社会公平和制度结构弹性的基础上，实现公平与效率的平衡。

从政治学角度来说，近20多年来，脱离了传统的国家介入经济的思想，出现了一种新的国家经济观，即“市场重构国家”。这种观点为一项经济活动中国家与市场同时存在的必要性提供了理论支持，认为经济活动是国家活动与市场活动的某种组合。在市场机制与非市场机制并存的混合经济中，国家必不可少，因为需要国家来组织经济；市场也不可或缺，因为当人们进行决策时市场是很有价值的工具。

从经济学角度来说，养老金制度是一种准公共品，根据公共程度的不同，可以分为由政府提供的公共养老金制度和由非政府提供的私营养老金制度。1954年，萨缪尔森首先讨论了市场机制无法有效解决具有外部性的公共品的资源配置问题，并给出了政府供给的效率条件之后，理论界普遍认为公共品应该由政府提供。但是，政府提供也存在“政府失灵”，因此，新自由主义经济学派的代表人物科斯（Coase）、林达尔（Lindahl）、纳什（Nash）等经济学家从不同的角度重新审视市场提供公共品问题，相应给出了非政府供给的效率解。对于养老金制度，现代公共品理论普遍认为，政府应提供公共养老金制度以致力于解决社会公平问题，实现收入再分配，因为公平也是一种公共品；而非政府提供的私营养老金制度能更好地增进制度供给效率，即提高管理效率。因此，通过多支柱养老金体系，既能实现再分配效率，又能提高管理效率，促进养老保障资源的合理配置，增进个人福利和社会福利。

从公共管理学角度来说，养老金制度的改革基础是公共部门管理理论与实践演进、创新的结果，是政府指导变革的必然结果。从20世纪80年代开始，在世界公共部门展开的突出市场价值、强调效率与效能的新公共管理运动是其实践层面的原因；而公共选择理论和新制度经济学理论等研究对公共管理的渗透和融合是其理论原因。可以说，新兴的公共管理范式为养老金制度的“混合供给”提供了技术和管理上的支持。

从社会学角度来看，马克思主义经典作家认为政府的社会职能是“由于国家的一般性共同需要而必须执行的职能”。公共养老金制度可以满足社会基本老年保障需要，但由于个人的偏好不尽相同，导致每个人会有不同层次的需求。多支柱养老金制度从制度安排上为个人的不同保障需求提供了不同的制度保证。

5.4.2 多支柱养老金制度改革的经济效应

经过近20多年的养老金制度改革之后，世界许多国家已经采取了多支柱养老金模式，如澳大利亚、丹麦、荷兰、瑞士、英国、中国、拉丁美洲和中东欧的许多国家。有关多支柱养老金制度改革的中心问题就是这种改革的福利经济意义。尽管多支柱养老金制度改革的转轨时期的特定几代人的消费状况可能会变坏，但是，从总体上来说，一个多支柱养老金制度改革仍然可能是福利增进的，这种改革方式有几个显著的优势：

（1）多支柱养老金模式将反贫困目标与收入替代目标分离

在多支柱养老金模式中，反贫困目标可以通过比例相对较小的现收现付制养老金制度或者以一般性财政收入筹资的国民养老金计划的方式来实现，收入替代目标则可以由一个或多个强制性的基金积累制养老金制度提供。多支柱养老金制度改革之前，任何一个单一支柱养老金制度都难以确保这两个目标同时实现。基金积累制养老金制度改革之前，现收现付制公共养老金制度被赋予了反贫困和收入替代双重目标，其结果是在产生扭曲的同时，阻碍了经济效率和管理效率的提高；而完全基金积累制养老金制度却在提高管理效率和经济效率的同时，摈弃了养老金制度的基本原则——再分配目标。因此，在任何单一支柱养老金制度中都难以同时实现这两重目标，唯有在多支柱养老金模式中才能同时实现这双重目标。

（2）多支柱养老金模式将风险分散机制引入国家养老保障体系中

多支柱养老金模式具有吸引力的一个重要原因是具有较强的风险分散性。前已论述，现收现付制养老金制度的约束条件是，当出现人口出生率下降、实际工资增长率减缓、利率提高时，其将会面临财务风险。特别是当现收现付制养老金制度的支出在国家公共支出中所占比重较大时，必然会严重影响到国家财政的可持续性。现收现付制养老金制度的另一个缺陷是存在政治风险。而基金积累制养老金制度在相对规避了社会经济因素对制度的影响和减少政府约束的同时，也面临养老基金监管、资本市场发展和市场波动性等所有金融市场风险。因此，通过创建多支柱养老金模式可以将一个风险分散机制引入国家养老保障体系中。

(3) 多支柱养老金模式在获得完全基金积累制的经济收益的同时最小化财政转移支付负担

所有类型的养老金制度在长期都会面临许多风险，并且没有一个合适的工具可以完全预测所有这些风险。事实上，许多非制度风险，如巨灾风险不可能全部分散。表5－7通过分析现收现付制和完全基金积累制养老金制度对各种风险的反应，总结了多支柱养老金模式是如何平衡长期风险的。

表5－7　　单一支柱养老金制度对风险的反应

		现收现付制	完全基金积累制
宏观经济风险	负产出	较低的财政收入，但制度可以减轻对个人的影响	影响制度的筹资
	失业	较低的财政收入，但制度可以减轻对个人的影响	对于筹资没有影响，但个人未来养老金受益可能降低
	低工资增长	较低的财政收入，但制度可以减轻对个人的影响	对于筹资和现在的养老金受益水平没有影响
	金融危机（萧条、战争、通货膨胀、自然灾害）	可能有较低的财政收入，制度可以减轻对个人的影响	积累的基金资产将减少
	较低的收益率	对于筹资和养老金受益没有直接影响	对于筹资没有影响，但降低养老金受益水平
人口老龄化风险	扶养比较高	严重影响制度筹资	对筹资和受益水平没有直接影响
	劳动力减少	由于工资水平和未来受益水平提高，严重影响到制度的财务平衡	降低未来受益水平
政治风险	合约变化	容易受到影响	难以受到影响
	对于短期和长期预算约束的反映	较高	较低

从表5-7中可以看出，在面对众多风险的情况下，现收现付制养老金制度和基金积累制养老金制度对于这些风险的反应截然相反，因此，单一支柱养老金制度无法完全规避这些风险，唯有通过一个现收现付制养老金财富和基金积累制金融财富的组合才可以通过减少收入风险，实现福利增进。与单一支柱相比，一个多支柱养老金制度提供一个较好的风险—收益匹配，避免了“将所有鸡蛋放在一个篮子里”的弊端。

(4) 多支柱养老金模式可以通过市场化的方式减少或消化转制成本

从现收现付制向完全基金积累制转轨的养老金制度改革将会使所有的隐性养老金债务显性化为转制成本，其规模在许多国家都是非常大的，从而成为养老金制度改革的严重障碍。因此，从单一的现收现付制养老金制度向单一的完全基金积累制养老金制度转轨将需要面临改革所带来的沉重“阵痛”——清偿巨额转制成本。

而多支柱养老金模式提供了一个减少或消化转制成本的途径：一是从单一的现收现付制养老金制度转轨为多支柱养老金制度，隐性养老金债务只能部分显性化为转制成本；二是与单一的完全基金积累制相比，多支柱养老金模式可以更容易通过调整制度的相关参数，减少转制成本。当前许多养老金制度改革国家，如拉脱维亚、匈牙利、波兰、克罗地亚和蒙古等，都采取了部分调整现收现付制养老金制度的相关政策，如增加退休年龄、改变受益指数化标准等，逐步在转轨结束后，为一个基金积累制养老金支柱提供较大规模的发展空间。

(5) 多支柱养老金模式可以获得完全基金积累制产生的经济收益

通过多支柱养老金制度改革，一是可以规避现收现付制养老金制度产生的扭曲行为，提高养老金制度的经济效应；二是可以通过基金积累制养老金制度强化个人激励，促进金融市场发展，引导储蓄向投资转化；三是通过基金积累制养老基金社会化投资，可以实现养老基金保值增值，充分分享经济发展的成果；四是养老金制度改革也可能引发一个更广泛的经济领域的系列改革，如宏观经济稳定、公共部门改革和国有企业改革等。

6 全球养老金制度改革展望

6.1 公平与效率的平衡是推动养老金制度变迁的合理内核

养老金制度既是一项重要的社会制度，也是一项重要的经济制度。作为一项社会制度，养老金制度必须实现社会政策目标，充分发挥收入再分配功能，促进社会公平；作为一项经济制度，养老金制度必须实现经济政策目标，注重经济效率，充分发挥市场竞争机制的作用，努力提高制度管理效率，强化制度对经济社会的积极作用。因此，养老金制度必然面临公平与效率的难题。而正是有关公平与效率的权衡推动了养老金制度的变迁，并最终推动养老金制度改革从单一的现收现付制或基金积累制向多支柱模式转轨。

6.1.1 公平与效率的矛盾推动养老金制度变迁

现收现付制与基金积累制作为两项主要的养老金制度都是“中性”的，既不是绝对的“好”制度，也不是绝对的“坏”制度，两者都有其存在和可持续发展的理论前提，也都有其政策目标。如果简单地将某一项制度的政策功能推崇为极致，都将面临公平与效率的对立。

在表6-1中，我们将养老金制度的公平目标设定为收入再分配，这种收入再分配包括代际收入再分配、代内收入再分配和跨时收入再分配；将养老金制度的效率目标设定为激励、管理效率和减少扭曲。应该说，将养老金制度的公平目标设定为再分配是比较合适的，而将养老金制度的效率目标设定为上述三项主要是基于以下几方面的考虑：

其一，激励机制考虑到了养老金制度的缴费与受益之间是否存在关联，

表 6－1　　现收现付制与基金积累制养老金制度的政策目标

		现收现付制	基金积累制
公平目标	代际再分配	√	
	代内再分配	√	
	跨时再分配		√
效率目标	激励机制		√
	管理效率		√
	减少扭曲		√
理论前提		“生物报酬率”和“阿伦条件”	收益率大于通货膨胀率（或工资增长率）

以及关联的强度。如果缴费与受益之间没有关联或关联性较差，那么意味着高收入职工收到的养老金受益与其工作期缴费不对等，也即养老金受益小于工作期缴费，高收入职工将不愿意参与公共养老金制度，或者将采取一系列措施规避养老金制度的缴费义务。

其二，管理效率主要体现在养老金制度的基金管理和管理制度是否引入竞争性机制，增强制度的管理效率，使制度覆盖职工获得较高的投资收益和降低制度的管理成本。

其三，减少扭曲考虑到了养老金制度对正常的社会经济活动的负面影响，如果一项养老金制度可以减少对社会经济活动的扭曲，那么这项制度就是效率增进的。

将现收现付制养老金制度的理论前提设定为“阿伦条件”，即当利率大于人口增长率与工资增长率之和时，现收现付制养老金制度是可持续的；将基金积累制养老金制度的理论前提设定为收益率大于通货膨胀率（或工资增长率），即当该条件成立时，基金积累制养老金制度是可持续的。基金积累制养老金制度的理论前提主要是考虑到基金积累制养老金制度的待遇标准，按照通货膨胀率，如果基金积累制养老金制度的养老基金的投资收益率低于通货膨胀率，就意味着职工在工作期积累的养老基金资产面临着贬值风险，这有悖于社会保险制度的基本目标；按照工资增长率，如果基金积累制养老金制度的养老基金的投资收益率低于工资增长率，这意味着基金积累制养老金制度提供的养老金受益将不可能与职工退休时的社会平均工资保持一致，也即退休职工的养老金受益标准将相对于在职职工工资有所下降，这与社会保险待遇调整原则相悖。

现收现付制养老金制度的政策目标侧重于实现社会公平，也就是以社会政策为主；而基金积累制养老金制度的政策目标是促进经济效率，也就是以经济政策为主。并且任何一项单一的养老金制度安排都不可能同时兼顾社会公平和经济效率这双重目标。

20 世纪 70 年代之前的公共养老金制度主要采取现收现付制财务模式，因此当时的养老金制度的主要政策目标是维持社会公平。这个目标的选择是与当时的社会经济条件相适应的。20 世纪 70 年代发生的两次石油危机，特别是西方国家长期实行凯恩斯国家干预主义所产生的“滞胀”现象，再加之预期西方人口老龄化程度逐步提高，现收现付制养老金制度的理论前提出现了问题，人口增长率逐步趋缓、工资增长率逐渐下降，现收现付制养老金制度出现了财务不可持续性，面临着巨大的财务危机。

在这一时期，现收现付制公共养老金制度由于制度本身的原因，也出现了效率低下问题：发达国家出现的大量职工提前退休；发展中国家出现的非正规部门就业扩大；公共养老基金投资收益率明显低于市场管理的养老基金；逃避公共养老金供款等。①

因此，从 20 世纪 70 年代起，西方国家普遍面临现收现付制公共养老金制度的财务危机，逐步开始改革本国的现收现付制公共养老金制度，建立基金积累制养老金制度，特别是以智利为代表的拉丁美洲国家。完全基金积累制养老金制度改革确实在其制度运行的初期获得了不俗的收益。但是，基金积累制养老金制度也不可避免地存在收入再分配功能缺失、职工个人承担全部风险等问题。从 20 世纪 90 年代中期开始，包括拉丁美洲的大部分国家、欧洲大陆国家在内的世界许多国家开始探讨基金积累制养老金制度改革的功能，纷纷引入包括现收现付制公共养老金、基金积累制养老金在内的多支柱养老金模式，一时间多支柱养老金制度改革成为全球养老金制度改革的共识。多支柱养老金制度改革的本质就是为了调和单一养老金制度不能兼顾公平与效率目标的矛盾。

① 有关现收现付制公共养老金制度的效率损失在 3.3 节中已经论述。

20 世纪 70 年代以来的世界性养老金制度改革历史显示，正是由于养老金制度的公平目标和效率目标的矛盾，致使养老金制度改革走向了多支柱的模式，这一时期，养老金制度的目标也由单一的消除贫困、解决基本生活保障，向促进投资形成和经济增长、消除贫困等多重目标转化。

6.1.2 多支柱养老金模式是解决公平与效率矛盾的可行途径

公平与效率是社会经济政策决策中一对永恒的矛盾，公平的实现是以效率的减少为代价的，而效率的获得是以牺牲部分公平为前提的。对于养老金体系而言，任何一种单一的制度安排都不能确保养老金体系的功能作用达到最优，从而也就不能保证经济沿着最优的路径增长。那么，在设计养老金体系时，不得不考虑各种养老金制度的功能作用发挥所依赖的社会经济条件，使各种制度在功能上互相补充，产生互动，以整合整个养老金体系趋于最优。

多支柱养老金制度安排正是基于公平与效率矛盾而产生的，在多支柱养老金模式中，现收现付制养老金制度安排的政策目标就是维护社会公平，并且只能是维护适度的社会公平，这种适度的社会公平不仅考虑到国家的基本责任，而且考虑到将制度对效率的伤害减少到最低程度；基金积累制养老金制度安排的政策目标就是增进经济效率，并且这种经济效率的增进不直接考虑社会公平，而是最大限度地提高养老金制度的经济效率和管理效率。因此，通过现收现付制与基金积累制养老金制度的混合，既可以维持适度的社会公平，也可以最大限度地增进经济效率，从而实现公平与效率的平衡，使整个养老金体系按照最优化路径发展。

养老金制度涉及的概念非常多，不同的制度安排可以组成具有不同功能的养老金制度。表 6－2 已经列出了养老金制度不同的制度安排，并按照可选择的制度组合而成为多支柱养老金制度体系，从而构成了多支柱养老金模式的可选择路径。

6.1.3 多支柱养老金模式的目标定位

基于上文的结论和多支柱养老金模式的可选择方式，这里提出了一个多支柱养老金制度的目标模式（见图 6－1）。

表 6－2　　多支柱养老金制度的构造

组织形式		第一支柱	第二支柱	第三支柱
财务机制	现收现付制	√		
	基金积累制		√	√
给付刚性	受益基准制	√	√	
	供款基准制	√（名义账户）	√	√
管理方式	强制性	√	√	
	自愿性	√	√	√
账户管理方式	公共账户	√	√	
	个人账户	√	√	√
受益标准	统一受益	√		
	收入关联	√	√	
	账户积累额		√	√
给付方式	一次性			√
	定期	√	√	√
	年金化	√（隐性年金）	√	
政策目标	反贫困	√		
	保险	√	√	
	储蓄		√	√
管理模式	公共管理	√	√	
	专门管理		√	
	市场化管理		√	√
担保机制	政府	√	√	
	市场		√	√
再分配目标	代际再分配	√		
	代内再分配	√	√	
	跨时再分配		√	√
缴费形式	工薪税	√		
	一次性总付税	√		
	供款		√	√

续表

组织形式		第一支柱	第二支柱	第三支柱
缴费征集方式	集中征收	√	√	
	分散征收		√	√

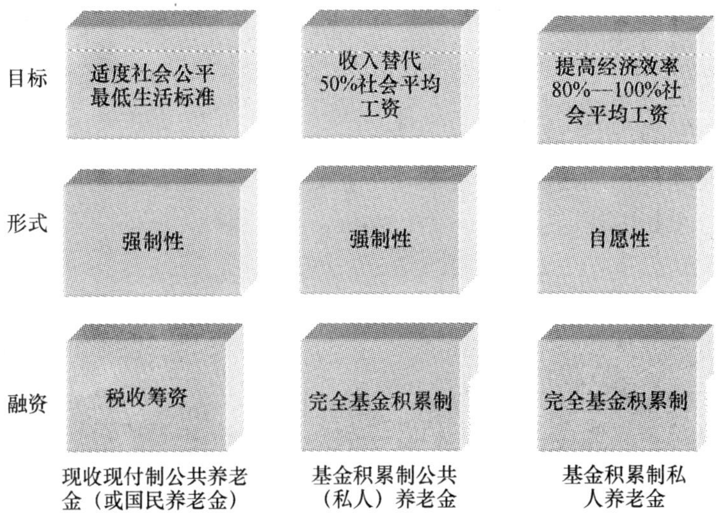

图 6 - 1　多支柱养老金制度的目标模式

图 6 - 1 的三支柱养老金目标模式包括现收现付制公共养老金制度、强制性基金积累制公共（私人）养老金制度和自愿性基金积累制私人养老金制度。

(1) 第一支柱：实现适度社会公平

第一支柱是一个覆盖全民的公共养老金制度，主要特征是：

其一，财务机制：现收现付制。现收现付制第一支柱采取强制性管理模式，并实行受益基准制。采取强制性管理方式是为了使第一支柱可以覆盖到全体国民，而实行受益基准制是为了向全民提供一个统一受益的养老金，养老金受益随工资增长率指数化调整。

第一支柱不实行财富审查机制：一方面是为了消除财富审查机制可能产生的道德风险——年轻时不储蓄或临退休前花光全部储蓄；另一方面是

为了减少财富审查所带来的管理成本。

其二，缴费形式：一般性财政收入。第一支柱以一般性财政收入筹资，不开征专门针对现收现付制养老金制度的税或费，其目的是为了最大限度地避免工薪税（费）征收方式产生的税收扭曲。第一支柱的建立可以采取将当前已经存在的最低生活保障制度合并。

其三，政策目标：适度社会公平。第一支柱的政策目标是为了实现适度的社会公平，也就是说向全体国民提供一个相当于最低生活标准的国民养老金或最低养老金，起到真正的“社会安全网”的作用。

在此将适度社会公平的概念定义为最低生活标准，因为：一是一般来说，最低生活标准是已经通过统计调查确证的基本生活标准，也就是维持最基本生活所需要的生活必需品的价值，这与社会保障的基本目标是一致的。二是将适度社会公平确定为最低生活标准也是为了尽量避免现收现付制的效率损失。三是为了进一步明确政府的责任范围，政府在养老金提供中的责任就是维持最低生活标准，养老金受益的全部责任不再由政府单独承担。

其四，管理模式：公共部门管理。从理论上讲，由于现收现付制养老金制度在其平衡期内是不存在基金积累的，那么也就不存在养老基金投资的问题。阶段式平衡的现收现付制养老金制度可能存在部分养老基金积累，但养老基金的投资方向和工具也仅限于国家债券和市政债券，不可能投资于私人企业证券。再加之第一支柱采取一般性财政收入筹资，并纳入国家财政预算，那么由公共部门管理第一支柱养老基金也就是理所当然的。

（2）第二支柱：实现收入替代

第二支柱养老金制度是一个公共养老金制度或私人养老金制度，主要特征是：

其一，财务机制：基金积累制。第二支柱采取基金积累制财务模式是为了提高养老金制度的经济效率和管理效率。通过强制性储蓄的基金积累制养老金制度增加私人总储蓄，并通过养老基金投资运营，拓展储蓄向投资转化的渠道，为一般职工提供金融服务，获取较高的投资收益，从而提高职工的福利水平，特别是低收入职工的福利水平。第二支柱实行强制性管理方式，即所有企业和职工都必须参加第二支柱，但强制性管理方式并不意味着第二支柱必须由公共部门创建，也可以由企业建立。不论是公共部门建立还是私人部门建立，都必须采取市场化管理方式，政府或公共部门在第二支柱中的职责仅是“拟订规则，依规监管”。

其二，缴费形式：养老金供款。由于实行个人账户管理方式，将职工个人的缴费积累与其养老金受益完全关联，因此，向在职职工征收养老金供款的方式不存在税收扭曲的问题。与此同时，第二支柱养老基金不得纳入国家财政预算，国家财政对第二支柱也不承担担保责任。第二支柱的担保采取再保险的方式，比如，可以采取建立中央养老基金担保公司（类似于美国的养老金受益担保公司[①]，PBGC），通过向养老基金管理主体征收保险费的方式向破产的管理主体提供清偿保护；也可以采取收益率担保的方式（类似于智利、阿根廷和波兰的相对收益率担保和绝对收益率担保机制）。[②]

其三，政策目标：收入替代。第二支柱的政策目标是实现收入替代，通过第一支柱和第二支柱两部分养老金受益，可以实现相当于在职职工工资水平50%左右的替代率，将使退休职工完全可以达到在职职工的生活标准（不考虑遗赠动机）。为了实现收入替代，第二支柱养老基金的投资收益率必须不低于工资增长率或通货膨胀率的较高者。

其四，管理模式：私人部门竞争性管理。在第二支柱中，公共部门的职责主要是遴选合格的养老基金管理主体，监督养老基金管理运营，强制退休职工购买商业人寿年金等。

采取私人部门竞争性管理的原因，在于公共部门管理普遍存在低效率。图6－2显示，1980—1990年，政府管理的公共养老金计划的收益率明显低于私人部门管理的养老金计划的收益率。究其原因，主要在于公共部门管理方式本身存在缺陷和对养老基金投资的不适当限制。

从公共部门管理方式角度看，如同市场配置资源存在市场失灵一样，政府管理也存在政府失灵。政府失灵可能表现为公共决策失误、官僚机构

① 养老金受益担保公司是依据美国1974年《雇员退休收入保障法》（Employee Retirement Income Security Act of 1974，ERISA）建立的公共机构，职责是向受益基准制养老金计划提供再保险。

② 有关养老金担保的问题参见《中国企业年金制度研究》（修订版）第11部分。邓大松、刘昌平：《中国企业年金制度研究》（修订版），人民出版社2005年版。

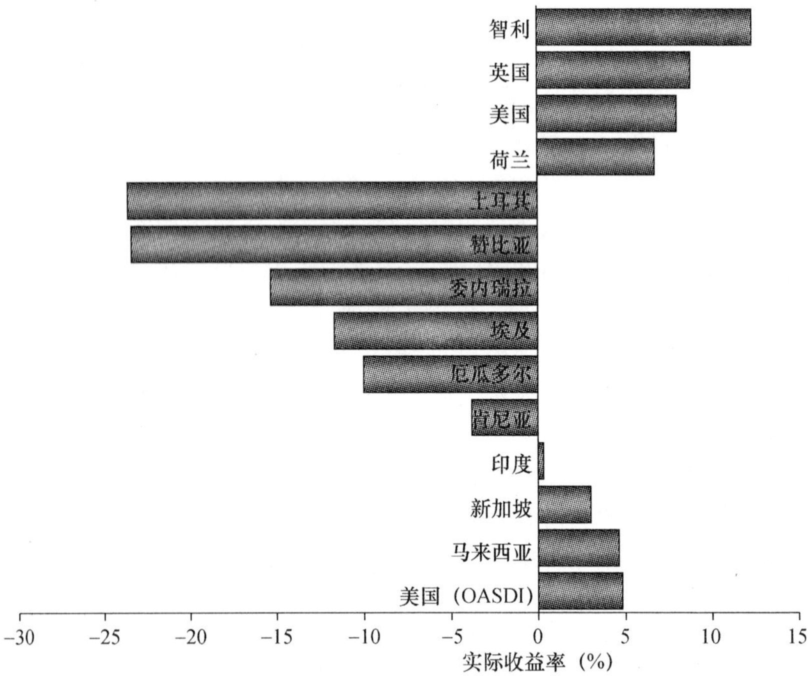

图 6－2　1980—1990 年养老基金公共管理与私人管理的投资绩效对比

说明：美国（OASDI）、马来西亚、新加坡、印度、肯尼亚、厄瓜多尔、埃及、委内瑞拉、赞比亚、土耳其的养老基金实行公共部门管理；荷兰、美国、英国、智利的私人养老基金实行私人部门管理。

资料来源：安加里·库玛（Anpary Kuma）、王燕：《养老保险基金管理与中国的金融部门》，载《1998 年中国社会保障制度改革国际研讨会论文选》，经济科学出版社 1999 年版，第 266 页。智利数据来自李绍光《养老金制度与资本市场》，中国发展出版社 1998 年版，第 107 页。

提供公共品的低效与浪费、寻租与腐败、内部性与政府扩张等。从政府工作目标角度分析，政府工作主要是宏观考虑较多，要求局部利益服从整体利益和国家利益。而养老基金投资管理是一种市场行为，属于微观管理范畴，这明显与政府的工作目标不一致。政府经营管理养老基金的直接后果是产生个体利益与国家利益、局部利益与整体利益之间的矛盾，在出现这种矛盾时，政府的第一反应是顾全整体利益和国家利益，以牺牲个体利益和局部利益为代价。这也是公共养老基金投资收益低的原因之一。

从对养老基金投资的不适当限制角度分析，由于对风险和收益的片面理解或基于政府筹资安排，很多公共养老基金不得不按照政府的指令投资于政府债券，或是向业绩甚差的国有企业贷款。在通货膨胀较为严重的情况下，养老基金投资的名义收益率稍有降低，其实际收益率将成为负值。如1995年，德国（2.7%）、日本（0.2%）、荷兰（1.0%）的国债尚可维持一个比较低的正实际回报率，而美国（-0.5%）、英国（-0.5%）、瑞典（-0.9%）、瑞士（-2.2%）以及澳大利亚（-2.7%）的国债的回报率甚至为负值。①

其五，给付形式：强制年金化。基金积累制个人账户养老金制度不能实现收入再分配，个人账户的养老基金积累仅用于向所有权人支付养老金受益，个人去世前个人账户的剩余基金积累可以由其继承人依法继承。因此，第二支柱养老金制度只有通过强制年金化的方式规避个人的长寿风险。

（3）第三支柱：提高经济效率

第三支柱养老金制度是一个自愿性基金积累制养老金计划，其政策目标是为了提高经济效率。

其一，财务机制：基金积累制。第三支柱事实上是企业养老保障项目，是企业根据自身经济状况设立的雇主养老金计划，纳入到企业的人力资源管理战略。

事实上，基金积累制第三支柱产生于雇主责任，雇主基于对职工激励作用提供养老金计划的结果实现了社会化养老保障功能。从现代企业理论的分析视角来看，企业剩余的产生要么是因为企业参与者签订的契约具有不完备的特征，要么是由团队成员共同创造的“组织租”，要么是人力资本专用性产生的“收益外溢”，所以企业剩余存在着再分配的必要。同时，由于企业的利益相关者共同生产出企业剩余，企业剩余的再分配就必须考虑利益相关者的贡献和利益。

其二，缴费形式：养老金供款。第三支柱采取养老金供款的方式筹集，养老金供款包括两个方面的来源：一是职工为自己的个人账户缴纳的供款；二是雇主为职工缴纳的供款。在受益基准制模式下，雇主向职工承

① Davis, E. Philip, 1995, *Pension Funds—Retirement—Income security, and Capital Markets—A International Perspective*, Clarendon Press, Oxford.

诺在职工退休之后提供相当于其工资基数的一定比例的养老金受益，计划资产的市场价值与计划受益的现值之间的缺口由雇主承担。在供款基准制模式下，职工的缴费被计入其个人养老金账户，而雇主的缴费则要视养老金计划的既得受益权规定[①]而定。

其三，政策目标：提高经济效率。第三支柱的政策目标是为了让职工尽可能获取更高的投资收益，从而通过养老基金投资运营，实现养老基金与金融市场的良性互动，促进金融市场发展。因此，针对第三支柱养老基金的投资运营，一般都设定比较宽松的监管规定，包括投资比例的限制、投资工具的选择、投资资产的集中性，等等。

6.2 全球养老金制度改革的典型路径

纵观全球养老金制度改革，可以按照改革方式的不同归结为五种路径：

6.2.1 “阵痛式”改革路径——智利

智利私人管理的养老金制度改革取得了举世公认的成功：截至1999年6月，95%的雇员有自己的养老金储蓄账户；基金资产超过340亿美元，约占GDP的42%；基金的年平均实际收益率为11.3%[②]；更为重要的是，私人养老金制度明确了雇员养老金供款的产权，提供了工作和投资激励，成为带动经济增长的引擎。

(1) 智利养老金制度改革的背景

智利养老金制度的历史可追溯到1918年，当时智利建立了为白领工人和蓝领工人提供退休金的养老金计划。到1924年，智利成为拉美国家中率先建立社会保障体系的国家。因为深受德国模式的影响，智利的养老

① 既得受益权是在合同期内企业缴费计入职工个人账户的比例，也就是说，如果实行100%的既得受益权规定，那么雇主为职工的供款将立即计入职工的个人账户中，归职工个人所有；如果是50%的既得受益权，那么雇主为职工的供款的50%立即计入职工个人账户，而另外50%计入计划的一个未归属权益账户，待职工的劳动合同期满之后再计入职工的个人账户。

② L. Jacobo Rodriguez, 1999, “Chile's Private Pension System at 18: It's Current State and Future Challenges”, The Cato Project.

金制度是现收现付制、公共管理的模式。但是，在 1925—1964 年期间，智利的养老金计划演变为 100 多个计划，管理混乱、管理机构重叠、再分配功能弱化、缴费率大幅度提高等问题日趋严重，成为全世界养老金成本最高的国家之一。1925—1937 年期间，智利养老金制度供款为工资的 5%；1975 年增加到 51.4%；到 1980 年养老金制度改革前，供款率为 33.25%。① 与此同时，智利养老金制度的不公平现象也日趋明显，高、中收入阶层的工人可以获得足够多的养老金受益，但相对贫穷的人却不得不领取已被通货膨胀侵蚀了大半的退休金，并且管理者还利用复杂的养老金管理程序，使养老金制度演变成维持政府运营费用的融资工具，也就是另一种税收。

1973 年，在社会经济体制改革的背景之下，智利政府任命米格尔·卡斯特（Miguel Kast）研究从现收现付制向基金积累制改革事宜。并且卡斯特和其他几位年轻的经济学家被委派到沃顿商学院、芝加哥大学等美国著名高校进修相关课程。这批“芝加哥的小伙子们”回国后异常活跃，迅速提出了他们的改革主张，并于 1979 年实行了名为“七个现代化”的自由化改革，其中养老金制度改革是这“七个现代化”之一。正是这批深受芝加哥经济自由主义思想影响的经济学家们的不懈努力而得出的研究成果，成就了世界养老金历史上具有典型代表意义的“智利模式”。

（2）智利私人养老金制度的主要特点

其一，养老基金由专门成立的、具有单一目标的私人养老基金管理公司——AFPs 经营，并且养老基金资产独立于 AFPs 的资本。

其二，养老金制度实行以个人账户为基础的完全基金积累制，并通过立法取消了雇主供款；个人账户实行强制性供款基准制，供款积累和投资收益属于雇员个人，并且从应税收入中扣除。

其三，私人养老金制度建立之初对 AFPs 实行严格的监管，如设立最低资本；要求 AFPs 的自有资本与养老基金资产分离；设立投资限制比例；建立基金储备制度；允许个人自由选择 AFPs。

其四，建立起一个独立、高效的政府代理机构——私人养老基金监管

① Cox-Edward, Alejardra, 1992, “Economic Reform and Labor Market Legislation in Latin America”, California State University, Mimeo.

局，其职能是监管 AFPs，并为那些供款达 20 年，但个人账户积累不足的雇员提供政府担保。

其五，养老金制度改革之初，智利政府首先将原养老金制度下的债务即职工对养老金的权益显性化，并明确规定转制成本是政府的债务，采取了包括认可债券在内的多种方式清偿转制成本。

（3）智利私人养老金制度改革的问题

其一，缺乏互济性和公平性。个人完全承担养老金的供款责任，实质上是用完全的个人责任制取代养老金的责任分担机制；每个职工的供款完全计入个人账户，由私人管理机构有偿运营，职工个人承担相应的投资风险，账户间并无任何联系，这意味着在丧失养老金的共济性的同时增大了个人风险；个人供款是按个人工资收入的一定比率缴纳，这意味着延续职工在职时的工资差别，加上政策鼓励有能力者可以多缴费，实际上将有利于高收入者，这与养老金制度作为社会保障制度的一个重要组成部分的再分配和维护社会公平的基本功能是相背离的。

其二，严格的投资限额和最低收益原则导致 AFPs 投资组合趋同。如果 AFP 没有达到 AFPs 的平均水平，则该公司会受到严格的惩罚；如果 AFP 的运作超过了 AFPs 的平均水平，该公司也不会得到政府的补贴。因此，AFPs 都力求达到一个平均水平，从而导致投资组合趋同，阻碍了 AFPs 之间的竞争。

其三，养老基金特许经营权的垄断导致金融服务市场分割和产生很高的创建成本、管理成本和交易成本。由于不允许现存金融机构参与养老基金的运营导致养老基金市场垄断，形成市场分割。从创建成本和交易成本来看，组建专门的 AFP 需要花费大量的成本，并且由于 AFPs 不具有其他金融机构的服务功能，养老基金的征收、发放和划拨都必然要产生大量的可降低的交易成本。从管理成本来看，由垄断而必然产生的市场分割阻止了一个“金融超市”的建立，使个人无权选择他们认为最好的金融服务。

其四，允许雇员在 AFPs 之间不受限制的自由转换，导致很高的营销成本和 AFPs 间的恶性竞争。[①]

---

① L. Jacobo Rodriguez, 1999, “Chile’s Private Pension System at 18: It’s Current State and Future Challenges”, The Cato Project.

6.2.2 “舒缓式”改革路径——欧洲大陆国家

(1) 名义账户制度在欧洲大陆国家出现

对现收现付制公共养老金制度的计发公式和待遇水平等参数进行调整，都只能部分降低现收现付制养老金制度的成本，无法解决制度面临的长期问题。2002年7月，欧盟委员会专门负责福利事务的“经济与财政总司”发表了一份研究报告《养老金改革：精算模型研究的主要问题》。这个长篇报告在对欧盟国家养老金制度进行认真评估之后，十分谨慎地为其成员国设计并推荐了两个“改革蓝图”：一个是向“预筹基金”的DB制或部分私有化的DB制转型，也就是说，为了能够较好地管理不断积累的基金，实行部分私有化是一个选择。另一个是从DB制向“名义账户制”转型，辅之一个私人部门管理的第二支柱即私人市场的补充保险。①

名义个人账户制度是在现收现付制的基础上，按照DC型管理方式运作好，其本质仍然是现收现付制。名义账户制度的优点是：首先，通过强化受益与供款之间的关联，个人有较强的缴费动机，可减少对劳动力市场的扭曲行为。其次，养老金受益依赖于个人名义账户的基金积累和退休时的寿命预期，当健康状况改善后预期寿命增加，相同年龄者获得的养老金受益标准将下降，这将鼓励职工延迟退休。因此，从财政的角度来看，由职工共同承担特定群体的长寿风险，而不是由政府单独承担这种风险。最后，既然制度仍然是现收现付制，那么有关养老金改革带来的转制成本问题也不会成为较大的财政压力。

总的来说，欧洲大陆国家没有非常积极地应对制度的成本和稳定性问题。自从英国引入收入关联现收现付制计划的“解约退出”机制之后，瑞典（1994年）和意大利（1995年）分别通过立法创建了现收现付制名义账户制度。目前，名义账户制度已经成为欧洲大陆国家解决当前现收现付制养老金制度存在问题的最有意义的方式。

---

① 郑秉文：《欧盟社会养老制度选择及前景》，载《欧洲研究》2003年第2期。

(2) 名义账户制养老金制度的缺陷

与现收现付制 DB 制度和基金积累制 DC 制度相比，名义账户制度仍然存在一些缺陷：

其一，再分配作用比较弱。如果没有“最低养老金计划”作为保障，从现收现付制向名义账户制转型就会在退休者之间造成较大的收入分配不公现象。

其二，在社会经济中不可能产生额外的储蓄来促进投资和经济增长，因为其实质仍然是现收现付制。

其三，从财政的角度来看，政府仍然承担现收现付制养老金债务，并且这些债务和要求权被显性化。在传统的现收现付制 DB 制度中，可以通过调整养老金受益计算公式的参数，改变隐性养老金债务，减少政府的财政压力。既然个人可以通过其名义个人账户明确知道自己个人账户中基金积累的价值，那么调整隐性养老金债务不再是可行的，也是非常困难的。

其四，对一些社会“弱势群体”不利，如妇女、残疾人、失业者和低收入者，他们在工作中断期的缴费积累将会不充足。

6.2.3 “自然式”发展路径——美国

(1) 美国养老金制度建立的背景

美国是典型的自由市场经济体制国家，崇尚自由和市场效率而批评政府干预，认为政府对经济发展只能起到次要的作用。因此，早在联邦政府社会保障制度实施之前，许多公司就已经建立了基金积累制的公司养老金计划。并且过去的 100 多年里，美国的私人企业养老金计划得到了迅猛发展，已经成为退休职工养老金收入的重要来源。

美国的社会保障制度最初创建时，被设计为完全基金积累制，目的是保护未来的退休者免受政策变化产生的影响。1935 年，财政部长摩根索（Morgenthau）就支持基金积累制的原因，向众议院筹款委员会（the Ways and Means Committee of the Congress）做出陈述：“许多人认为，我们可以通过向未来借债的方式来支付成本……这些人完全相信，未来的征税权利可以满足人们日益增长的需求。但是，我们并不同意这种观点，我们不能期望未来几代人会继续转移大笔资源去支持老年人，除非我们在其他方面将这种负担强制性地摊到未来几代人身上……我们希望建立这样的制度，这种制度能够在不确定的未来中持续发展。”①

然而，基金积累制的反对者参议员阿瑟范登堡（Arthur Vandenberg）认为②，政府控制的基金积累制养老金制度将产生许多问题：一是导致养老基金进行无效率的社会投资；二是减少公共债务，因而削弱了金融市场；三是鼓励政府支出增加；四是导致养老金受益增加。1939 年，时任国会秘书长的摩根索仍坚持对完全基金积累制政策的支持，并认为，事实上养老金制度应该维持足够的基金积累以支付大约 3 年的受益。但是在 20 世纪 40 年代初，国会通过了一系列法案，推迟工薪税的定期增加，并有效地将基金积累制养老金制度转变为现收现付制。根据沙博和绍文（Schieber and Shoven）的记录③，罗斯福（Roosevelt）总统当时也支持完全基金积累制，但 1943 年的收入法（Revenue Act）通过了有关工薪税的规定，并且 1945 年的收入法也在罗斯福总统去世后通过了有关工薪税的规定。因此，现在美国的社会保障制度转变为现收现付制。

（2）美国养老金制度框架

社会保障、私人养老金计划及个人储蓄性保险共同构成了美国养老社会保障体系的三大支柱。

第一支柱：社会保障。美国社会保障制度采用征收社会保障税的方式筹集资金。

第二支柱：私人养老金计划。世界上第一部正式的私人养老金计划由美国于 1875 年设立④，这部养老金计划是美国运通公司为其雇员设立的雇员养老金计划。1974 年，针对一些大公司的破产导致雇员失业的同时也失去了公司承诺的养老金这个问题，国会通过了《雇员退休收入保障法》（*Employee Retirement Income Security Act of* 1974，ERISA），并于 1974 年

---

① Weaver, C. L., 1982, “*The Crisis in Social Security: Economic and Political Origins*”, Duke University Press: Durham, N. C.

② Schieber, S. and J. Shoven, 1999, “*The Real Deal: The History and Future of Social Security*”, Yale University Press, New Haven.

③ Ibid..

④ 世界银行著，劳动部社会保险研究所等译：《防止老龄化危机：保护老人及促进增长的政策》，中国财政经济出版社 1997 年版，第 106 页。

表 6-3　　美国社会保障制度简介

法律依据	1935 年国会通过的《社会保障法》
待遇项目	老年保障（1935）、家属和遗属保险（1939）、残疾保险（1956）、老年人和残疾人员医疗照顾（1965）
筹资方式	由联邦税务部门征收，然后划入社会保障管理署的账户
基金模式	现收现付
养老金平均替代率	40%（如果一个人的指数化平均工资等于社会平均工资）
决策机构	劳工部、财政部和社会保障署等部门共同参与政策研究，提出政策建议，最后提交总统或国会决策（税率调整必须由国会通过）
基金管理	全部进入财政专户，购买国家债券，用于平衡联邦财政预算

9 月 2 日由福特总统签发实施。《雇员退休收入保障法》是美国第一部涵盖私人养老金计划和个人储蓄计划所有方面的法案。在颁行后的近 30 年间，1974 年《雇员退休收入保障法》经过不断修订已经形成了一个庞大而复杂的法律体系。按照《雇员退休收入保障法》，当今美国的私人养老金计划主要分为受益基准制计划和供款基准制计划两大类。在美国私人养老金制度发展的前期，受益基准制计划几乎占美国所有私人养老金计划的 95% 以上。供款基准制计划在美国私人养老金制度发展的后期才开始蓬勃发展，到目前为止，数量已远远超过受益基准制计划，资产规模已接近受益基准制计划。

第三支柱：个人储蓄性保险。

（3）美国社会保障私有化的争论

2002 年 3 月，美国社会保障署在 2001 年年报中警告①，美国社会保障基金将从 2017 年开始出现赤字，2041 年将会完全枯竭；要继续维持美国社会保障基金的支付能力，未来的前景或者提高 50% 的缴费，或者削减 1/2 的给付；2017—2075 年债务总计将高达 24.2 万亿美元，是 2002 年

① Communication from the Board of Trustees, "The 2002 Annual Report of the Board of Trustees of the Federal Old - Age and Survivors Insurance and Disability Insurance Trust Funds", Communication from the Board of Trustees, Federal Old - Age and Survivors Insurance and Disability Insurance Trust Funds, Mar., 2002.

联邦预算的12倍。这些数字表明：美国的社会保障制度在未来40年内行将破产。

正是基于有关社会保障信托基金的精算结果，美国经济学界和国会近五六年来就是否及如何引入个人养老金投资账户（或称社会保障"私有化"改革方案）展开无数次激烈讨论。小布什入主白宫后，将改革社会保障制度列为政府工作的一项重点内容，2001年5月2日，布什总统宣布正式成立由两党成员（各8名）组成的16人委员会，即"强化社会保障总统委员会"（The President's Commission to Strengthen Social Security），旨在"研究和提出具体意见，以保护老一代人的社会保障，为新一代人建立福祉"。在2001年8月发表的"临时报告"的基础上，"总统委员会"在2001年12月最终向总统提交了题为《加强社会保障，为全体美国人民创造个人福祉》（Strengthening Social Security and Creating Personal Wealth for All Americans）的总统委员会报告（以下简称"布什报告"）。由此掀起了一场轩然大波，将本来已经持续了几年的关于私有化的大辩论推向了高潮，支持私有化改革的"激进派"与对此持异议的"反对派"之间展开了激烈争论。

"布什报告"的中心内容是建立个人账户制度，并提出了两支柱的"混合"模式①：所有的缴费进入中央管理机构，个人投资由该中央机构统一执行。在制度初创阶段，全部收入投资于"第一支柱"，个人选择的范围是目前的节俭储蓄计划（Thrift Saving Plan，TSP）基金投资的范围，再加上另外三个"平衡基金"和一个抵御通货膨胀的债券基金。当个人的积累额超过一定上限之后，超过部分可以投资于"第二支柱"即私人部门的基金。"布什报告"称，为使未来的社会保障制度在财务上具有可持续性并能满足总统提出的改革原则，改革的三个模式都不能导致退休人员当前和近期的给付水平下降，15年内应实现收支平衡，并且略有盈余。

从"总统委员会"成立之日起，美国一些经济学家就对私有化的改革取向提出了质疑。向"布什报告"发起攻击的核心人物主要是布鲁金

① President's Commission to Strengthen Social Security, "Strengthening Social Security and Creating Personal Wealth for All Americans", Presidents Commission to Strengthen Social Security, Dec., 21, 2001.

斯研究所的艾隆（Asron）和奥尔扎格（Orszag）等人、普林斯顿大学的布林德（Blinder）、波士顿学院养老金研究中心主任玛乃尔（Munnell）女士、麻省理工大学的戴蒙德。力主私有化改革的“激进派”的主要代表人物是科特里考夫、萨斯（Saehs）、费尔德斯坦、比格斯（Biggs）等人。①

辩论的焦点或者说反对派提出的问题主要围绕：社会保障基金的性质及其与国民储蓄的关系；私有化改革以后美国社会保障制度的整体支付能力将受到严重削弱；养老金给付标准将大幅度削减；个人账户性质的问题；个人账户的行政管理费用问题；私有化改革以后美国社会保障体系的可持续性问题；股票投资风险问题。并且，世界各国养老金制度所面临的基本问题是赡养率不断下降，预期寿命不断提高，这是当前挑战各国现收现付制养老金制度、推动全球改革的两个基本动因。拉美的某些经验、欧洲的最新发展、转型国家的大胆尝试，所有这些外部的改革环境和压力是出台“布什报告”并导致这场大辩论的直接原因。②

6.2.4 新建完全基金积累制制度——新加坡

第二次世界大战后，英国迅速建立起了福利国家制度，这对当时仍处于英国殖民统治之下的新加坡产生了重大影响。为了安抚人民，新加坡殖民当局于1953年12月11日通过了公积金法；1955年7月成立了专门负责管理公积金的中央公积金局，开始实施中央公积金制度；1965年8月9日新加坡独立以后开始极力扩展中央公积金的职能，使它能够为各类社会、政治和其他目标进行融资。这些目标包括住宅所有权、退休前的投资、保险（人寿保险、住宅保险和健康保险）、新加坡国内高等教育、医疗保险（包括自雇者）和超过62岁法定年龄的老年保障等。因此，中央公积金制度已不仅仅是一个简单的养老保障计划，而成为一种重要的社会经济政策工具。

(1) 新加坡中央公积金制度的经济效应

其一，中央公积金制度为新加坡经济的持续发展提供了充足的资金支

① 郑秉文：《美国社会保障“私有化”争论》，载《国际经济评论》2003年第1期。

② 同上。

持。20 世纪 80 年代，新加坡的储蓄总额平均占国民生产总值的 41%，对 1960—1989 年间的经济增长做出了重大贡献。在中央公积金制度下，具有周期长、稳定性强的完全基金积累制养老基金的结存额较高，这有利于政府集中用于长期投资，加速储蓄向资本转化。因此，中央公积金制度筹集的大量资金，成为推动新加坡经济高速发展的稳定资本来源。

其二，中央公积金制度有利于国家的宏观调控。作为强制储蓄的中央公积金制度，本身就是将职工工作期的收入推迟到退休期使用，这在一定意义上影响到消费者的消费行为。因此，利用中央公积金制度，政府可以有计划地引导社会总消费，改善消费结构，调控宏观经济稳定增长。经济景气时，政府提高缴费率，扩大住房消费，进而回笼货币，防止通货膨胀的发生或强化；经济萧条时，政府降低缴费率，降低企业成本，扩大投资，刺激生产与消费需求。

其三，中央公积金制度有利于实现资源优化配置。中央公积金制度把资源的控制权从私人部门转到政府公共部门，在保证安全性、收益性的前提下对住宅、公共事业、教育、基本建设进行投资，促进了基础产业和公共事业的发展，为新加坡经济的持续稳定增长奠定了坚实的基础。

（2）新加坡中央公积金制度存在的问题

其一，公积金成员面临较大的个人风险。例如，1982 年，结存公积金款超过 3 万元的 11 万名成员（占成员总数的 6.6%）总共积累了 65 亿新元（占结存总额的 41.7%）；结存不到 500 新元的 39 万名成员（占成员总数的 23.1%）总共积累了 7000 万新元（占结存总额的 0.5%）。这使众多的成员产生疑虑，中央公积金制度能否为每一名职工提供公平有效的养老保障。①

其二，较高的公积金供款率阻碍多支柱养老金制度的建立。由于中央公积金是一种将众多保障项目综合在一起的制度，因此制度的供款率非常高，一方面职工没有能力再给其他的养老金计划供款，企业也不愿意再创建其他类型的雇主养老金计划，阻碍了其他形式的养老金计划的建立；另一方面，职工只能从中央公积金制度中享受到单一的基金积累制养老金受

① 王利军、刘海宁：《新加坡中央公积金制度的经济效应分析及对中国的启示》，载《辽宁大学学报》（哲学社会科学版）2004 年第 2 期，第 115 页。

益，在面临较高投资风险的情况下，职工的完全基金积累制养老金受益将显得不够充分。

其三，中央公积金制度缺乏收入再分配功能。中央公积金制度仅是一个基金积累制养老金计划，难以实现收入再分配功能。特别是对于那些退休前丧失劳动能力者和低收入职工，中央公积金制度的养老金受益将不足以提供基本的生活保障。难怪有学者认为，新加坡中央公积金制度仅是一个强制储蓄制度，而不是真正意义上的养老金制度。

其四，中央公积金制度的管理方式潜在地伤害了经济效率。中央公积金制度采取公共部门集中管理方式，这种管理方式是一种多权合一的制度。其优点是可以带来资金集中征集和管理的规模优势，但最大的缺陷是政府利益与成员利益不一致，可能导致寻租与腐败、政治操纵、基金资源配置无效、制度的运行缺乏透明度等问题。由于中央公积金制度没有赋予雇员自由选择权，并按照统一的年度收益率为成员的公积金积累计发利息，导致最终支付给成员的收益率非常低。

6.2.5 无目标改革路径——非洲和中亚国家

(1) 非洲和中亚国家

非洲和近东的中等收入国家到目前为止还没有实行主要的养老金制度改革，部分原因是在北部非洲、南部非洲和中东国家的部分基金积累制和现收现付 DB 制度仍然有足够的储备。例如，约旦私人雇员养老金制度估计积累了相当于 GDP 的 16% 的储备，并且每年增加相当于 GDP 的 1%；摩洛哥所有四个制度（两个公共制度、一个私人制度和一个自愿制度）有一个可给付相当于 1 年半到 4 年养老金受益的储备。此外，这个区域的许多国家仍然处于年轻型和农业型社会，非正规制度安排仍然发挥着重要的养老保障作用。

这个区域的许多低收入国家（人均年收入低于 700 美元）的养老金制度仍然处于初建时期。由于农业劳动力占总劳动力的比例较高（平均接近 70%），撒哈拉非洲许多国家的养老金制度处于社会经济的边缘状态，覆盖人数少于 5%，养老金支出也不到 GDP 的 1.5%。[1]

① World Bank, 1998, "World Development Indicators", CD-ROM. Washington, D. C..

在许多国家，被称为国家社会保障制度的实际上是专门针对公务员的养老金制度，这些制度的养老金受益是非常慷慨的，公务员可以在55岁时就收到全额养老金，并且缴费年限可以不足10年。在撒哈拉非洲的许多发展中国家，占主导的养老金模式是分别为公共部门和私人部门建立的不同养老金计划，公共部门的养老金计划通常是现收现付制DB计划，正规部门职工的养老金计划通常是基金积累制DC计划，这些所谓正规部门主要是指半国营企业和外国企业。

（2）非洲和中东国家养老金制面临的问题

非洲和中东国家现在正面临着两个相关问题：

第一，快速的人口老龄化。与发达国家相比，这些国家的人口变化非常快，例如，埃及60岁以上者占人口的比例预期从9%将提高到30年后的18%。与快速的人口老龄化相对应，在这些国家，公共养老金计划目标替代率比发达国家同期水平要高得多。第二次世界大战后，欧洲的公共养老金的替代率仅为20%，而30年后这个地区的公共养老金的替代率将高达40%—60%。

第二，养老基金储备的管理能力较差。在这个地区的许多国家，公共养老金储备主要用于向公共部门职工支付工资和满足公共部门支出需要，公共养老金储备的管理部门管理能力较差，并且腐败行为已经是司空见惯的现象。

6.3 全球养老金制度改革展望：殊途同归多支柱模式

20世纪70年代开始的世界性养老金制度改革催生了许多经典模式，如智利模式、东亚模式、英国模式、转制国家模式和名义账户模式，这些养老金制度改革的经典模式意味着在一国社会经济发展的不同时期，具有不同的文化和理论背景的国家，养老金制度发展呈现出不同的形式。每一种模式本身有其依存的社会经济条件和文化、理论背景，但是，正如世界银行等国际组织所倡导的，也正如在许多国家已经和正在经历着的，还正如我们在前文中所总结的，多支柱模式已经成为了养老金制度改革发展的一个典型目标，正是因为多支柱模式很好地实现了公平与效率的平衡，我们认为多支柱养老金模式应该是各国养老金制度改革发展的最优目标。当前的多样化的改革模式只是朝着这个方向发展的阶段性的成就，但最终都将是殊途同归：多支柱养老金模式。有关多支柱养老金制度改革的发展趋势，世界银行经济学家罗伯特·霍尔茨曼（Robert Holzmann）曾做出总结和预测。[①] 如图 6－3、图 6－4 和图 6－5 所示。

图 6－3　1985 年全球范围的多支柱养老金制度的状况

图 6－4　2000 年全球范围的多支柱养老金制度的状况

① Robert Holzmann, 2000, "World－Wide Pension Systems and Directions of Reform", The World Bank, WBI－HIID.

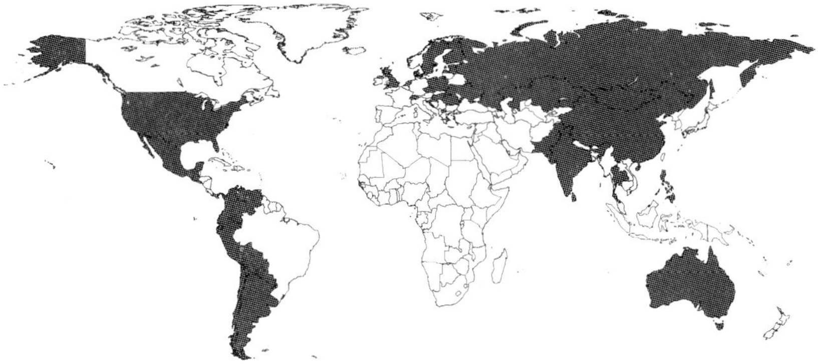

图 6－5 2010 年全球范围的多支柱养老金制度的预测

按照当前存在的养老金制度的形式和典型的养老金制度改革模式，我们就此提出多支柱养老金制度改革的四种潜在路径：

6.3.1 潜在改革路径之一："现收现付制→基金积累制→多支柱"

第一类多支柱养老金制度改革的潜在路径是从现收现付制 DB 养老金制度转轨到基金积累制 DC 养老金制度，但最终是在维持基金积累制 DC 制度的基础上，重建一个现收现付制 DB 制度，共同构成多支柱养老金体系。

智利私有化养老金制度改革的方向就是从现收现付制养老金制度转轨到基金积累制养老金，并且废止了原来的现收现付制 DB 养老金制度，使完全基金积累制的 DC 制度成为养老金的主要制度安排。随后的改革中，墨西哥、玻利维亚、萨尔瓦多和哈萨克斯坦等国家都采用了完全基金积累制 DC 作为主要制度。

应该说，从单一的现收现付制 DB 养老金制度转轨到完全基金积累制 DC 制度的改革是不彻底的和阶段式的，也是成本最高的。我们在上文将智利的私有化养老金制度改革定义为"阵痛式"改革路径，就是因为这种改革是非常激进和直接的，在公共养老金制度已经破烂不堪的情况下取得了巨大的成功，但也产生了许多严重的问题，如较高的转制成本、颇受争议的管理成本，以及缺乏再分配功能。因此，智利的养老金制度只是从一个极端（现收现付制养老金制度）走向了另一个极端（完全基金积累制养老金制度)，并没有完成向多支柱养老金制度的转轨。正是基于这种分析，我们认为，这类养老金制度将最终走向多支柱养老金模式。也就是在维持现有基金积累制 DC 制度的基础上，重新构建一个现收现付制 DB 制度，共同构成一个完善的多支柱养老金制度模式。

6.3.2 潜在改革路径之二："现收现付制 + 基金积累制 = 多支柱"

第二类多支柱养老金制度改革的潜在路径是在现收现付制 DB 养老金制度的基础之上，新建基金积累制 DC 制度，或将现存的私人基金积累制 DC 计划作为补充形式，共同构成多支柱养老金体系。

事实上，拉丁美洲的许多国家在继智利的激进式改革之后，并没有沿着"智利模式"发展，而是走向了第二条多支柱养老金制度改革模式的潜在路径。阿根廷和匈牙利已经将一个现收现付制 DB 制度作为主要制度，但给予职工在一个现收现付制 DB 制度和一个基金积累制 DC 制度中选择一项作为主要的补充制度的权利。乌拉圭也已经把现收现付制 DB 制度作为主要制度，但将一个强制性的基金积累制 DC 制度作为中等收入以上者的第二支柱，并对低收入者进行补贴。

在欧洲大陆国家，拉脱维亚、瑞典、意大利和波兰设计了一个个人名义账户制度。其方式是改革传统的现收现付制 DB 制度为现收现付制名义账户制度，将其作为第一支柱，同时建立一个基金积累制的 DC 制度作为第二支柱，共同形成一个多支柱养老金制度。

这种改革路径事实上在许多国家已经完成，应该说这种多支柱养老金制度改革路径是一个比较成功的路径，并且这些国家的养老金制度改革是在没有产生较大财政冲击的条件下完成了从单一支柱向多支柱的转轨。正因为如此，我们在上文将这种路径总结为"舒缓式"改革路径。

6.3.3 潜在改革路径之三："基金积累制 + 现收现付制 = 多支柱"

第三类多支柱养老金制度改革的潜在路径是在基金积累制 DC 制度的基础上，通过建立一个现收现付制 DB 制度，或通过将最低生活保障制度并入养老金体系的方式，构建多支柱养老金体系。

新加坡中央公积金制度一直是社会保障领域颇受争议的模式，其备受争议的焦点在于制度缺乏再分配功能和公共管理产生的隐性税收。新加坡模式应该说在养老金制度改革历史上起到了一个重要的典范作用：公共部门管理也可以产生较高的效率。但是，由于这种完全基金积累制制度本身的政策目标只是促进经济效率和提高管理效率，并不具有再分配功能，因此国际社会保障领域将其界定为强制储蓄制度，而非养老金制度。

事实上，亚洲的许多国家在效仿新加坡模式的同时，采取了不同的改革路径，许多国家和地区是按照第二种潜在改革路径“现收现付制 + 基金积累制 = 多支柱”，比如泰国和印度在强化第一支柱养老金制度的功能的同时，建立一个基金积累制第二支柱，形成多支柱养老金模式；中国香港也建立了一个完全基金积累制的强制性公积金制度作为第二支柱；中国也在部分积累制的基本养老保险制度的基础上，建立了一个基金积累制的企业年金制度作为补充支柱。

因此，我们认为，新加坡这类实行单一基金积累制养老金制度的国家的养老金模式也将最终走向多支柱养老金模式。即在现有基金积累制养老金制度的基础之上，构建一个现收现付制养老金制度，共同组成一个多支柱养老金制度体系。而当前美国的养老金体系已经形成了一个多支柱模式，即是在私人基金积累制养老金制度得到一定程度发展的基础之上，另行构建现收现付制社会保障制度，并通过两者共同发展而形成一个比较完善的多支柱养老金制度。因此，我们在上文界定美国的多支柱养老金制度改革模式为“自然式”发展路径。这种模式的最大优点是没有产生改革成本，并且优先发展私人基金积累制养老金制度的结果使得私人养老金制度有较大的发展空间。当前美国社会保障私有化的争论事实上是围绕社会保障基金管理层面展开，并非制度模式的问题。

6.3.4 潜在改革路径之四：“基金积累制→现收现付制→多支柱”

第四类多支柱养老金制度改革的潜在路径是从基金积累制 DC 养老金制度转轨到现收现付制 DB 养老金制度，但最终是在维持现收现付制 DB 制度的基础上，重建一个基金积累制 DC 制度，共同构成多支柱养老金体系。

从完全基金积累制 DC 养老金制度向现收现付制 DB 养老金制度转轨的国家的出发点是：由于公共部门管理效率低下、管理能力低下和腐败行为等导致公积金基金被滥用、基金流失、收益率较低等问题。面对完全基金积累制养老基金出现问题，许多非洲和亚洲国家已经将完全基金积累制养老金制度转轨为现收现付制养老金制度，因为在现收现付制养老金制度下没有养老基金积累，这样这些公共机构也没有基金管理，基金被滥用、基金流失、收益率较低的问题也不会出现。

事实上，这些国家将完全基金积累制 DC 养老金制度转轨为现收现付制 DB 养老金制度的目的并非是基于养老金制度的政策目标，而是基于养老金制度外生的因素——管理问题，并且这种改革也是在本国的养老金制度还处于初创阶段、人口年龄结构还处于年轻型的条件下发生的。因此，一旦这些国家的养老金制度趋向成熟，出现了人口老龄化现象，那么现收现付制养老金制度将会对这些国家的财政形成巨大的压力。

我们认为，这种由单一的基金积累制养老金制度向单一的现收现付制养老金制度转轨的改革路径是一种倒退，并且只会是将当前存在的问题演变为未来的危机。根据上文分析，我们认为，这类养老金制度也将最终走向多支柱养老金模式。也就是在维持当前的现收现付制 DB 养老金制度的基础之上，重新构建基金积累制 DC 养老金制度，共同形成一个多支柱养老金制度。

7 中国基本养老保险制度的隐性债务、转制成本与财务平衡测算

改革开放20多年来，国有企业逐步向现代企业制度过渡，企业保障转向社会保障。但是，宽福利待遇和高赡养率导致高缴费率，使养老保险制度的推进步履异常艰难，扩覆难、征缴难、基金调剂更难。20世纪90年代后，随着社会主义市场经济体制的逐渐建立和国有企业改革的进一步深化，我国的养老保险制度开始进入到一个体制和制度创新的阶段。在体制上，围绕"两个确保"（确保国有企业下岗职工基本生活费和离退休人员养老金按时足额发放）做了大量艰苦的工作；在制度创新方面，将个人账户引入养老保险制度，形成"低水平、广覆盖、多层次、双方负担、统账结合"的基本思路。但是，由于国有企业改革中产生的问题以及转制成本的责任归属不明确，加之"未富先老"的社会经济现实，导致基本养老保险制度再一次陷入困境：基金收不抵支，出现财务危机，并且有加剧的趋势；个人账户"空账"运行，"空账"额已高达7000多亿元，新制度有流产的潜在危险；社会化服务程度低，企业负担过重；法律体制不健全，缺乏依法行政和有效监督机制。因此，改革基本养老保险制度结构，建立可持续发展的多支柱养老社会保障体系已经刻不容缓！

7.1 研究背景

从20世纪80年代中期开始，为适应经济体制改革需要，解决职工的后顾之忧，中国政府一直都在致力于改革和完善城镇基本养老保险制度。经过20多年的探索和实践，各项改革工作都取得了显著成效。但是，基本养老保险制度依然面临着一些制度内措施无法解决的问题，其中最令政府困扰的问题就是在"未富先老"的社会经济现实条件下如何化解正不

断增长的养老保险基金缺口：2004 年，劳动和社会保障部部长郑斯林公布为 2.5 万亿元[①]；2005 年 3 月份劳动和社会保障部社会保险研究所公布为 6 万亿元；2005 年世界银行的数据显示，2001—2075 年，中国基本养老保险制度的收支缺口将高达 9.15 万亿元，相当于 2001 年 GDP 的 95%。[②] 事实上，早在 1998 年中国的基本养老保险制度就已经陷入了财务危机，当年中央财政对基本养老保险补助了 24 亿元，此后补助额逐年增加。2004 年中央财政安排的养老保险补助资金高达 500 亿元。

与此同时，我们的基本养老保险制度又面临着"未富先老"的社会经济现实，这进一步加剧了基本养老保险制度的财务负担。2005 年我国 60 岁及以上老年人口已达 1.45 亿人，占总人口的 11%，今后还将以每年 3.3% 的速度增长。预计 2025 年将达 2.8 亿人，占总人口的 18.4% 左右；2050 年将增加到 4.2 亿人左右，占总人口的 29.8% 以上。同西方工业化国家相比，我国老龄化具有规模大、速度快的特点。西方是先实现工业化，后进入老龄化，"先富后老"；我国工业化还没有完成，老龄化就提前到来，"未富先老"。[③]"未富先老"的社会经济现实表明我们化解巨额养老保险基金缺口的工作任重而道远。

中国在设计养老保险改革方案，也就是从传统的现收现付制转向社会统筹与个人账户相结合的体制时，没有采取专门方式处理转轨成本，而是期冀通过加大企业统筹费率的方式逐步将其消化。[④] 孙祁祥认为，变个人账户由"空账"到实账，是中国养老保险体制改革成功的关键，而政府负担转轨成本是实现个人账户由"空账"转变为实账的前提。[⑤] 至于中国城镇基本养老保险制度的转制成本规模到底是多少，目前主要有几种测算

① 《养老金欠账 2.5 万亿——白岩松采访郑斯林部长实录》，中国劳动就业网，http://www.china-ly.com/show.aspx? id=4406&cid=215，2005-02-15。

② Yvonne Sin. China Pension Liabilities and Reform Options for Old Age Insurance [J]. The World Bank, Washington D.C., U.S.A., Paper No. 2005-1: p. 34.

③ 郑斯林：《面对"未富先老" 如何解决"老有所养"》，《中国经济周刊》2005 年第 31 期，第 13 页。

④ 宋晓梧等：《解决隐性债务问题，深化养老保险体制改革》，《中国经济时报》2000 年 5 月 9 日第 5 版。

⑤ 孙祁祥：《"空账"与转轨成本——中国养老保险体制改革的效应分析》，《经济研究》2001 年第 5 期，第 27 页。

方法和结论：世界银行的王燕等采用可计算一般均衡（CGE）模型模拟分析《国务院关于建立统一的企业职工基本养老保险制度的决定》（国发［1997］26号文件）文件形成的基本养老保险制度改革的影响，认为由于养老金收支缺口的迅速扩大，在以后的几年内，积累的养老金储备将变为负数，并在2050年达到－102730亿元[①]；世界银行的冼懿敏（Yvonne Sin）利用世界银行社会保护部（Social Protection Unit）的大型养老金预测模型"the Pension Reform Option Simulation Toolkit（PROST）"，以国发［1997］26号文件为基准，预测了包括《关于城镇社会保障体系改革的试点意见》（国发［2000］42号文件）形成的辽宁试点方案在内的多种方案下2001—2075年间中国养老保险制度的隐性债务与转制成本，其中基准方案下分别为135613亿人（隐性债务）和91474亿人（转制成本）[②]；中国人民大学王晓军教授运用商业年金的精算模型，估计我国1997年隐性养老金债务规模在2.5万—4.5万亿人之间[③]。

当前国内外对于中国城镇基本养老保险制度的研究都主要基于国发［1997］26号文件，并且大多是从隐性债务或转制成本的单一方面进行研究的。本书将基于养老金隐性债务和转制成本的"到期债务"定义，分别从理论值和实际值两个方面测算国发［1997］26号文件形成的隐性债务与转制成本及基金缺口的期限结构，为设计未来偿债规划提供基础数据和决策依据。

7.2 基本假设与测算方法

7.2.1 基本假设

其一，本书按照国发［1997］26号文件规定的中国基本养老保险制度模式（"统账结合"制度），测算隐性债务和转制成本的理论值，以及

① 王燕、徐滇庆、王直、翟凡：《中国养老金隐性债务、转轨成本、改革方式及其影响——可计算一般均衡分析》，《经济研究》2001年第5期，第8页。

② Yvonne Sin. China Pension Liabilities and Reform Options for Old Age Insurance [J]. The World Bank, Washington D. C., U. S. A, Paper No. 2005－1; p. 34.

③ 王晓军：《对我国养老金制度债务水平的估计与预测》，《预测》2002年第1期，第31页。

转制成本的实际值（社会统筹账户基金缺口）。测算时点为2004年1月1日；“老人”为2004年1月1日前已退休职工；“中人”为2004年1月1日前参加工作，2004年1月1日后退休的职工；“新人”为2004年1月1日后参加工作的职工。

其二，定义中国基本养老保险制度的社会统筹账户为现收现付制，个人账户为基金积累制。

其三，假定社会统筹账户是一个精算公平的制度，也即社会统筹账户的缴费率可以确保当年的统筹账户基金支出，实现年度基金平衡。因此，社会统筹账户出现的基金缺口即为转制成本的实际值。

其四，假定基年为2004年，则2004年缴费工资为当年社会平均工资，$W_{2004}=16024$[①]元，基年养老金计发基数为上年度（2003年）社会平均工资，$W_{2003}=14040$元[②]。同时假定全国所有“老人”、“中人”和“新人”都按照统一的社会平均工资缴纳社会保险费和领取养老金。

其五，为便于测算和计息，假定所有人口数为年末时点数据，并按照同期群的定义预测各年龄段人口数；所有的计息都是整年计息且计息期在年初。

其六，假定所有的缴费和养老金计发都按年进行且均在年初，其中社会统筹缴费年限为15年，个人账户养老基金积累30年。

7.2.2 测算方法

本书测算方法采用养老金隐性债务和转制成本的“到期债务”定义。相对于“到期债务”，也可以采取缴费积累的计算方式，但是，由于中国从计划经济体制向社会主义市场经济体制转轨，工资概念从内涵和外延上都发生了重大变化。在计划经济体制下，实行“低工资、宽福利”，并且职工的劳动保险费用已经从职工当期劳动收入中扣减，同时国有企业保障制度没有职工的缴费记录。因此，按照缴费积累测算制度的隐性债务和转

① 《国家统计局关于2004年全国城镇单位在岗职工平均工资的公告》［EB］. http://www.stats.gov.cn/tjdt/zygg/t20050329_402238641.htm，2005年3月29日。

② 《国家统计局关于2003年全国城镇单位在岗职工平均工资的公告》［EB］. http://www.stats.gov.cn/tjdt/zygg/gjtjjgg/t20040406_402371006.htm，2004年4月6日。

制成本在方法上不可行。

"老人"从2004年1月1日起开始领取基本养老金，其养老金权益等于从2004年1月1日开始领取的未来养老金现金流在2004年1月1日时的现值；"中人"从2004年1月1日起开始逐步达到退休年龄，其养老金权益按照从2004年1月1日起逐步进入退休年龄后分年龄段退休"中人"进行统计。

（1）隐性债务理论值

养老金隐性债务的理论值为中国基本养老保险制度改革后，"老人"和"中人"在制度改革前已获得的养老金受益权。

国发［1997］26号文件规定的基本养老金计发办法为：每年基础养老金为当地上年度社会平均工资的20%；每月个人账户养老金为职工个人账户基金积累额除以120。假设一个平均缴费年限30年的职工，其可以获得相当于社会平均工资58.5%的基本养老金，其中基础养老金为社会平均工资的20%，个人账户养老金相当于社会平均工资的38.5%。

因此，"老人"的隐性债务理论值为其在新制度下将获得的全部养老金受益总额的现值。也就是说，"老人"具备领取全额基本养老金的资格，可以获得相当于上年度社会平均工资58.5%的养老金受益，直至其年老去世。

"老人"隐性债务理论值 = 新制度全额基本养老金受益权

"中人"的隐性债务理论值则为其在老制度下工作年限视同其在新制度下的缴费年限所获得的受益权，也就是说，"中人"在改革前工作年限为新制度下享受养老金的缴费年限。本书假设"中人"在新制度下通过缴费获得全额基本养老金受益权，然后按照全额基本养老金受益权减去在新制度下获得的基本养老金受益权的方式计算其隐性债务理论值。

"中人"隐性债务理论值 = 新制度全额基本养老金受益权 - 新制度缴费形成的基本养老金受益权

（2）转制成本理论值

转制成本理论值为从老制度转轨到新制度时，没有形成个人账户养老金受益权的隐性债务。也就是说，从老制度转轨到新制度后，由于基本养老金由基础养老金和个人账户养老金组成，基础养老金由在职职工缴费提供，不形成转制成本；个人账户养老金是在职职工的个人所有权，不用于供养他人，形成转制成本。

"老人"转制成本理论值 = "老人"隐性债务 - 新制度基础养老金受益权

"中人"转制成本理论值 = "中人"隐性债务 - 新制度基础养老金受益权

(3) 转制成本实际值：基金缺口

由于转制成本具有可控性，转制成本理论值与实际值之间将存在差异。按照国发［1997］26 号文件，基本养老保险制度社会统筹账户承载所有因制度转轨而发生的费用和成本。事实上，按照制度规定，个人账户实行基金积累制，个人账户养老金计发办法为个人账户基金积累额/120，个人账户为平衡账户，不存在基金缺口。因此，本书定义转制成本实际值为现行制度社会统筹账户缴费收入减去除个人账户养老金待遇支出之外的所有开支后出现的基金缺口。

社会统筹账户的收入包括了"中人"社会统筹账户缴费收入和"新人"社会统筹账户缴费收入；而支出包括了"老人"全额基本养老金支出、"中人"全额基础养老金支出、"新人"基础养老金支出、"中人"过渡性养老金支出、"中人"和"新人"个人账户基金积累的利息支出。

因此，转制成本实际值为：

转制成本实际值 = ("中人"社会统筹账户缴费收入 + "新人"社会统筹账户缴费收入) - ("老人"全额基本养老金支出 + "中人"全额基础养老金支出 + "新人"全额基础养老金支出 + "中人"过渡性养老金支出 + "中人"个人账户基金积累的利息支出 + "新人"个人账户基金积累的利息支出)

在此需要说明的是：

第一，"中人"过渡性养老金按照"个人账户放大方式"计算，即"中人"养老金由基础养老金和放大后的个人账户养老金两部分组成。[①]

① 参见焦凯平《养老保险》，中国劳动社会保障出版社 2004 年版，第 63—64 页。

"中人"过渡性养老金各地采用的主要有两种办法：办法一："中人"养老金 = 基本养老金 + 个人账户养老金 + 过渡性养老金。过渡性养老金为：对职工未建立个人账户的年份，设置系数为 1.0%—1.4% 的过渡性养老金，过渡性养老金 = 指数化月平均缴费工资 × 系数 × 未建立个人账户的年限；办法二：个人账户放大方式，用公式表示为"中人"养老金 = 基本养老金 + 个人账户储存额 × 系数 ÷ 120。

第二，“老人”全额基本养老金支出按照上年度社会平均工资 50% 计发。2004 年 9 月 30 日，劳动和社会保障部与财政部联合下发《关于从 2004 年 7 月 1 日起增加企业退休人员基本养老金的通知》（劳社部发［2004］24 号），文件规定：“经国务院批准，从 2004 年 7 月 1 日起，为 2003 年 12 月 31 日前已按规定办理退休手续的企业退休人员提高基本养老金水平。此次调整基本养老金的水平，按照当地上年企业在岗职工平均工资增长率的 45% 左右确定。”[①] 应该说，按照在岗职工平均工资增长率的 45% 左右确定“老人”的全额基本养老金将导致“老人”基本养老金标准相对于社会平均工资逐年降低，与此同时，最近和今后几年国家正在不断增加退休人员养老金标准。因此，本书假定“老人”全额基本养老金支出按照上年度社会平均工资 50% 计发。

7.2.3 人口预测

本书测算中使用的“老人”、“中人”和“新人”人口数据源自劳动和社会保障部 2003 年课题《建立长效机制　实现养老保障制度可持续发展》，参见图 7－1。[②]

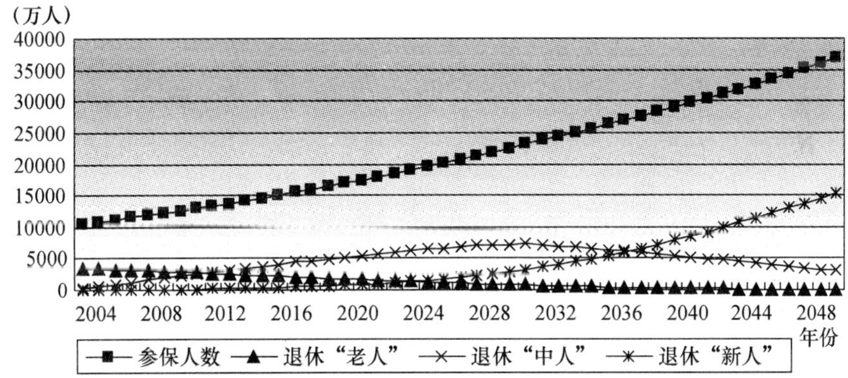

图 7－1　2004—2048 年各类人口预测

① 《关于从 2004 年 7 月 1 日起增加企业退休人员基本养老金的通知》［EB］. www. molss. gov. cn，2004 年 9 月 30 日。

② 笔者有幸于 2003 年 9 月受劳动和社会保障部养老保险司和社会保险基金监督司邀请，参与了该课题的写作与统稿工作。

本书测算将直接利用各年年末“老人”与“新人”的人口数；对于各年新增退休“中人”人口数，我们将引入退休“中人”的分年龄死亡率进行分离，并假定新制度下退休年龄是统一的，因此同期退休“中人”（每年新增退休“中人”）的年度存活率实际上就是其年龄别存活率。

从图7－2可以看出，在2004—2050年间，“老人”人口数将随着时间的推移逐渐减少；“中人”人口数经历了一个从增加到逐渐减少的过程，到2029—2032年间，“中人”人数将达到最大，此后逐渐降低为零。

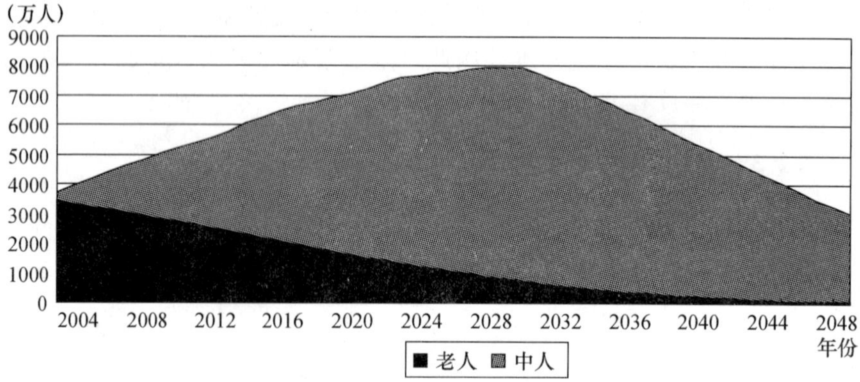

图7－2　2004—2050年“老人”和“中人”人口预测

7.3　模型构建

7.3.1　隐性债务理论值

符号约定：r 表示养老金计发系数或目标替代率；W 表示基年上年度（2003年）职工社会平均工资；N_t^{δ} 表示 $2003+t$ 年领取养老金的退休老人总人数，${}_{t}p_{t-1}^{\delta}$ 表示 $t-1$ 年的老人存活到 t 年的存活率，$t=1,\ 2,\ 3\cdots$；$\delta=o+m+n$，o 表示“老人”，m 表示“中人”，n 表示“新人”；g 表示社会平均工资年增长率；i 表示利率；d 表示贴现率；PV 表示各年养老金理论支出在基年的现值。

(1)"老人"隐性债务理论值

"老人"t年隐性债务理论值在基年的现值公式为:

$$PV_t^o = rW(1+g)^{t-1}(1-d)^{t-1}N_{t-1\,t}^o P_{t-1}^o \quad (7.1)$$

2004—2050 年"老人"隐形债务理论值在基年的现值总额为:

$$\begin{aligned} TPV^o &= PV_1^o + PV_2^o + \cdots + PV_{47}^o \\ &= \sum_{t=1}^{47} PV_t^o \\ &= rWN_0^o + rW(1+g) \\ &(1-d)\ N_{12}^o p_1^o + \cdots + rW(1+g)^{46}(1-d)^{46} N_{4647}^o p_{46}^o \\ &= \mathrm{rw} \sum_{t=1}^{47} (Hg)^{t-1}(1-d)^{t-1} N_{t-1\,t}^o P_{t-1}^o \end{aligned} \quad (7.2)$$

(2)"中人"隐性债务理论值

按照个人账户缴满 30 年获得完全替代率的标准，假设"中人"在统一退休年龄退休且参加新制度的年限都以整年计算。随着时间的推移，从第 1 批"中人"从新制度退休开始，将陆续有 29 批"中人"从新制度退休，而且这些"中人"参加新制度的年限依次为 1 年、2 年、3 年……28 年、29 年，根据上文关于"中人"隐性债务的界定，通过加权系数分离，他们的隐性债务将以所有缴费 30 年的个人账户全部养老金权益的加权系数比(29/30，28/30，…，2/30，1/30)分布在 29 个年度的不同序列，从而构造隐性债务的年度分布理论现值公式及在基年的现值总和公式。

符号约定：α 表示缴费 30 年的个人账户全部养老金权益的加权系数；${}_nN_t^m$ 表示参加新制度 n 年且在 t 年的退休"中人"总人数($1\leqslant n\leqslant 29$，$n\in Z$)。

参加新制度 n 年的"中人"年隐性债务理论值在基年的现值公式为:

$${}_nPV_t^m = \alpha rW(1+g)^{t-1}(1-d)^t\ {}_nN_{t-1\,t}^m p_{t-1}^m \quad (7.3)$$

与"老人"相比，"中人"隐形债务理论值的现值多贴现一年，是因为当年退休的"中人"是在后一年开始领取养老金，而当年的退休"老人"在本年就已经在领取养老金。

参加新制度年的"中人"隐性债务理论值在基年的现值总额公式为:

$$ {}_nTPV_t^m = {}_nPV_1^m + PV_2^m + \cdots + {}_nPV_t^m = \alpha rW[\ (1-d)\,{}_nN_{01}^m p_o^m + \ (1+g)(1-d)^2\ {}_nN_{1\ 2}^m p_1^m + \cdots + (1+g)^{t-1}\ (1-d)_n^t N_{t-1\ t}^m p_{t-1}^m] = \alpha rW \sum_{t=1}^{t} (1+g)^{t-1}\ (1-d)_n^t N_{t-1\ t}^m p_{t-1}^m \quad (7.4) $$

其中 t 的上限值为退休“中人”退出养老金领取者行列的时间，一般表现为死亡，即 t 的上限值为“中人”分年龄死亡率统计的极限年龄。

则所有“中人”的隐性债务理论值的现值总额为：

$$ TPV^m = {}_1TPV_t^m + {}_2TPV_t^m + {}_3TPV_t^m + \cdots + {}_{29}TPV_t^m = \sum_{t=1}^{t} {}_1PV_t^m + \sum_{t=2}^{t} {}_2PV_t^m + \sum_{t=3}^{t} {}_3PV_t^m + \cdots + \sum_{t=29}^{t} {}_{29}PV_t^m = \sum_{n=1}^{29} \sum_{t=1}^{t} {}_nPV_t^m = \sum_{n=1;\alpha=1-(n/30)}^{29} \sum_{t=1}^{t} \alpha rW(1+g)^{t-1}(1-d)^t\ {}_nN_{t-1\ t}^m p_{t-1}^m \quad (7.5) $$

7.3.2 转制成本理论值

(1)“老人”转制成本理论值

根据上文关于“老人”转制成本理论值的界定，可知转制成本理论值对隐形债务理论值的分离系数 $\omega = 38.5\%/58.5\%$。

2004—2050 年“老人”转制成本理论值的测算公式，即在基年的现值总额为：

$$ TV^o = \omega TPV^o = \omega \sum_{t=1}^{47} PV_t^o = \omega rW \sum_{t=1}^{47} (1+g)^{t-1}(1-d)^{t-1} N_{t-1\ t}^o p_{t-1}^o \quad (7.6) $$

(2)“中人”转制成本理论值

同“老人”转制成本的计算方法一样，“中人”转制成本理论值的测算公式，即在基年的现值总额为：

$$ TV^m = \omega TPV^m = \omega \sum_{t=1}^{29} \sum_{t=1}^{t} {}_nPV_t^m = \omega \sum_{n=1;\alpha=1-(n/30)}^{29} \sum_{t=1}^{t} \alpha rW(1+g)^{t-1}(1-d)_n^t N_{t-1\ t}^m p_{t-1}^m \quad (7.7) $$

(3) 转制成本实际值：基金缺口

符号约定：β 表示统筹账户缴费率 17%；θ 表示个人账户缴费率

11%；C 表示缴费额的当前值，表现为现金流；S 表示缴费积累额；W_b 表示基年（2004 年）的职工社会平均工资；T 表示养老金支出当前值，即为各年养老金现金流。

①缴费收入

“新人”社会统筹账户缴费额的现金流：

$$C_t^n = \beta W_b \ (1+g)^{t-1} N_{t-1}^n {}_t p_{t-1}^n \tag{7.8}$$

“新人”个人账户缴费额的现金流：

$$C_t^n = \theta W_b \ (1+g)^{t-1} N_{t-1}^n {}_t p_{t-1}^n \tag{7.9}$$

“中人”社会统筹账户缴费额的现金流：

$$C_t^m = \beta W_b \ (1+g)^{t-1} N_{t-1}^m {}_t p_{t-1}^m \tag{7.10}$$

“中人”个人账户缴费额的现金流：

$$C_t^m = \theta W_b \ (1+g)^{t-1} N_{t-1}^m {}_t p_{t-1}^m \tag{7.11}$$

②养老金支出

“老人”的基本养老金支出现金流：

$$T_t^o = rW \ (1+g)^{t-1} N_{t-1}^o {}_t p_{t-1}^o \tag{7.12}$$

“中人”的基础养老金支出现金流：

$$T_t^m = rW \ (1+g)^{t-1} N_{t-1}^m {}_t p_{t-1}^m \tag{7.13}$$

“新人”基础养老金支出现金流：

$$T_t^n = rW \ (1+g)^{t-1} N_{t-1}^n {}_t p_{t-1}^n \ (t \geqslant 15) \tag{7.14}$$

“中人”过渡性养老金：

参加新制度 n 年的“中人”个人账户缴费理论值的年度积累公式为：

$${}_n S_t^m = \theta W_b \ (1+g)^{t-1} (1+i)^{n-t+1} {}_n N_{t-1}^m {}_t p_{t-1}^m \tag{7.15}$$

参加新制度 n 年的“中人”个人账户缴费理论值的总额积累公式为：

$$\begin{aligned} {}_n TS_t^m &= \sum_{t=1}^{n} {}_n S_t^m = {}_n S_1^m + {}_n S_2^m + \cdots + {}_n S_n^m \\ &= \theta W_b \sum_{t=1}^{n} (1+g)^{t-1} (1+i)^{n-t+1} {}_n N_{t-1}^m {}_t p_{t-1}^m \end{aligned} \tag{7.16}$$

则参加新制度年的“中人”个人账户缴费理论值的年均积累公式为：

$${}_n AS_t^m = \frac{1}{n} {}_n TS^{mt} = \frac{\theta W_b}{n} \sum_{t=1}^{n} (1+g)^{t-1} (1+i)^{n-t+1} {}_n N_{t-1}^m {}_t p_{t-1}^m \tag{7.17}$$

在放大的个人账户办法下按累积视同缴费年限度量而获得的养老金权益由统筹账户负担部分的非同期“中人”支出结构分布见表7－1。

表7－1　“中人”视同缴费年限的养老金权益（$\lambda=30-n$）

退休年份	参加新制度年限	视同缴费年限的养老金权益
2004	1	$\lambda_{1\,n}AS_t^m$（$n=1$）
2005	2	$\lambda_{2\,n}AS_t^m$（$n=2$）
2006	3	$\lambda_{3\,n}AS_t^m$（$n=3$）
……	……	……
2032	29	$\lambda_{29\,n}AS_t^m$（$n=29$）

按照个人账户的计发办法，由统筹负担的视同缴费年限的个人账户养老金权益将从第一批“中人”退休开始，直至最后一批退休的“中人”个人账户发放完毕，在38年（2005—2042年）内形成养老金支出流，构成“中人”的过渡性养老金支出。

“中人”个人账户基金积累的利息支出＋“新人”个人账户基金积累的利息支出：

以I表示个人账户基金积累的利息支出。

根据式（7.15）“中人”个人账户缴费理论值的年度积累公式，将缴费额分离，即得到“中人”个人账户基金积累的计息公式：

$$I^m=\theta W_b(1+g)^{t-1}[(1+i)^t-1]_nN_{t-1\,t}^m p_{t-1}^m \tag{7.18}$$

利用（7.15）式、（7.16）式和（7.17）式中计算“中人”个人账户缴费积累额年度分布的方法，即可得到2004—2032年各年退休的非同期“中人”个人账户缴费积累额在29年（2004—2032年）内的计息利息支出分布。

“新人”个人账户基金积累的利息支出计算方法与“中人”相同，唯一的区别是“中人”个人账户的积累与计息将在最后一批“中人”退休后停止，而“新人”个人账户的积累与计息则会随着参加新制度“新人”

的持续增加而不断持续下去。

7.4 参数假设与测算方案

7.4.1 基本参数假设

(1) 平均退休年龄为57岁

基本养老保险基金的变动除受抚养比和人口年龄结构的变化影响外，还有一个非常重要的因素——退休年龄。我国法定退休年龄规定是男60岁，女干部55岁，女工人50岁，特殊工种职工和试点城市的国有破产工业企业中的职工可以提前5年退休。更应引起注意的是近几年各地为缓解下岗和失业压力，违规办理提前退休的现象十分严重。本书假定退休年龄一致，即取男、女法定退休年龄的平均值，不考虑提前退休和推迟退休现象。

(2) 本书采用名义工资增长率

名义工资增长率是按照以下原则设定：国内外经济学家一致认为中国的人口红利[①]还将持续大约15年，未来15年左右，中国经济仍将得益于人口红利而高速增长，职工工资也将保持较高的增长速度，所以基准方案中名义工资增长率按照2004—2010年为8%，2011—2020年为6%设定。按照国民经济与社会发展规划，到21世纪中叶，我国经济发展水平将达到中等发达国家水平，因此2021—2050年的名义工资增长率按照中等发达国家人均收入水平设定，为4%。此后则按照向发达国家过渡的水平设定：2051—2080年为3%。

(3) 利率为4%

按照历年金融机构法定存款利率进行按执行月份进行加权平均可以得到平均年利率为7.9%，这显然也不符合未来的发展可能。由于改革开放20多年中国经济高速发展以及财政政策、货币政策的作用，我国的法定存款利率进行过若干次调整，特别是1997年中国经济“软着陆”之前，

① “人口红利”是指人口转变过程中所出现的被抚养人口比例不断下降、劳动年龄人口比例不断升高的一段时期。从经济学的角度，人口红利是指在一个经济体中，劳动适龄人口的持续上升所带来的国民产值的持续上涨。

金融机构一直实行较高的法定存款利率，因此以历年平均年利率作为参数显然不具代表性。按照成熟经济的实践，金融机构法定存款利率一般不超过5%，本书所选4%，正是基于中国经济趋于成熟的考虑。同时，此参数设定也参考了“中国养老保险基金测算与管理”课题中的4%的假设投资回报率。①

(4) 通货膨胀率为3%

自改革开放以来，我国经历了三次比较严重的通货膨胀，分别发生在1980年、1986—1989年和1992—1996年，在这三个波动期内，通货膨胀率波动幅度很大，因此用历史数据来衡量我国的通货膨胀水平并预测未来的通货膨胀率存在很大困难且易使结论失真。从世界各国的经验来看，不同国家正常的通货膨胀水平也是不同的，一般认为一国经济有3%—5%的通货膨胀率是相当健康的。随着我国经济发展的不断成熟，按照国家宏观政策控制物价指数的政策取向，我们认为，3%的通货膨胀率将是未来一定时期内的正常水平和平均水平。

7.4.2 测算方案

本书测算按照六种方案进行，基准方案为方案1和方案4，方案1是按照名义工资计算的现值，方案4是按照实际工资计算的现值。方案2和方案3是在方案1基础上进行调整，方案5和方案6是在方案4基础上进行调整。

表7-2 **测算方案** 单位:%

方案	时期	工资增长率	利率（贴现率）	通货膨胀率
1	2004—2010年	8	4（3.85）	0
	2011—2020年	6	4（3.85）	0
	2021—2050年	4	4（3.85）	0
	2051—2080年	3	4（3.85）	0

① 劳动保障部法制司、社会保险研究所、博时基金管理有限公司：《中国养老社会保险基金测算与管理》，经济科学出版社2001年版，第123页。

续表

方案	时期	工资增长率	利率（贴现率）	通货膨胀率
2	2004—2010 年	9	4（3.85）	0
	2011—2020 年	7	4（3.85）	0
	2021—2050 年	5	4（3.85）	0
	2051—2080 年	4	4（3.85）	0
3	2004—2010 年	8	3（2.91）	0
	2011—2020 年	6	3（2.91）	0
	2021—2050 年	4	3（2.91）	0
	2051—2080 年	3	3（2.91）	0
4	2004—2010 年	8	4（3.85）	3
	2011—2020 年	6	4（3.85）	3
	2021—2050 年	4	4（3.85）	3
	2051—2080 年	3	4（3.85）	3
5	2004—2010 年	9	4（3.85）	3
	2011—2020 年	7	4（3.85）	3
	2021—2050 年	5	4（3.85）	3
	2051—2080 年	4	4（3.85）	3
6	2004—2010 年	8	3（2.91）	3
	2011—2020 年	6	3（2.91）	3
	2021—2050 年	4	3（2.91）	3
	2051—2080 年	3	3（2.91）	3

7.5 经验分析

7.5.1 不同测算方案下测算结论比较

表 7－3 比较了表 7－2 给出的六种测算方案下，中国基本养老保险隐性债务与转制成本的测算值及其占 2004 年 GDP 的比重。通过比较可以看出，由于中国基本养老保险制度改革是从现收现付制向现收现付制与基金积累制混合的模式转轨，只有转轨到基金积累制部分的隐性债务显性化为转制成本，因此，相对于隐性债务，转制成本的规模被明显降低。

表 7-3　　六种方案下隐性债务与转制成本的比较　　单位：万元

方案	理论值			转制成本实际值（不计息）	
	隐性债务	转制成本	转制成本占 2004 年 GDP 比重（%）	基金缺口	基金缺口占 2004 年 GDP 比重（%）
1	-1961526004	-1290918823	81	-1108399369	69
2	-2380563797	-1566695832	98	—	—
3	-2977050644	-1959255552	123	—	—
4	-1102229660	-725399007	45	-606817103	38
5	-1288176545	-847774308	53	—	—
6	-1546497663	-1017780513	64	—	—

注：2004 年中国国内生产总值（GDP）为 159878.3 亿元，《中国统计年鉴》，国家统计局网站，http：//www. stats. gov. cn/tjsj/ndsj/2006/indexch. htm。

基金缺口的计算是没有加入“新人”个人账户基金积累的利息支出。

图 7-3 也显示了在两种基准方案下隐性债务与转制成本理论值的比较，方案 1 与方案 4 的区别在于后者考虑了通货膨胀的影响，两种方案下，转制成本的规模都明显小于隐性债务。

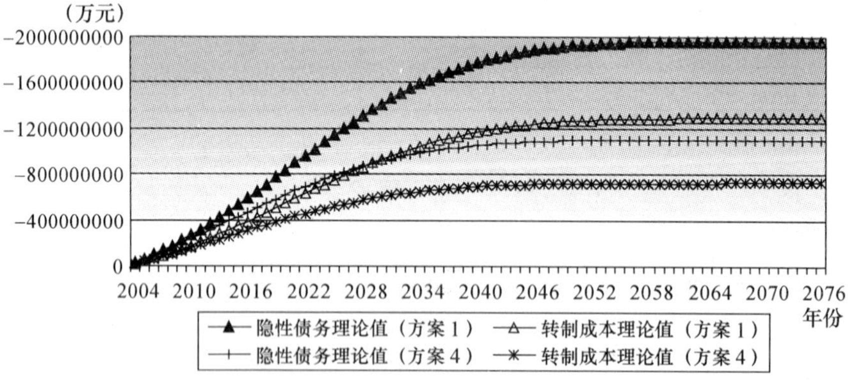

图 7-3　方案 1 和方案 4 下隐性债务与及转制成本理论值比较

但是，由于在转制成本偿还过程中，中国采取了统一由社会统筹账户解决的方法，并不断调整养老金计算公式，结果导致转制成本实际值

（基金缺口）比理论值要小得多。同时，图 7－4 也告诉我们，按照现行转制成本偿还政策，将会导致基金缺口（不计息）的清偿期集中于制度改革的前期，并且主要集中于 2004—2024 年期间。这显然将加重制度改革初期的财政压力。

从图 7－4 中可以看出，按照现行转制成本偿还方式，转制成本实际值（不计息）将从 2015 年开始快速增加，方案 1 下的转制成本实际值将从 2014 年的 4634 亿元快速增加到 2015 年的 18899 亿元，而同期转制成本的理论值增幅较小。

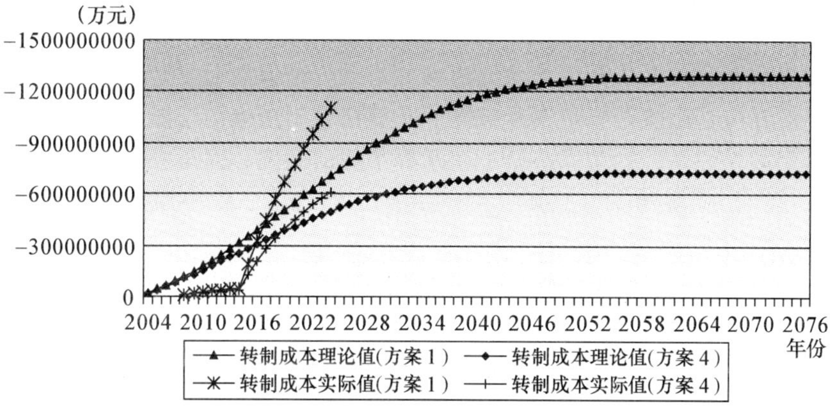

图 7－4　方案 1 和方案 4 下转制成本的理论值与实际值比较

7.5.2　方案 1 下“空账”与“实账”模式比较

表 7－4 给出了“空账”与“实账”两种模式下，按照方案 1 测算的统筹账户基金状况以及“实账”模式下个人账户养老保险基金通过投资运营实现的基金积累。

如果中国基本养老保险制度仍然按照“空账”运行的方式，并且对“空账”中的个人账户养老保险基金实行无本计息，那么，基本养老保险制度将陷入巨额基金缺口的状态，结果是必将迫使基本养老保险制度走向破产。而做实个人账户，实现实账化运行之后，在改革初期，统筹账户基金缺口较大，但是一旦转制成本被清偿完毕，制度将进入良性循环，届时

表 7－4　“空账”与“实账”模式下统筹账户基金现值比较　单位：万元

年份	“空账”模式	“实账”模式	
	统筹账户缺口（计息 2.5%）	统筹账户缺口（无息）	个人账户积累
2004	2117272	3077469	1624783
2008	－11258687	－9272426	22147662
2015	－154532565	－142654879	182468556
2024	－148178978	－75941274	961840992
2032	－140621716	41290302	2777833259

说明：假定个人账户养老基金年名义投资收益率为 4%。

将会出现基金盈余。基金盈余的出现并不是一种偶然而是必然的，中国基本养老保险社会统筹账户本身被赋予了清偿转制成本的功能，因此社会统筹账户的设计从一开始就不是一个精算平衡的制度，而是一个精算盈余的制度。图7－5 显示了“空账”与“实账”模式下，统筹账户基金状况的比较。

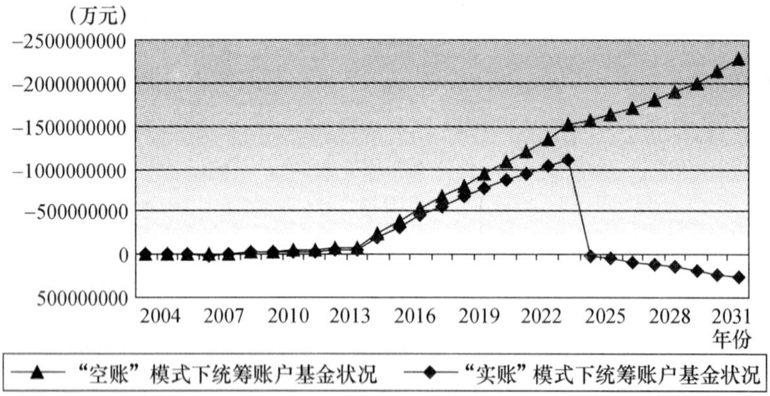

图 7－5　“空账”与“实账”模式下的统筹账户基金比较

从图 7－5 可以看出，在“空账”模式下，社会统筹账户的基金缺口将持续放大；而在“实账”模式下，统筹账户基金在 2024 年之前出现缺口，正是由于统筹账户是一个精算盈余的制度，从 2025 年开始，统筹账户基金出现基金积累，并且基金积累额开始不断增加。并且，由于“实账”模式下没有对统筹账户基金进行计息，“实账”模式下的统筹账户基金缺口额明显小于“空账”模式下的状况，这也说明实行“空账”模式，并对“中人”和“新人”的个人账户养老基金进行无本计息必将迫使基本养老保险制度走向破产。

7.5.3 政策含义

第一，做实个人账户是实现中国基本养老保险制度可持续发展的前提。一方面，个人账户做实之后，将会逐年积累，成为真正的基金积累制度；另一方面，个人账户做实也将使政府从无本计息的困境中摆脱出来，从而减少转制成本实际值。图 7－6 显示了在“实账”模式下，个人账户基金不断积累的趋势，在 4% 的年投资收益率假设下，到 2032 年，个人账户基金累积将高达 277783 亿元。

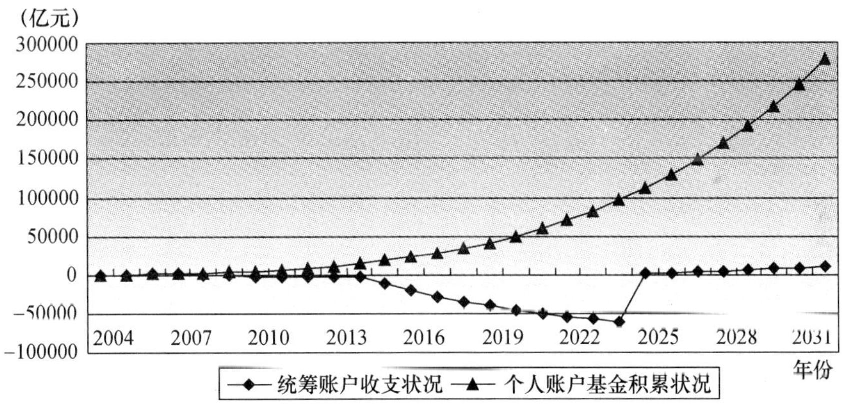

图 7－6 “实账”模式下个人账户基金积累趋势

第二，社会统筹账户应该从 2024 年起降低缴费比例。图 7－5 和图 7－6都显示了在做实个人账户，实现统账分开管理之后，社会统筹账户将从 2025 年开始出现基金积累。既然社会统筹账户在设计之时就定位为精算盈余的制度，那么在清偿完转制成本之后，应该还原社会统筹账户作为现收现付制的本质，降低社会统筹账户缴费率，实现基金收支年度平衡。

第三，清偿转制成本必须有战略性安排。从图 7-7 可以看出，转制成本主要集中于 2015—2024 年期间。从 2004—2024 年期间，年均基金缺口为 2889 亿元；前 11 年年均缺口为 316 亿元，后 10 年年均缺口为 5720 亿元。因此，应尽快规划清偿转制成本的长期战略，建立清偿转制成本的长期战略储备基金。

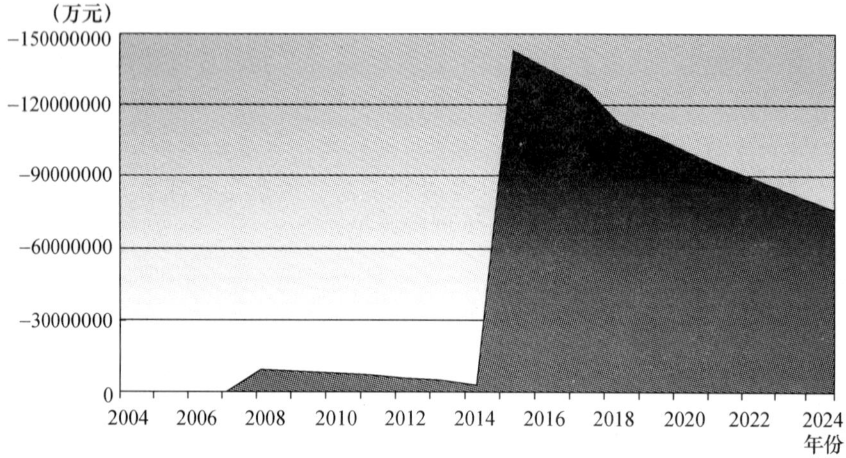

图 7-7　清偿转制成本的战略安排

第四，个人账户基金投资运营是实账化运行的保障。选择了基金积累制就必须有相应的投资手段，否则基金积累制下的基金积累将在未来 30 年左右的时期内面临各种风险。图 7-6 显示了在实账模式下个人账户按年均 4% 的投资收益率基金逐年累积的情况。

8 中国养老社会保障制度反思与重构

8.1 中国养老社会保障制度改革综合评估

8.1.1 养老社会保障制度改革取得的成绩

改革开放以来，我国养老保险制度改革不断深入，制度设计不断完善，管理服务不断细化，对保障离退休人员基本生活，促进经济发展、维护社会稳定发挥了积极作用。到2004年年底，全国参加基本养老保险的人数为16353万人，比上年末增加847万人。其中，参保职工12250万人，参保离退休人员4103万人，各级社保经办机构为其中60%以上的人员提供了社会化管理服务。①

（1）确立统账结合的基本制度，探索了基本养老保险、企业年金和个人养老储蓄的多层次体系

随着1997年国家统一全国基本养老保险制度，社会统筹与个人账户相结合的基本养老保险制度模式在全国基本确立，基本养老金在退休职工老年生活保障中的作用日趋明显。与此同时，以企业年金为主的企业补充养老保险也不断发展，2004年，出台了《企业年金实行办法》和《企业年金基金管理实行办法》，企业年金制度正式建立；个人自主购买商业人寿保险也不断增加，企业年金和个人养老储蓄已经成为退休职工老年生活保障的收入来源之一。

---

① 劳动和社会保障部、国家统计局：《2004年度劳动和社会保障事业发展统计公报》，www.molss.gov.cn。

(2) 扩大基本养老保险制度覆盖范围，实现了从国有企业向城镇各种所有制企业的延伸

全国参加基本养老保险的在职职工人数自2000年突破亿人大关以来，平均每年以300多万人的速度增加。各级政府和劳动保障部门适应就业形势日趋多样的形势，将养老保险覆盖面从城镇企业扩大到城镇个体工商户、灵活就业人员及农民合同工，开设个人参保窗口，设立基金征收“预储户”，接续养老保险关系，落实社会保险补贴政策等，满足各类从业人员参加养老保险的需要。截至2003年上半年，全国个体工商户参保人数已达872万人。目前，各地正在贯彻落实农垦企业职工参加养老保险的政策，解决这一特殊群体的困难。随着养老保险覆盖范围的不断扩大，逐步建立起了社会保险服务于就业，就业促进社会保险的和谐关系，使越来越多的城镇就业人员的社会保险权益得到了保障。

(3) 普遍实行个人缴费制度，加大中央和地方财政投入，建立全国社会保障基金，初步形成了国家、企业和个人的多元化筹资机制

各地对基金征缴工作都很重视，采取了很多行之有效的措施。许多省份将“扩面、征缴”列入政府工作目标责任制，明确市、区（县）政府为第一责任人，充分发挥财政、人事、民政、工商、税务、审计、公安、统计、工会等部门的工作优势，综合利用法律、行政和经济手段，推动“扩面、征缴”工作的有效开展。同时，各地认真贯彻执行《社会保险稽核办法》，逐户开展缴费基数稽核，查处少报、瞒报缴费基数情况，避免基金流失。2003年上半年，全国月人均缴费基数同比增加113元，基金增收139亿元，其中核实缴费基数起了很大作用。各地还加大了企业欠费加收力度，2001年清理企业欠费125亿元，2002年144亿元，2003年上半年57亿元。

与此同时，中央财政对养老保险基金补助逐年增长，逐步建立起多渠道筹集资金的机制。各地基金征缴收入虽然逐年增长，但因养老金支出增长过快，统筹层次不高等原因，地区之间不平衡的问题仍很突出。为确保养老金发放，以中央财政补助为主的多渠道资金筹集机制正在形成。中央财政每年对养老保险基金缺口补助，从2000年的338亿元增长到2003年的465亿元。一些地方政府也加大了对养老保险基金的投入，用于对养老保险基金补助，2001年以来补助152亿元。湖北省养老保险基金支出压

力比较大，2001 年、2002 年地方财政补助资金达 4.8 亿元和 5.6 亿元，个别基金缺口较大的市县，已将当地基金缺口的 30% 列入地方财政预算。2000 年，国务院决定成立全国社会保障基金理事会，管理中央集中的社会保障基金。

(4) 实行原行业统筹下放省级管理，解决条块分割的矛盾，建立了上下贯通、覆盖全国的五级社保经办管理服务体系

20 世纪 80 年代在养老保险改革试点阶段，曾在铁道、邮电、电力、水利、中建公司 5 个部门试行“行业统筹”。1993 年，国务院 49 号文件又批准在交通、煤炭、中国人民银行（含专业银行和人民保险公司）、民航总局、石油天然气总公司、有色金属工业总公司 6 个部门实行“行业统筹”。参加行业统筹的在职职工约 1400 万人（占国有企业职工总数 20%），其中，离退休人员 360 万人（占国有企业离退休人员总数 20%）。“行业统筹”造成了养老保险制度的“条块分割”，导致同一地区同类人员养老保险形成不合理的待遇差别，不利于企业生产经营管理和财务核算，不利于提高统筹层次。1998 年，《国务院关于实行企业职工基本养老保险省级统筹和行业统筹移交地方管理有关问题的通知》（国发［1998］28 号）文件将原来已在 11 个部门实行的行业统筹转归所在地区的省级统筹，有效地解决了条块分割的问题。

(5) 确保基本养老金按时足额发放，实行养老金社会化，维护了广大职工的基本权益

到 2004 年年底，参保离退休人员 4103 万人，在经济政治生活和社会稳定中占有重要地位。两年多来，各地确保养老金发放的形势比较稳定，除海南农垦企业发生一些拖欠（2003 年上半年为 8140.8 万元）外，继续保持按时足额发放，并补发历史拖欠 9.5 亿元。2001 年和 2002 年，国家连续两次提高企业离退休人员养老金水平，人均月养老金标准从 2000 年的 544 元提高到 648 元。在养老金水平不断提高的基础上，确保发放的成果得到了巩固，充分发挥了稳定社会的作用。

8.1.2 我国现行城镇养老社会保障制度存在的问题

随着改革深化和经济社会发展，我国经济结构不合理、社会保障体系不健全、就业压力逐年增加和收入分配差距拉大等深层次问题逐步显现出

来；伴随市场化、城镇化、人口老龄化程度的提高，养老社会保障的任务越来越重，社会化服务的要求越来越高，政府管理的压力越来越大。进一步完善养老社会保障制度面临着诸多问题和严峻挑战。

（1）在保障项目方面，责任不明确，助长了企业和地方政府的依赖倾向

长期以来，由于政府与企业、中央政府与地方政府之间养老保障责任不明，企业依赖政府、地方政府依赖中央政府的倾向日趋明显，中央政府的责任和包袱越来越重。一些地方在实行社会统筹过程中，剥离了部分企业保障项目，过多地承担了养老保障的责任。由于政府能够确保按时足额发放养老金，职工缺乏自我保障意识，企业没有自主建立企业保障计划的积极性。同时，一些地方把统筹外项目纳入基本养老保险支付范围，部分地区统筹外项目已占实际支付的1/3左右，提高了基本养老保险的保障水平，增加了各级政府养老保险的隐性负担。现行目标替代率为58.5%，目前全国平均为86%，有的地方高达120%以上。[①] 随着财政负担的逐年增加，一些地方政府利用“两个确保”的机遇，要求中央政府增加养老保险财政补助，逐步将应当由地方政府承担的统筹外项目转变为统筹内支付，一并转嫁给中央政府，无形中使中央政府的有限责任转变为无限责任。

（2）在账户设计方面，债务不清晰，放大了基金缺口和“空账”

养老保险债务是我国经济改革和社会发展过程中最难解决的转制成本。国发［1997］26号文件统一了基本养老保险制度，确定了费率和替代率，划清了“老人”、“中人”和“新人”的界限，初步界定了历史债务的范围和规模。由于当时只将个人账户作为一个计发方法，个人账户不是实际账户，而是一个“名义账户”；由于财务上实行基金混账管理的办法，允许统、账基金相互调剂使用，以基础养老金代替基本养老金，基金管理未能实现向部分积累制过渡的目标，仍然是现收现付制。1997年以来，各地没有做实个人账户，无法割断统、账基金之间的联结，锁定统筹基金的债务。一些地方为满足当期支付需要，大量动用“中人”和“新

① 邓大松、刘昌平：《中国企业年金制度研究》（修订版），人民出版社2005年版，第22页。

人”积累的个人账户基金，持续扩大统筹基金的现实债务，增加了政府的养老保险债务规模。过去6年，个人账户“空账”规模累计已超过7000多亿元。如果不做实个人账户，不实行基金分账管理，从根本上锁定政府的财务负担，建立各级政府、企业和个人的分担机制，养老保险债务将成为我国规模最大、增长最快的债务。

（3）在运行方式方面，机制不合理，增加了制度和道德风险

很长一段时间，各级政府主要注重养老保险的社会效果，忽略了其经济效应和运行方式，没有建立一套风险控制机制。在征收环节，由于政策规定弹性较大，缺乏统一调控和措施，各地费基和费率不一、差距很大，高低相差15%左右；由于缴费年限与最终受益之间缺乏制度关联和激励作用，企业和职工没有缴费积极性，普遍缩短缴费期限，2002年约有400万参保职工非正常中断缴费。在管理环节，由于基金混账管理，统筹基金未按收支需要实行有效管理和监控，造成一定隐性损失；个人账户基金没能形成资本、实施投资运营且高额计息，加大了“空账”规模和政府负债。在支付环节，由于法定退休年龄偏低，计发基数和系数、保障项目和水平、待遇调整时间和标准等管理不规范，一些地方擅自决定、自行做出调整和安排，一些企业为减员增效，鼓励和支持职工提前退休，大大增加了基金的支付压力，近年来全国平均退休年龄仅为53岁，2002年提前退休人员占当年离退休人数的比例高达23%。事实上，征收、管理和支付环节每个因素的微小变动，都将严重影响制度的财务平衡，危及可持续发展。

（4）在制度建设方面，体系不健全，抑制了多样化养老保障需求

逐步建立覆盖全民的、多支柱的养老社会保障体系，是世界各国政府普遍追求的政策目标。20世纪90年代以来，我国一直进行建立多层次城镇养老社会保障体系的探索，并同时进行机关事业单位和农村养老保险制度的改革，由于种种原因，没能很好地调整基本养老保险统、账的关系，以及政府管理与市场运营项目的关系，养老社会保障体系建设的进展较为缓慢。目前，城镇企业职工养老保险制度仍以国有企业职工等正规就业人员为主要保障对象，多数个体工商户、灵活就业人员等非正规就业人员还在制度覆盖范围之外，这与社会保障的普遍性和公平性原则不相适应。同时，由于基本养老保险在多层次体系中所占比重过大，加上缺乏优惠政策

支持，一定程度上影响了企业自主建立企业年金的积极性，不能满足广大职工多方面的保障需求。虽然机关事业单位和农村养老保险制度改革已有多年，但制度模式尚未确定，相互衔接还存在很多难点和问题。总体上看，覆盖全民并整体连接的养老社会保障体系的制度框架不够清晰，严重制约着劳动力在不同制度间的合理流动，影响了城乡经济改革与社会发展的进程。

(5) *在组织保障方面，管理不顺畅，影响了服务质量和效率*

管理是实现政策目标的主要手段，是提供优质服务的基础和关键。目前，我国养老保险管理体制还未彻底理顺，有关部门分工不够明确，存在相互交叉问题和掣肘现象；统筹基金管理层次较低，大部分地区实行县级统筹，宏观调控和微观调剂能力不强；技术支持系统还未建立，服务手段落后，管理质量和效率不高；社保经办机构尚未建立垂直管理体系，管理服务人员素质有待提高，难以适应信息化社会和社会化管理服务的需要。

8.2 将"统账结合"定义为"部分积累制"是误解或曲解

当前，不论是实际部门还是理论界，对于我国"统账结合"基本养老保险制度的筹资模式给出的理论界定基本上统一为"部分积累制"，事实上这种界定是一种误解或曲解。从我国"统账结合"的制度形态来看，其事实上是现收现付制的统筹养老金制度和基金积累制的个人账户养老金制度两项制度而非一项制度，是混合而非结合。事实上，不论是从筹资模式、管理方式、给付形式来看，还是从政府在这两项制度中承担的责任来看，"统账结合"制度的两部分都存在明显的差异，并且是截然不同的两种制度形态。因此，将"统账结合"制度定义为"部分积累制"是一种误解，甚至是一种曲解。

8.2.1 "部分积累制"误解产生一系列现实问题

由于对"部分积累制"误解，导致在我国基本养老保险制度的现实运行过程中出现了一系列问题，有些问题已经严重危及到制度的财务可持续性。

(1)“部分积累制”误解引发社会保险“税费之争”

由于“部分积累制”误解，一直以来，我国理论界和实际部门就社会保险税与费的问题争论不休。反对实行社会保险“费改税”的人士认为，费与税都是社会保险资金的筹集方式，是手段而非目的，它们均为实现制度的目标服务，并取决于特定的制度模式。而赞成社会保险“费改税”的人士指出，我国社会保险机制不完善，不仅缺乏强有力的法律、法规支持，也未将社会保险资金列入预算内管理，通过开征“社会保险税”，可以以法律形式明确国家、单位和个人的分配关系，避免随意收费和分配不公等问题，全面实现社会保险基金分配的公开化，带动社会的保险机制、利益机制和分配机制全面运转。

开征社会保险税的问题事实上涉及社会保险的公共品性质界定，也就是社会保险制度是否具备收入再分配功能。一般来说，现收现付制制度通过代际收入再分配和代内收入再分配的方式实现促进社会公平的政策目标，国家向参保人提供最基本的生活保障，并作为“最后出场人”向制度提供财务担保，承担兜底责任。因此，现收现付制的覆盖范围一般都是全体公民，并以工薪税或一般性财政收入的方式进行筹资，资金纳入财政预算进行管理，如美国、法国、英国等。而以增进经济效率为政策目标的基金积累制制度因其将个人供款额与个人受益联系在一起，可以对个人供款和监督起到激励作用而备受推崇；国家一般不承担直接的担保责任，而是通过建立类似于再保险的受益担保公司的方式（如美国的 PBGC）或是实行清偿保护的方式（如英国的清偿保护机制）维护参保人的利益；从实施范围来看，基金积累制制度并不必然实行全国统一安排，在许多国家，其计划安排甚至是企业层面上；个人账户上的基金积累属于个人产权所有，具有继承性，并受到法律认可和保护，个人账户因其私有产权性质而具有明显的分割性和排他性。因此，基金积累制一般都是以缴费的形式进行筹资，直接进入个人账户，如智利的私人养老金制度、英国、美国、澳大利亚的企业年金制度等。

事实上，如果将“统账结合”还原为现收现付制与基金积累制两项制度，而非“部分积累制”一项制度，那么有关社会保险税与费的问题就迎刃而解：社会统筹养老金制度实行税收征管，纳入财政预算；个人账户养老金以费的形式征集，存入职工个人账户。

（2）“部分积累制”误解形成了养老保险个人账户“空账”

由于错误地认为我国“统账结合”的基本养老保险制度就是“部分积累制”，是一项制度，因此，在制度的设计和实际执行过程中（国发［1997］26号文件），政策制定者与管理者都默许了社会统筹账户与个人账户之间是可以互相调剂使用的。也就是说，当某一账户出现收不抵支的时候，可以用另一账户的基金积累来填补。而按照现收现付制财务模式管理的社会统筹账户，从本质上就是一种年度平衡账户，不可能有基金积累。特别地，当社会统筹账户承载了转制成本清偿责任的时候，社会统筹账户就不可能再实现收支平衡，必然出现基金缺口。而以基金积累制财务管理方式运作的个人账户是不可能出现基金缺口的。结果是，账户之间调剂使用方式只能是单向地从个人账户向社会统筹账户的基金转移，从而导致个人账户养老基金被统筹账户透支，个人账户变为“空账”，沦为名义账户，个人账户成为一个记账符号。

（3）“部分积累制”误解导致中央政府承担养老保险无限责任

长期以来，由于“部分积累制”误解导致政府与企业、中央政府与地方政府之间养老保险责任不明，中央政府的责任和包袱越来越重。1997年国发26号文件已经划清了“老人”、“中人”和“新人”的界限，初步界定了转制成本的计算范围与规模。但是，由于“部分积累制”误解，出现了“空账化”的个人账户养老基金无本计高息、大量“中人”提前退休并纳入社会统筹、统筹外项目列入统筹内支付等不合理现象，导致作为历史欠债的养老保险转制成本被逐年放大。随着财政负担的逐年增加，一些地方政府利用“两个确保”的机遇，逐步将应当由地方政府承担的统筹外项目和“两个确保”义务转嫁给中央政府，无形中使中央政府的有限责任转变为无限责任。

8.2.2 “部分积累制”误解产生的原因：模糊政府养老保障责任边界

“部分积累制”误解的原因之一：将个人账户作为清偿转制成本的重要举措。我国现行基本养老保险制度的筹资模式就是社会统筹与个人账户相结合的混合制度，因而我国的养老保险制度改革中转轨到个人账户的部分形成了制度的转制成本。但是在我国基本养老保险制度模式的设计和实施过程中，我们将混合型养老保险制度定义为“部分积累制”，其目的在于默许现收现付制统筹账户基金应担负“转制成本”，并对个人账户透支，实行“统账结合、混账管理、空账运行”的方式。使个人账户的“空账”运转在一定程度上成为我国基本养老保险制度改革的主要支撑技术。

“部分积累制”误解的原因之二：强化政府调控转制成本规模的能力。“部分积累制”误解的实质在于政策制定者和实施者可以通过不断调整个人账户与统筹账户的比例来控制转制成本的规模。我们依然记得从1995年开始出现的“大账户”与“小账户”之争，其结果是在1997年26号文件统一了基本养老保险制度后采取了“小账户”模式，直接降低了转制成本的规模。国发［2000］42号文件规定将养老保险个人账户的缴费比例由11%降为8%，间接地再一次降低了转制成本的规模。

8.3 可持续发展的中国多支柱养老社会保障体系的基本框架

从1984年养老保险社会统筹试点到2000年做实个人账户试点，再到2004年企业年金试行，我国多支柱养老社会保障体系正在逐步建立。与大部分转制经济国家和智利模式不同，我国从单一支柱的国有企业退休保障制度向包括基本养老保险（基础养老金和个人账户养老金）、企业年金和个人储蓄性养老保险在内的多支柱养老社会保障体系演进的过程，从形式上看遵循了第二条潜在改革路径：“现收现付制+基金积累制=多支柱”。但实质上这种改革路径与欧洲大陆国家和拉美第二轮改革国家是不同的。因为，我国的基本养老保险制度虽然形式上是“统账结合”的一项名义账户制度，而实质上是“现收现付制+基金积累制”的两项制度，由此产生了大量的转制成本，带来了沉重的改革“阵痛”。

因此，未来20年我国的城镇养老社会保障制度，应在进一步调整和完善基本养老保险制度结构基础上，通过引导和鼓励企业年金、个人储蓄养老保险发展，逐步建立起与公有制为主体、多种所有制经济发展相适应的、满足不同群体需求的多支柱养老社会保障体系。

8.3.1 做实个人账户是实现结构性调整的前提

做实个人账户是实现统账分开管理的前提，是划清政府责任的关键。做实个人账户，可以一步做实也可分步做实。一步做实，从2006年起，按所有参保人员缴费工资的8%缴费记账，并按实际投资收益计息。一步做实操作简便，可如期实现部分积累，约束地方同步配套资金，中央和部分地区财政压力较大。分步做实可减轻当前负担，但不能规范管理，难以约束地方配套资金。

2006年之前，中央财政用于确保养老金发放的补助，应保持相对稳定，基础养老金不足部分由地方财政补助。今后，中央财政新增补助主要用于做实个人账户，并把握以下原则：一是实行各省市都给补助的政策，促进各地做实个人账户。二是考虑各地经济发展和财力情况区别对待，对中西部地区和老工业基地有所倾斜，确定不同的补助比例。三是建立做实与补助的激励机制，对地方财政配套提出明确要求。具体的方案可以参照辽宁试点，实行差别对待。对于东部地区，地方财政与中央补贴的比例为75%:25%；对于中部地区，地方财政与中央补贴的比例为50%:50%；对于西部地区和老工业基地，地方财政与中央补贴的比例为25%:75%。

8.3.2 还原“统账结合”制度为“基础养老金制度+个人账户养老金制度”的本质特征

既然我们对基本养老保险制度“部分积累制”的认识是一种误解，我们就应该重新界定基本养老保险制度体系，承认社会统筹与个人账户相结合模式是两项制度的混合，而此前辽宁试点的改革事实上是不彻底的。

目前应在做实个人账户的基础上，将“统账结合”制度拆分为“基础养老金制度+个人账户养老金制度（或强制性企业年金制度）”，两项制度共称基本养老保险制度，强制所有企业和城镇所有从业人员依法参加。与此同时，坚决剪断“统”、“账”之间的“脐带”，统筹基金不能向个人账户透支，个人账户基金也不得向统筹账户透支。在两项制度组成的基本养老保险中，国家承担基础养老金制度的兜底责任和基金受托管理责任，仅承担个人账户养老金制度的基金受托管理责任，不对其进行财政兜底。既然个人账户养老金制度是一个以纵向财务平衡为原则的基金积累制制度，并内在地要求养老基金投资运营，那么我们就应该还原个人账户养老金制度的本质，由政府将养老基金专业管理职能让渡给外部市场化主体来提供，而政府的责任仅在于强制建立和拟订规则、依规监管。

8.3.3 可持续发展的多支柱养老社会保障制度的基本框架

完善养老社会保障制度是健全社会保障体系、促进经济社会协调发展的一项重要而紧迫的任务，要以“建设和谐社会”的历史目标为指导，认真贯彻落实党的十六大及十六届三中、四中全会精神，紧紧围绕全面建设小康社会的总体目标，解放思想，实事求是，与时俱进，进一步调整养老保障制度结构，明确政府、企业和个人的责任，发挥市场在资源配置中的积极作用；要建立养老社会保障长效机制，促进社会公平、和谐与可持续发展，实现保障体系科学化、管理制度法制化、筹资渠道多元化和管理服务社会化。

完善养老社会保障制度的基本思路是：通过结构调整，逐步从“统账结合、混账管理、空账运行”的“部分积累制”模式过渡到包括基础养老金制度（国民养老金）、个人账户养老金制度（或强制性企业年金）、自愿性企业年金制度、个人储蓄性保险在内的多支柱养老金体系。图 8－1 描绘了未来我国多支柱养老社会保障体系的基本框架。总体上看，以下四项养老保障项目，可为城镇从业人员提供替代率为社会平均工资 90% 左右的老年生活保障。

（1）基础养老金制度（国民养老金）

基础养老金制度是一项覆盖城镇所有从业人员，确保其基本生活和权益的养老保障项目，可视为最低养老金。基金由企业缴费形成，不足部分由财政补助，所有参保人员享受同等待遇水平，目标替代率 20%。作为基本保障项目，政府应当承担受托管理和财政兜底责任。实行全国统筹之前，基础养老金的责任主体是地方政府，基金不足部分由地方财政兜底，中央财政给予适当补助；实现全国统筹之后，统一各地基础养老金缴费基数和比例，基金不足部分由中央财政兜底。目前，国家规定基础养老金缴费比例不超过 20%，各地费率高低不等、差异较大，今后应视基金收支和财政状况逐步降低，为非正规就业人员参加社会统筹和增强企业竞争力创

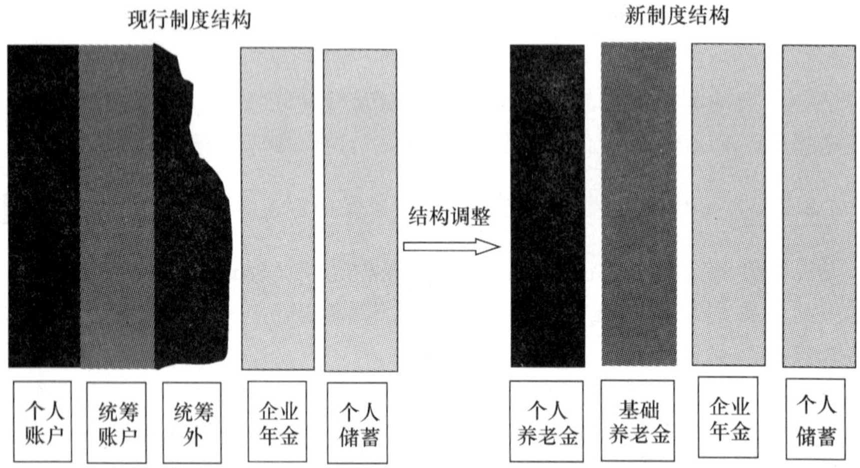

图 8－1　未来中国多支柱养老社会保障体系的基本框架

造条件。

(2) 个人账户养老金制度（或强制性企业年金）

个人账户养老金制度是一项强制职工个人缴费，国家给予税收优惠，政府承担受托管理责任，保障其中等生活水平的养老保障项目。个人账户基金企业不缴费，财政不兜底。基金由个人缴费形成，具有与统筹基金不同的私有属性，根据个人缴费、投资收益积累额和预期余命确定待遇水平，目标替代率40%。目前，国家规定个人按工资8%缴费，由于职工工资基数不一，实际缴费费率和投资收益率不同，个人账户基金积累额差别较大，最终享受的待遇水平不等。

(3) 自愿性企业年金

企业年金是一项政府给予政策支持、企业自主建立的养老保障项目。此项计划应由企业与职工协商建立，基金由企业和职工缴费形成，实行市场化管理运营，计划替代率为30%。由于该项计划为企业自主项目，企业可能建也可能不建，存在有或无的区别。此外，由于职工工资基数、供款比例和投资收益等不同，企业年金个人账户最终积累额不等，实际享受的保障待遇差别很大。

(4) 个人储蓄性养老保险

个人储蓄性养老保险由企业和（或）个人依据自身收入状况，自愿到商业人寿保险公司购买的养老保险产品。目前针对保险公司开展的、符合条件的养老保险产品，政府给予营业税减免的优惠待遇，今后应进一步扩大优惠幅度，出台引导和规范政策。

8.4　中国基本养老保险转制成本与“划资偿债”战略

从本质上看，2000 年成立的全国社会保障基金的定位就是养老保险制度的长期战略储备基金，目标也就是为了防范未来养老保险基金出现偿付能力危机时的风险。因此，在预期养老保险制度财务危机的情况下，通过“划资偿债”方式做大全国社保基金事关我国基本养老保险制度改革的成败。

8.4.1　转制成本是养老保险制度变迁必须支付的代价

马克思在《哥达纲领批判》一文中指出，社会在对个人分配消费品之前，要对社会总产品进行必要扣除：“第一，用于补偿消费掉的生产资料的部分；第二，用来扩大生产的追加部分；第三，用来应付不幸事故，自然灾害的后备基金或保险基金。”剩下作为消费品的那一部分，在进行个人分配之前，又得扣除“第一，和生产没有关系的一般管理费用；第二，用来满足共同需要的部分，如学校、保健设施等；第三，为丧失劳动能力的人等等设立的基金”。从广义上说第一次扣除中的第三项和第二次扣除中第二、三项属于社会保障基金。从狭义上说，第二次扣除中第三项属于社会保险基金。在计划经济体制下，我国实行的是以《劳动保险条例》为基础的“低工资、多就业、高补贴、宽福利”的国有企业保障制度。在国有企业保障制度下，职工退休金由国有企业支付，劳动力再生产费用被扭曲。“社会保障基金”或是以利税形式上缴国家财政，或是固化在国有资产之中，从而造成历史上退休基金没有积累的局面。随着我国由计划经济体制向社会主义市场经济体制的转换，国有企业的改革成为城市经济体制改革的重点，国有企业逐步走向独立，企业保障转向社会保障。

当传统单位退休金制度转为社会统筹和个人账户相结合筹资模式的基本养老保险制度时，国有企业不再承担职工退休养老的全部责任，那些已退休和原制度下工作过的职工（即“老人”和“中人”）的养老金负担就转嫁到现行社会养老保险制度上，那么，这些负担就成为制度转换过程中的隐性债务。

我国现行基本养老保险制度的筹资模式是社会统筹与个人账户相结合的部分积累制，其实质是现收现付制和基金积累制相结合，社会统筹账户实行现收现付制，个人账户实行基金积累制。由于社会统筹账户与旧制度在本质上基本一样，仅仅是统筹层次由单位统筹提高为社会统筹。因此，当养老保险制度由完全现收现付制过渡到部分积累制时，社会统筹账户部分并不构成制度的转制成本。而个人账户实行的是个人自我保障，因此，当社会统筹账户不足以支付“老人”和“中人”的养老金时，养老保险制度隐性债务显性化，形成制度变迁的转制成本。但在实践中，政策执行者默许了现收现付制统筹账户基金应担负的“转制成本”对个人账户的透支，实行“统账结合、混账管理、空账运行”的方式。

对于通过转移部分国有资产形式偿付转制成本问题，国家在许多文件上都有过明确说明：如 1989 年 2 月国务院三部委（财政部、体改委、国资局）《关于出售国有小型企业的决定》，《国务院关于在若干城市试行国有企业破产有关问题的通知》（国发［1994］59 号）都明确了运用“国资”解决企业职工劳保、福利待遇欠账的政策。原劳动部在《社会保险制度改革的总体设想》中，对资金来源就明确提出“结合产权制度改革，从国有企业资产或红利中划拨一部分资产，用于弥补国有企业职工社会保险基金的不足”。1999 年，党的十五届四中全会通过的《中共中央关于国有企业改革和发展若干重大问题的决定》提出：要采取多种措施，包括变现部分国有资产，合理调整财政支出结构等，开拓社会保障新的筹资渠道，充实社会保障基金。2003 年，党的十六届三中全会《中共中央关于完善社会主义市场经济体制若干问题的决定》也提出“采取多种方式包括依法划转部分国有资产充实社会保障基金”。特别是 2001 年 6 月 12 日国务院发布的《减持国有股筹集社会保障资金管理暂行办法》，明确指出制定本办法是为了完善社会保障体制，开拓社会保障资金新的筹资渠道。虽然国有股减持法规在出台后不久就因为其对资本市场的影响而被紧急叫停了，但正如李绍光教授所言："要不要划拨是一个决心的问题，而怎样划拨就是一个技术性问题。"[①]《减持国有股筹集社会保障资金管理暂行办法》的出台首次使偿还转制成本的措施落到了实处。

8.4.2 不规范的现行制度设计正在不断放大养老保险转制成本

由于我国现行养老保险制度设计方面存在的问题和实际运行机制不够完善，导致作为历史欠债的养老保险转制成本被逐年放大，养老保险基金缺口和个人账户"空账"规模持续增加。其主要原因在于：

（1）个人账户养老基金无本计高息

由于我们在养老保险制度改革过程中回避了转制成本，导致现行养老保险制度没有实现改革的初衷，其结果是养老保险制度"统账结合、混账管理、空账运行"。到"十五"末期，个人账户"空账"规模累计达到7000多亿元。而恰恰相反的是，个人账户基金没能形成资本、实施投资运营且高额计息，持续扩大了统筹基金的现实债务，增加了政府的养老保险债务规模。

（2）大量"中人"提前退休

特殊工种提前退休，是计划经济时期政府对从事损害身体健康岗位工作的职工实行的一种事后补偿政策。这一政策对于促进国民经济发展和保护职工身体健康起到了积极作用。但在当前严格控制破产和因病提前退休并减发待遇的情况下，通过特殊工种的"通道"提前退休，却成了不少企业享受政策优惠的"独木桥"。对于职工而言，在一些地方鼓励劳动者通过提前退休的方式缓解企业富余人员分流重要政策手段的支持下，选择提前退休进入领取养老金的队伍，自然是较好的出路。对于一些地方和企业而言，企业破产、职工安置是一个最为困难的问题。特别是一些地处深山、职工再就业困难的企业，破产后职工很难实现再就业，使提前退休成了"关门走人"的最稳妥办法。因此，在我国法定退休年龄本来偏低的背景下，由于各种因素的共同作用，普遍化的提前退休日益加剧，当前提

① 《划拨部分国有资产解决社保基金问题——中国人民大学社会保障研究所所长李绍光教授访谈》，载《南方周末》2003年10月2日B9版。

前退休人员占到当年退休人数的20%左右，已经成为经济生活中引人关注的重要问题。其中大量“中人”的提前退休，不仅缩短了其缴费年限，而且随同增加了其享受养老保险待遇的时间，这无疑将增加养老保险转制成本，对养老保险基金收支平衡产生很大冲击并对养老保险基金稳定带来沉重的支付压力。

(3) 将统筹外项目列入统筹内支付

在计划经济体制下，机关、事业单位和国有企业实行基本一致的退休保障政策，退休人员的退休金标准为基本工资的90%，并且退休金标准随退休人员行政级别高低、工龄长短、奖励项目多少等因素同比增加。但是，从1984年起，国有企业开始实行现代企业制度改革，企业退休保障制度逐步改革并统一为城镇企业职工基本养老保险制度，企业养老金标准也从90%降为58.5%。而同期，机关、事业单位仍然延续单位退休保障制度，退休金待遇没有降低。为了解决国有企业职工的攀比心态，顺利实行国有企业制度改革，由此出现了部分地方和部分国有企业违规建立统筹外项目的现象。统筹外项目实质上是为了弥补基本养老保险制度改革产生的31.5%的养老金替代率损失，在有些地方和企业，统筹外项目完全延续了传统单位退休保障制度的退休金标准，总替代率甚至超过了90%。

20世纪90年代后期，随着国家提出“两个确保”，一些地方把统筹外项目纳入基本养老保险支付范围，其结果是基本养老保险的保障水平远远高于制度设定的58.5%目标替代率。而这高出的部分也理所当然地成为了基本养老保险统筹账户的支出项目，无形中增加了制度的转制成本。

8.4.3 “划资偿债”的思路与可行方式

根据国务院有关规定，全国社保基金的主要来源是国有股减持划入资金及股权资产、中央财政拨入资金、经国务院批准以其他方式筹集的资金及其投资收益。在境内国有股减持暂停后，全国社保基金的主要资金来源已经无以为继，目前基金积累规模1818亿元，不足以担负清偿转制成本的重任，迫切需要开辟新的筹资渠道。作为一项战略储备，该项基金可从长计议，在短期内不做支出安排，使之不断增值做大，成为养老保险制度改革过渡期的稳定资源。

(1) 划转中央企业和国有重点企业中地方企业国有资产

划转中央企业国有资产，不涉及地方利益，便于操作实施，且资产质量较高，变现或分红相对容易；520户国有重点企业中地方企业大多是国民经济支柱产业中的大型企业，资产质量较优，盈利能力较强，发展前景较好，划转这部分国有资产，也可迅速筹集全国社保基金。

但是，划转这两部分国有资产的方案既包括中央企业和地方企业，也包括上市公司和非上市公司，划转其资产涉及政治、经济体制的一些深层次问题，操作实施有相当的难度。实施过程中应注意解决好两个问题：一是划转这两部分国有资产需要平衡并妥善解决中央与地方的利益分配和偿还养老保险历史债务的责任分配问题。按道理讲，筹集全国社保基金是所有国有企业的责任，解决“老人”和“中人”的养老金历史权益也包括了中央和地方企业的职工。二是继续推进国有企业股份制改革。目前，中央企业已经改制的单位不足40%，划转部分国有资产涉及改制重组和建立现代企业制度等一系列问题；非上市公司产权不明晰，国有资产估值定价缺乏标准。因此要进一步完善有关法规，理顺产权关系，加大国有企业股份制改革力度，建立客观公正的资产评估和定价机制，健全国有资产管理制度，为划转国有股权充实全国社保基金创造良好条件。

(2) 划转部分国有土地收益

我国实行土地公有制，禁止土地所有权转让，规定可以依法有偿转让土地使用权。目前，国有土地使用方式主要有四种，即：土地出让、土地租赁、作价入股和国有企业土地划转。当前可考虑采用划转部分国有土地收益的方式，增加全国社保基金积累。

《土地管理法》明确规定，原有建设用地的土地出让金“全部留给地方，专款用于城市基础设施建设、土地开发和中低产田改造”。新增建设用地的土地出让金，“30%上交中央财政，70%留给有关地方政府，专项用于耕地开发”。对于土地出让和土地租赁收益中有规定使用项目的不做要求，建议中央财政今后将收取的部分土地出让金投入全国社保基金，增加基金资产规模。

按照有关规定，国有企业改制时，国家可以一定年限的国有土地使用权作价入股，作为国家出资投入新设企业，其股权由当地人民政府土地管理部门，委托国有股权持股单位统一持有。在划转国有资产时，应统筹考虑国有土地权益。

根据国土资源部《划拨用地目录》（2001 年第 9 号部令）规定，国家可以保留无偿划转方式提供土地使用权，重点扶持能源、交通、水利等基础设施用地项目。可将这部分土地资产变无偿使用为有偿使用，收取土地出让收益或租金，在企业改制时作价入股（即把土地使用权显化为股权）或取得土地转让收益，并将其中的一部分用以充实全国社保基金。

8.5 中国养老保障基金资本化运营战略

养老保障基金运营管理是一个复杂的过程，涉及多个当事人，各当事人之间的法律关系以及承担的职责也不相同，这就使得养老保障基金管理模式呈现出多样性和复杂性。因此，规范养老保障基金管理模式对于明确不同管理模式下相关管理服务机构的职责，推动养老保障基金管理服务市场的健康发展和进一步完善养老保障制度非常重要。

随着我国多支柱养老社会保障体系逐步完善，养老保障基金的范围也逐步拓宽，目前主要包括基本养老保险基金、全国社会保障基金、企业年金基金，其中基本养老保险基金还可以进一步细分为社会统筹养老基金、个人账户养老基金。由于各项养老保障基金的本质属性、筹资模式等不同，相应的管理主体和治理结构发生变化，因此需要依据各项养老保障基金的本质特点建立相应的治理结构和管理模式。

8.5.1 个人账户养老基金的治理结构与管理模式

基金积累制的理论前提是基金投资收益率应大于工资增长率或通货膨胀率，选择了基金积累制就必须有相应的投资手段。个人账户做实后，随着“老人”的养老问题逐步解决，“中人”平稳过渡，“新人”的个人账户全部充实，我国将建立起真正的个人账户养老保险制度，实现基金平衡。这一笔庞大的基金将在未来 30 年左右的积累期面临通货膨胀风险和经济增长风险，因此，迫切需要通过基金投资运营实现保值增值。

（1）个人账户养老基金的治理结构与管理模式

个人账户做实后，必须最大限度地保值增值，否则就失去了意义。从国外的情况看，个人账户养老保险基金的管理运作，是在市场化的基础上政府管理和市场运作相结合。按照我国基本养老保险基金管理的现行规定，“基本养老保险基金实行收支两条线管理，基本养老保险基金结余额除预留相当于2个月的支付费用外，应全部用于购买国债券和存入专户，严禁投入其他金融和经营性事业，任何部门、单位或个人不得利用基本养老保险基金在境内外进行其他形式的直接或间接投资”。这种严格的基金投资管理政策不仅不符合基金积累制养老金制度改革的本质要求，而且使个人账户养老基金面临巨大的通货膨胀风险和经济增长风险。因此，必须放弃这种严格的投资限制政策，探索市场化投资管理的模式。

参考国际上养老保险基金投资管理模式，结合我国个人账户养老保险基金的强制性和基本保障的属性，我国个人账户养老保险基金的治理结构应是委托投资管理型：个人账户养老保险基金虽然也是国家基本保障项目，但采取基金积累制筹资方式，国家财政不提供担保，因此，个人账户养老保险基金的治理结构应采取省级社会保险经办机构作为受托人和（或）账户管理人，将个人账户养老基金的投资管理权和托管权分别委托外部竞争性商业机构的管理模式；省级社会保险经办机构在不具备能力的前提下，可以将个人账户养老基金的账户管理权委托给外部商业机构。省级社会保险经办机构、基金管理服务机构在从事个人账户养老基金管理服务过程中必须接受社会保障基金监管机构的监督检查。

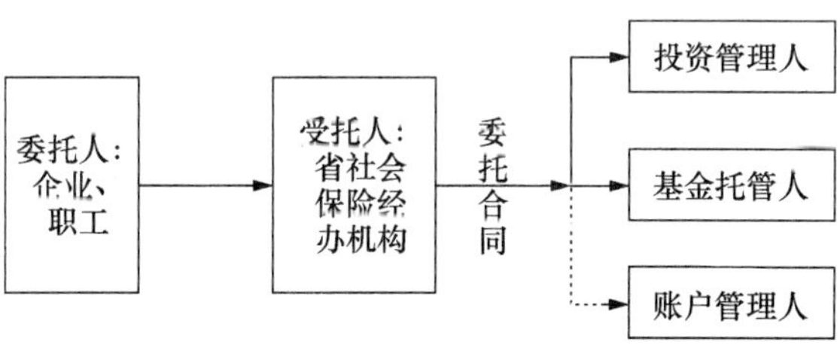

图8-2 个人账户养老保险基金治理结构图

（2）个人账户养老保险基金投资的相关配套政策

①个人账户做实资金由省级社会保险经办机构集中统一管理

做实资金由于数额较大，一般存储数十年后才开始支付，因而有条件进行长期运作。由于其所有权的私有属性，显然不宜实行财政专户管理。

但如果仍然按统筹层次管理，安全与投资风险都较大。因此应由省级社会保险经办机构按照委托投资管理模式，实行统一管理。基金管理服务机构必须是经社会保障基金监管机构批准具有从事社会保障基金管理服务资格的金融机构和专业养老金管理公司。

②明确省级社保经办机构的职责

省级社会保险经办机构的主要职责是负责个人账户养老保险基金的归集与支付；选择具备资格的投资管理机构和托管机构，并委托托管机构开设个人账户养老基金收支托管专户；对个人账户基金进行精算，制订基金支出中长期计划；制定个人账户养老基金战略资产配置和投资策略，并按规定程序委托投资运营；负责个人账户养老基金财务核算与管理，编制并保存个人账户养老基金管理的会计资料；定期向社会披露个人账户养老基金管理情况；定期向监管部门报告个人账户养老基金运营情况等。

③明确个人账户养老保险基金投资监管规则

由于个人账户养老基金在强制性和保障层次上有别于企业年金基金，因此，应制定专门的基金投资监管规则，明确个人账户养老保险基金的投资比例、风险准备金的比例、管理服务机构的资格准入标准、信息披露标准、退出机制等。

8.5.2 全国社会保障基金的治理结构与管理模式

按照《全国社会保障基金投资管理暂行办法》，全国社会保障基金是指全国社会保障基金理事会负责管理的由国有股减持划入资金及股权资产、中央财政拨入资金、经国务院批准以其他方式筹集的资金及其投资收益形成的由中央政府集中的社会保障基金，其资产独立于理事会、社保基金投资管理人、社保基金托管人的资产。当前，全国社会保障基金的管理模式采取的是委托投资型。

(1) 全国社会保障基金的治理结构与管理模式

全国社会保障基金的治理结构是委托投资管理型，即由全国社会保障基金理事会作为基金受托人将全国社会保障基金的投资管理权委托外部投资管理机构管理，同时，也应引入外部全程托管制度，将基金的托管权委托外部商业银行。

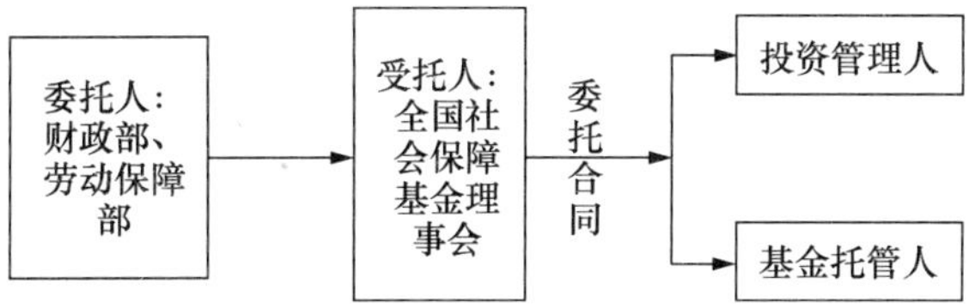

图 8－3 全国社会保障基金的治理结构图

全国社会保障基金理事会的主要职责是：制定全国社保基金的投资经营策略并组织实施；选择并委托全国社保基金投资管理人、托管人对全国社保基金资产进行投资运作和托管；对投资运作和托管情况进行检查；负责全国社保基金的财务管理与会计核算，编制定期财务会计报表，起草财务会计报告；定期向监管机构和社会公布全国社保基金资产、收益、现金流量等财务状况。

全国社保基金投资管理人的主要职责是：按照投资管理政策及全国社保基金委托资产管理合同，管理并运用全国社保基金资产进行投资；建立全国社保基金投资管理风险准备金；编制全国社保基金委托资产财务会计报告，出具全国社保基金委托资产投资运作报告。

全国社保基金托管人的主要职责是：尽职保管全国社保基金的托管资产；执行全国社保基金投资管理人的投资指令，并负责办理全国社保基金名下的资金结算；监督全国社保基金投资管理人的投资运作。发现全国社保基金投资管理人的投资指令违法违规的，向理事会和监管机构报告。

（2）全国社会保障基金股权资产管理

目前全国社保基金的资产全部是现金资产，按《全国社会保障基金投资管理暂行办法》管理。下一步充实基金后，除现金资产之外，既有股权类资产，也有未股份化资产，划转以后会转为债权资产，因此需要分别研究股权资产和债权资产的具体划转办法和管理办法，切实解决其管理运作问题，实现保值增值。

①划转后国有资产的管理运营

经中编办批准，全国社保基金理事会设立了股权管理部，负责管理划转的国有资产股权或土地权益性资产。根据国务院规定，理事会可以拥有股权，享有所持股份的收益权，但不充当股东，不参与企业经营决策。全国社保基金理事会可依照有关法规聘请并委托符合资质要求的资产管理公司代理经营；另外，也可按照国家有关规定，在需要时向战略投资者协议转让所持股份，实现股权资产收益最大化。

国有土地资产，用每年分红或转让收益充实全国社保基金，主要是现金类资产，可根据全国社保基金的实际支付需要，合理确定其在资产组合中的比例，并以货币市场基金和银行存款为主要载体，实现保值增值。

②债权资产的管理与运作方式

经营性国有资产中尚未实行股份化和因各种原因而不能进行股份化改造的国有企业占用的资产，在划转以后将形成全国社保基金的债权资产。考虑到国有资产的股份化仍然需要一个过程，并且还要避免对股票市场产生过大的冲击，所以，债权资产在未来一段时期内仍然会存在。全国社保基金可以根据现金支出总体需要，在必要时对债权资产实行证券化，例如发行抵押债券，并建立相应的债券二级市场，实现这部分资产的保值增值，并满足支出需要。

③进一步加强和完善全国社保基金管理

第一，我国国有资产实行分级管理，资产分布极不均衡，解决中央和地方企业“中人”的养老金历史权益问题，只能统筹考虑。划转中央或地方重点企业部分国有资产的政策，应按国务院规定由政府有关部门拟定，所划国有资产只能由中央统一管理，避免人为增加管理成本和投资风险，造成全国社保基金管理的混乱局面。

第二，全国社保基金理事会应尽快研究制定内部投资管理和风险管理办法，加强资产负债管理，根据分配方案需要制定相匹配的资产管理策略；应尽快建立内部控制和外部监管制度，积极引进外部审计。

第三，由劳动保障部会同财政部、中国人民银行、证监会、银监会，研究制定与全国社保基金管理运营相配套的股权和债权资产管理运营方案，以及全国社保基金进入货币市场和债券市场的方案。对全国社保基金充实后的资金收益，由劳动保障部会同财政部，根据完善养老保险制度的统筹安排，明确使用方向，制定分配方案，使其最大限度地发挥作用。

第四，全国社保基金理事会要坚持“安全至上、审慎投资”的理念，积极稳妥地进入资本市场和货币市场。同时要积极探索更有效的资产管理运营体制，在保证基金安全性的前提下实现基金增值，并对我国资本市场、货币市场的健康发展和公司治理结构的完善发挥积极作用。

8.5.3 企业年金基金的治理结构与管理模式

随着《企业年金试行办法》和《企业年金基金管理试行办法》从2004年5月1日起正式实施，我国的企业年金基金管理市场将进入一个迅速发展时期，因此，研究企业年金基金治理结构和管理模式，对于规范年金基金管理相关当事人行为，激励各管理服务主体，从而保护年金基金受益人合法利益至关重要。

在企业年金基金治理结构中，企业和职工与计划受托人之间建立信托关系，依照《信托法》的有关规定执行；计划受托人与投资管理人、账户管理人、基金托管人之间建立委托关系，按照《合同法》的有关规定执行。

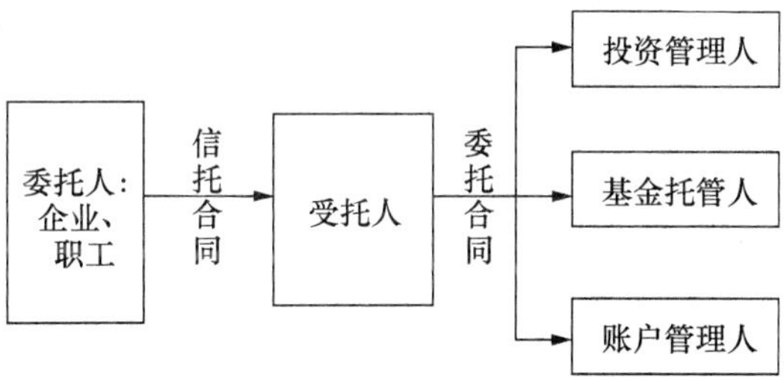

图8-4　企业年金基金的治理结构图

计划受托人可以是自然人组成的理事会，也可以是一个依法成立的法人机构。计划受托人对受托的企业年金基金财产具有管理、处分的全部权利和责任，但并不意味着受托人有担任受托企业年金基金财产的账户管理人、投资管理人和托管人的法律资格和实际行为能力，当受托人不具备担任账户管理人、托管人和投资管理人的法律资格和实际行为能力时，受托人必须将部分或全部职能委托给第三方法人机构承担，但是基金托管人职能必须对外委托，这是当前世界性企业年金发展的主流趋势，也应适用于我国的企业年金制度。第三方法人机构按照计划受托人要求和合同约定提供基金托管、投资管理和账户管理服务。

参考文献

1. 丁建定:《从济贫到社会保险》，中国社会科学出版社 2000 年版。

2. 丁建定:《英国社会保障制度的发展》，中国劳动社会保障出版社 2004 年版。

3. 王石泉:《论社会保障理论的历史演变》，《毛泽东邓小平理论研究》2004 年第 4 期。

4. 王虎峰:《养老金生产论》，中国社会科学院研究生院博士学位论文，2002 年。

5. 邓大松:《中国社会保障若干重大问题研究》，海天出版社 2001 年版。

6. 邓大松、刘昌平:《中国企业年金制度研究》，人民出版社 2005 年修订版。

7. 邓大松、刘昌平:《受益年金化：养老金给付的有效形式》，《财经科学》2002 年第 5 期。

8. 刘涤源、谭崇台:《当代西方经济学说》（下），武汉大学出版社 1990 年版。

9. 刘红红:《西方社会保障理论的演变及其借鉴意义》，《广东商学院学报》2004 年第 4 期。

10. 成志刚:《西方社会保障理论主要流派论析》，《湘潭大学社会科学学报》2002 年第 3 期。

11. 汤在新、付殷才、严鹏飞:《近代西方经济学史》，上海人民出版社 1990 年版。

12. 劳动保障部课题组:《关于我国灵活就业情况的统计分析》（2004 年），劳动和社会保障部网站。

13. 杨艳琳：《西方社会保障理论的发展》，《华中师范大学学报》

（人文社会科学版）2001 年第 2 期。

14. 李绍光：《养老金制度与资本市场》，中国发展出版社 1998 年版。

15. 何平、汪泽英、李红岚：《基本养老保险基金收支平衡预测》（2003 年“完善养老社会保障体系研究报告”分报告一），劳动和社会保障部社会保险研究所。

16. 何樟勇、袁志刚：《基于经济动态效率考察的养老保险筹资模式研究》，《世界经济》2004 年第 5 期。

17. 郑秉文：《美国社会保障“私有化”争论》，《国际经济评论》2003 年第 1 期。

18. 郑秉文：《欧盟社会养老制度选择及前景》，《欧洲研究》2003 年第 2 期。

19. 赵曼：《社会保障理论探析与制度改革》，中国财政经济出版社 1999 年版。

20. 姜永宏：《工业化与中国养老金制度》，暨南大学博士学位论文，2001 年。

21. 封进：《中国养老保险体系改革的福利经济学分析》，《经济研究》2004 年第 2 期。

22. 封进：《公平与效率的交替和协调——中国养老保险制度的再分配效应》，《世界经济文汇》2004 年第 1 期。

23. 封进：《人口结构变动的福利效应——一个包含社会保险的模型及解释》，《经济科学》2004 年第 1 期。

24. 柏杰：《养老保险制度安排对经济增长和帕累托有效性的影响》，《经济科学》2000 年第 1 期。

25. 姚洋：《制度与效率——与诺斯对话》，四川人民出版社 2002 年版。

26. 徐滇庆、尹尊声、郑玉歆：《中国社会保障体制改革——98 年度中国社会保障国际研讨会论文选》，经济科学出版社 1999 年版。

27. 袁志刚：《中国养老保险体系选择的经济学分析》，《经济研究》2001 年第 5 期。

28. 袁志刚、葛劲峰：《由现收现付制向基金制转轨的经济学分析》，《复旦学报》（社会科学版）2003 年第 4 期。

29. 袁志刚、宋铮：《人口年龄结构、养老保险制度与最优储蓄率》，《经济研究》2000 年第 11 期。

30. 董克用、王燕：《养老保险》，中国人民大学出版社 2000 年版。

31. 穆怀中：《国民财富与社会保障收入再分配》，中国劳动社会保障出版社 2003 年版。

32. 世界银行著，劳动部社会保险研究所等译：《防止老龄危机：保护老年人及促进增长的政策》，中国财政经济出版社 1997 年版。

33. 《劳动和社会保障部 2004 年第四季度新闻发布会》，劳动和社会保障部网站。

34. 《劳动保障部张浩表示：企业年金市场明年初可启动》，中证网，2004 年 11 月 26 日。

35. 《劳动和社会保障部 2004 年第四季度新闻发布会》，劳动和社会保障部网站。

36. 《新帕尔格雷夫经济的大辞典》（第二卷），经济科学出版社 1996 年版。

37. ［美］丹尼尔·F. 史普博著，余晖、何帆等译：《管制与市场》，上海三联书店、上海人民出版社 1999 年版。

38. ［美］查尔斯·沃尔夫：《市场或政府》，中国发展出版社 1994 年版。

39. ［美］吉姆斯·舒尔茨著，刘京胜译；《老年人的经济保障》，转引自中国老龄问题全国委员会办公室编《国外老龄问题》，甘肃人民出版社 1987 年版。

40. ［美］丹尼斯·C. 缪勒著，杨春学等译：《公共选择理论》，中国社会科学出版社 1999 年版。

41. ［美］科林·吉列恩、约翰·特纳、克利夫·贝雷、丹尼斯·拉图利普编，杨燕绥等译：《全球养老保障——改革与发展》，中国劳动社会保障出版社 2002 年版。

42. ［美］亨利·艾隆：《中国社会保障改革：个人保障与经济增长》，载《98 年度中国社会保障国际研讨会论文选》，经济科学出版社 1998 年版。

43. ［美］R. 科斯、A. 阿尔钦、D. 诺思等：《财产权利与制度变迁——产权学派与新制度学派论文集》，上海三联书店 1991 年版。

44. ［美］安加里·库玛、王燕：《养老保险基金管理与中国的金融部门》，载《1998 年中国社会保障制度改革国际研讨会论文选》，经济科学出版社 1999 年版。

45. ［美］鲁宾斯坦著，钱勇、周翼译：《经济学与语言》，上海财经大学出版社 2004 年版。

46. ［美］加里·S. 贝克尔著，王业宇、陈琪译：《人类行为的经济分析》，上海三联书店、上海人民出版社 1995 年版。

47. ［美］阿瑟·奥肯著，王奔洲等译：《平等与效率》，华夏出版社 1999 年版。

48. ［美］肯·宾默尔著，王小卫、钱勇译：《博弈论与社会契约——公平博弈》（第一卷），上海财经大学出版社 2003 年版。

49. ［美］科斯、诺思、威廉姆森等著，刘刚、冯健、杨其静、胡琴等译：《制度、契约与组织——从新制度经济学角度的透视》，经济科学出版社 2003 年版。

50. ［美］安塞尔·M. 夏普、查尔斯·A. 雷吉斯特、保罗·W. 格兰姆斯：《社会问题经济学》，中国人民大学出版社 2003 年版。

51. ［美］加里·D. 利贝卡普著，陈宇东、耿勤、秦军、王志伟译：《产权的缔约分析》，中国社会科学出版社 2001 年版。

52. ［美］道格拉斯·C. 诺斯、李·J. 阿尔斯通、张五常、［冰］思拉恩·埃格特森等编著，罗仲伟译：《制度变革的经验研究》，经济科学出版社 2003 年版。

53. ［美］约翰·N. 德勒巴克、约翰·V. C. 奈编，张宇燕等译：《新制度经济学前沿》，经济科学出版社 2003 年版。

54. ［意］尼古拉·阿克塞拉著，郭庆旺、刘茜译：《经济政策原理：价值与技术》，中国人民大学出版社 2001 年版。

55. ［日］青木昌彦著，周黎安译：《比较制度分析》，上海远东出版社 2001 年版。

56. ［英］劳动和社会保障部社会保险研究所组织翻译：《贝弗利奇报告——社会保险和相关服务》，中国劳动社会保障出版社 2004 年版。

57. ［英］尼古拉斯·巴尔著，郑秉文、穆怀中等译：《福利国家经济学》，中国劳动社会保障出版社 2003 年版。

58. ［荷］汉斯范登·德尔、本·范·韦尔瑟芬著，陈刚、沈华珊、吴志明、黄文红译：《民主与福利经济学》，中国社会科学出版社 1999 年版。

59. ［荷］杰克·J. 弗罗门著，李振明、刘社建、齐柳明译：《经济演化——探究新制度经济学的理论基础》，经济科学出版社 2003 年版。

60. ［印］阿马蒂亚·森：《伦理学与经济学》，商务印书馆 2000 年版。

1. Aaron J. Henry J., 1966, "The Social Insurance Paradox", *Canadian Journal of Economic and Politic Science* 32, 371 – 7.

2. Amy Finkelstein, James Poterba, 1999, "Selection Effects in the Market for Individual Annuities: New Evidence from the United Kingdom", NBER Working Paper 7168.

3. Ando, A. and Modigliani, F., 1963, "The 'life cycle' hypothesis of saving aggregate implications and tests", *American Economic Review*, 53, March. 55 – 84.

4. Arrau, P., 1991, "La Reforma Previsional Chilena y su Financiamiento durante la Transición", *Colección Estudios CIEPLAN* 32: 5 – 44.

5. Auerbach, A. J. and Kotlikoff. L. J., 1987, "*Dynamic fiscal Policy*", Cambridge: Cambridge University Press.

6. Avery, R. B., G. E. Elliehausen, and T. A. Gustafson, 1986, "Pensions and Social Security in Household Portfolios: Evidence from the 1983 Survey of Consumer Finances", in Adams, F. G. and S. M. Wachter (editors): *Savings and Capital Formation: The Policy Options*. Lexington Books, Lexington, Mass.

7. Barro Robert J., 1974, "Are Government Bonds Net Wealth?" *Journal of Political Economy*, 82, No. 6, pp. 1095 – 1117.

8. Barro Robert J., 1978, "The Impact of Social Security of Private Saving", Washington: American Enterprise Inst.

9. Bernheim, B. Douglas, and John Karl Scholz, 1993, "Private Saving

and Public Policy", In James M. Poterba, (ed), *Tax Policy and The Economy*, Vol. 7, Cambridge: MIT Press, 73 - 110.

10. Blinder, A., et al., 1980, "Reconsidering the Work Disincentive Effects of Social Security", *National Tax Journal* 33, 431 - 442.

11. Blum, U. and M. Gaudry, 1987, "The Impact of Social Security Contributions on Savings: An Analysis of German Households by Category Using Flexible Econometric Forms", CRDE cahier 2187, Montreal, Canada: Université de Montreal, Centre de recherche et développement en économique.

12. Boskin, M., et al., 1987, "Social Security: A Financial Appraisal Across and Within Generations", *National Tax Journal* Vol. XL, 19 - 34.

13. Brown, J. R., O. S. Mitchell and J. M. Poterba, 2000, "Mortality Risk, Inflation Risk, and Annuity Products", NBER Working Paper 7812.

14. Browning, Edgar K., 1975, "Why the Social Insurance Budget Is Too Large in a Democracy", *Economic Inquiry* 13, 373 - 388.

15. Browning, E. K., 1985, "The Marginal Social Security Tax on Labor", *Public Finance Quarterly* 13, 227 - 251.

16. Burkhauser, R. and J. L. Warlick, 1981, "Disentangling the annuity from the Redistributive Aspects of Social Security in the United State", *Review of Income and Wealth* 27, 401 - 21.

17. Burkhauser, R. and J. Turner, 1985, "Is the Social Security Payroll Tax a Tax?", *Public Finance Quarterly* 13, 253 - 267.

18. Caldwell, S. et al., 1998, "Social Security's Treatment of Postwar Americans", NBER Working Paper No. 6603.

19. Cass, D., 1965, "Optimum Growth in an Aggregate Model of Capital Accumulation", *Review of Economic Studies* 32, 233 - 240.

20. Cifuentes, R. and S. Valdés - Prieto, 1996, "Pension Reforms in the Presence of Credit Constraints", in S. Valdés - Prieto (editor): *Pensions: Privatization, Funding, and Macroeconomic Policy*, Cambridge University Press.

21. Committee on Ways and Means U. S. House of Representatives, 2000, "Green Book: Background Material and Data on Programs within the Jurisdiction of the Committee on Ways and Means", U. S. Government Printing Office,

Washington, D. C. .

22. Congressional Budget Office, 2000a, "The Budget and Economic Outlook: Fiscal Years 2001 - 2010", U. S. Government Printing Office, Washington, D. C. .

23. Congressional Budget Office, 2000b, "The Long - Term Budget Outlook", U. S. Government Printing Office, Washington, D. C. .

24. Coronado, J. L. , D. Fullerton and T. Glass, 2000, "The Progressivity of Social Security", NBER Working Paper No. 7520.

25. Corsetti, G. , 1994, "An Endogenous Growth Model of Social Security and the Size of the Informal Sector", *Revista de Análisis Econónico*9 (1): 57 - 76.

26. Corsetti, G. and K. Schmidt - Hebbel, 1997, "Pension Reform and Growth", in S. Valdés - Prieto (editor): *The Economics of Pensions: Principles, Policies, and International Experience*, Cambridge University Press.

27. Costa, D. , 1998, "The Evolution of Retirement: An American Economic History, 1880 - 1990", University of Chicago Press.

28. Cox - Edward, Alejardra, 1992, "Economic Reform and Labor Market Legislation in Latin America", California State University, mimeo.

29. Darby, Michael R. , 1979, "The Effect of Social Security on Income and the Capital Stock", Washington: American Enterprise inst.

30. David Romer, 1996, "Advanced Macroeconomics", The McGraw - Hill Companies, Inc. p. 92.

31. Davis, E. Philip, 1995, "Pension Funds - Retirement - Income Security, and Capital Markets - A International Perspective", Clarendon Press, Oxford.

32. Dean R. Leimer and Selig D. Lesnoy, 1982, "Social Security and Private Saving: New Time - Series Evidence", *Journal of Political Economy*, Vol. 90, No. 3, pp. 606 - 629.

33. Denny, M. and S. A. Rea, 1979, "Pensions and Saving in Canada," in G. von Furstenberg (editor): *Social Security Versus Private Saving*, Ballinger, Cambridge, Mass.

34. Diamond, P. , 1965, "National Debt in a Neoclassical Growth Model", *American Economic Review* 55 (5): 1126 - 1150.

35. Diamond, P. , 1977, "A Framework for Social Security Analysis", *Journal of Public Economics* 8, 275 - 298.

36. Diamond, P. and J. Hausman, 1984, "Individual Retirement and Savings Behavior", *Journal of Public Economics* 23: 81 - 114.

37. Dicks - Mireaux, Louis, and Mervyn King, 1984, "Pension Wealth and Household Saving: Test of Robustness", *Journal of Public Economics*, 23, 115 - 139.

38. Disney, Richard, 1999, "OECD Public Pension Programs in Crisis: An Evaluation of the Reform Options", Social Protection Discussion Paper No. 9921, World Bank, Washington, D. C. .

39. Draper, D. A. G. , 1994, "Savings, pension Rights, and Taxation", *De Economist* 142 (2): 171 - 192.

40. Duggan, J. E. , R. Gillingham and J. S. Greenlees, 1993, "The Returns Paid to Early Social Security Cohorts", *Contemporary Policy Issues* 11, 1 - 13.

41. Edwards, S. , 1995, "Why are Saving Rates So Different Across Countries? An International Comparative Analysis", NBER Working Paper No. 5097.

42. Estelle James, Gary Ferrier, James Smalhout, Dimitri Vittas, 1998, "Mutual Funds and Institutional Investments: What is the Most Efficient Ways to Set Up Individual Account in A Social Security System?" NBER Conference.

43. Estelle James and Dimitri Vittas, 1999, "Annuities Markets in Comparative Perspective: Do Consumers Get Their Money's Worth? " World Bank Working Papers.

44. Faruqee, H. and A. M. Husain, 1994, "Determinants of Private Saving in Southeast Asia: A Cross - Country Analysis", *manuscript*, Southeast Asia and Pacific Department, International Monetary Fund, Washington.

45. Feldstein, M. , 1974, "Social Security, Induced Retirement and Aggregate Capital Accumulation", *Journal of Political Economy* 82, 905 - 926.

46. Feldstein, M. , 1977, "Social Security and Private Savings: Interna-

tional Evidence in an Extended Life – Cycle Model", in M. Feldstein and R. Inman (editors): *The Economics of Public Services*, Macmillan.

47. Feldstein, M., 1982, "Social Security and Private Saving: Reply", *Journal of Political Economy*, Vol. 90. No. 3. pp. 630 – 642.

48. Feldstein, M. and A. Samwick, 1992, "Social Security Rules and Marginal Tax Rates", *National Tax Journal* 45, 1 – 22.

49. Feldstein, M. and Liebman J., 2001, "Social Security", NBER Working Paper 8451.

50. Feldstein, M., 1995, "Social Security and Saving: New Time series Evidence", NBER Working Paper No. 5954.

51. Flora, P. and J. Alber, 1981, "Moderization, Democratization, and the Development of Welfare States in Western Europe", in: P. Flora and A. J. Heidenheimer, eds., *The Development of Welfare States in Europe and America*, *Transaction Books*, New Brunswick, N. J., 37 – 80.

52. Gordon, R. H., 1983, "Social Security and Labor Supply Incentives", *Contemporary Policy Issues* 3, 16 – 22.

53. Gruber, J. and D. A. Wise, 1999, "Introduction and Summary", in: J. Gruber and D. A. Wise, eds., *Social Security and Retirement Programs Around the World* (University of Chicago Press, Chicago) 1 – 35.

54. Gustman, A. and T. Steinmeier, 2000, "How Effective is Redistribution Under the Social Security Benefits Formula?" NBER Working Paper No. 7597.

55. Hamermesh, Daniel S., 1987, "Social Security as Longevity Insurance", *Conference on Economic Development and Social Welfare in Taiwan.*

56. Hemant Shah, 1997, "Towards Better Regulation of Private Pension Funds", The World Bank Working Papers.

57. Holzmann, R., 1997a, "Pension Reform, Financial Market Development, and Economic Growth: Preliminary Evidence from Chile", *IMF Staff Papers* 44 (2): 149 – 178.

58. Holzmann, R., 1997b, "On the Economic Benefits and Fiscal Requirements of Moving from Unfunded to Funded Pensions", *AICGS Research Report* 4,

American Institute of Contemporary German Studies, The Johns Hopkins University.

59. Holzmann, R. , 1998, "Financing the Transition", Social Protection Discussion Paper. No. 9814, The World Bank: Washington, D. C. .

60. Hubbard, R. G. , 1986, "Pension Wealth and Individual Saving", *Journal of Money, Credit and Banking* 18: 167 - 178.

61. Hurd, M. and J. Shoven, 1985, "The Distributional Impact of Social Security", in: D. Wise, ed. , Pensions, Labor and Individual Choice (University of Chicago Press, Chicago) 193 - 221.

62. Husain, A. M. , 1995, "Determinants of Private Saving in Singapore", in K. Bercuson (ed.): "Singapore: A Case Study in Rapid Development", *IMF Occasional Paper* 119.

63. Klaus Schmidt - Hebbel, 1999, "Does Pension Reform Really Spur Productivity, Saving, and Growth?" Central Bank of Chile.

64. Kopits, G. and P. Gotur, 1980, "The Influence of Social Security and Household Savings: A Cross - Country Investigation", *IMF Staff Papers* 27: 161 - 190.

65. Koskela E. and M. Viren, 1986, "Social Security and Household Saving in an International Cross Section: Some Further Evidence", *Bank of Finland Working Paper* 2/86.

66. Kotlikoff, L. J. , 1979, "Social security and equilibrium capital intensity", *Quarterly Journal of Economics*, 93 (2), May , 233 254.

67. Kotlikoff, L. J. , 1979, "Testing the Theory of Social Security and Life Cycle Accumulation", *American Economic Review* 69: 396 - 410.

68. Kotlikoff, Laurence J. and Avia Spivak, 1981, "The Family as an Incomplete Annuities Market", *Journal of Political Economy* 89, 372 - 391.

69. Kotlikoff, L. J. , K. Smetters, and J. Walliser, 1997, "Privatizing U. S. Social Security—A Simulation Study", *EDI - The World Bank manuscript*, Washington, D. C. .

70. Leimer, D. R. and S. Lesnoy, 1982, "Social Security and Private Saving: New Time - Series Evidence", *Journal of Political Economy* 90: 606 - 629.

71. Leimer, Dean R & David H. Richardson, 1992, "Social Security, Uncertain Adjustment and the Consumption Decision", *Economica*, 59, 311 – 354.

72. Leimer, D. , 1994, "Cohort Specific Measures of Lifetime Net Social Security Transfers", Working Paper No. 59 (Office of Research and Statistics, Social Security Administration, Washington, D. C.) .

73. Liebman, J. , 2001, "Redistribution in the Current U. S. Social Security Program", in: M. Feldstein and J. Liebman, eds. , Distributional Aspects of Investment – Based Social Security Reform, forthcoming.

74. L. Jacobo Rodriguez, 1999, "Chile's Private Pension System at 18: It's Current State and Future Challenges", The Cato Project.

75. Loayza, N. , 1996, "The Economics of the Informal Sector: A Simple Model and Some Empirical Evidence from Latin America", *manuscript*, Policy Research Department, The World Bank, Washington, D. C. , January.

76. Mamta Murthi, J. Michael Orszag and Peter R. Orsazg, 2000, "The maturity structure of administrative costs: the theory and the U. K experience", Center for Pension and Social Insurance, Research Report 17/2000.

77. Mirrlees, James , A. , 1971, "An Exploration in the Theory of Optimum Income Taxation", *Review of Economic Studies* 38, 175 – 208.

78. Modigliani, F. and Brumberg, R. , 1954, "Utility analysis and the consumption function: an interpretation of cross section data", In Post – Keynesian Economics, ed. K. K. Kurihara, *New Brunswich*, N. J. : Rutgers University Press.

79. Modigliani, F. and A. Sterling, 1983, "Determinants of Private Saving with Special Reference to the Role of Social Security – Cross – County Tests", in: F. Modigliani and R. Hemming, eds. , *The Determinants of National Saving and Wealth* (MacMillan, London) 24 – 55.

80. Morandé, F. , 1996, "Savings in Chile: What Went Right?" *Inter – American Development Bank Working Paper* 322.

81. Moffitt, R. , 1984, "Trends in Social Security Wealth by Cohort", in: M. Moon, ed. , Economic Transfers in the U. S. (University of Chicago Press, Chicago) 327 – 347.

82. Mulligan, Casey B. and Xavier Sala – I – Martin, 1999, "Gerontocracy, Retirement, and Social Security", NBER Working Paper.

83. Munnell, Alicia H, 1976, "Private Pension and Saving: New Evidence", *Journal of Political Economy* , 84, 1013 – 1032.

84. OECD, 1998, "Maintaining Prosperity in an Aging Society", www. OECD. org.

85. Oudet, B. , 1979, "Data and Studies on Saving in France: A Survey", in G. von Furstenberg (ed.): *Social Security Versus Private Saving.* Ballinger, Cambridge, MA.

86. Raffelhüschen, B. , 1993, "Funding Social Security Through Pareto – optimal Conversion Policies", *Journal of Economics* Supl. 7: 105 – 131.

87. Peltzman, S. 1980, "The Growth of Government", *Journal of Law and Economics* 23, 209 – 287.

88. Perelman, S. and P. Pestieau, 1984, "The Effect of Social Security on Saving: The Case of Belgium with a Particular Emphasis on the Behavior on the Aged", *Empirical Economics* 9 (1): 15 – 26.

89. Plan for Life Research, 2000, "The Immediate Annuity: Product and Rate Report", Issue 24, August, Victoria, Australia.

90. President ' s Commission to Strengthen Social Security, 2001, "Strengthening social security and creating personal wealth for all Americans", Final report. < www. commtostrengthensocsec. gov/reports/final_ report. pdf >

91. Reisen, H. and J. Bailliu, 1997, "Do Funded Pensions Contribute to Higher Aggregate Savings? A Cross – Country Analysis", *OECD Development Centre Technical Papers* 130, November.

92. Ritter, G. A. , 1986, "Social welfare in Germany and Britain", Berg, New York.

93. Robert Holzman, 2000, "World – Wide Pension Systems and Directions of Reform", The World Bank, WBI – HIID.

94. Robert Holzmann, Robert Palacios and Asta Zviniene, 2004, "Implicit Pension Debt: Issues, Measurement and Scope in International Perspective", Social Protection Discussion Paper Series No. 0403, The World Bank.

95. Rodgers, D. T. , 1998, "*Atlantic Crossings: Social Politics in a Progressive Era*", Harvard University Press, Cambridge, MA.

96. Samuelson, P. , 1958, "An Exact Consumption Loan Model of Interest With or Without the Social Contrivance of Money", *Journal of Political Economy* 66, 467 – 482.

97. Samuelson, P. , 1975, "Optimum Social Security in a Life – Cycle Growth Model", *International Economic Review* 16, 539 – 544.

98. Samwick, Andrew A. , 1994, "The limited offset between Pension Wealth and Other Private Wealth: Implication of Buffer – Stock Saving", *Mimeo*, December.

99. Samwick Andrew A. 1999, "Is Pension Reform Conducive to Higher Saving?" The World Bank Working Paper.

100. Schieber, S. and J. Shoven, 1999, "The Real Deal: The History and Future of Social Security", Yale University Press, New Haven.

101. Schmidt – Hebbel, K. (1997a): "Pension reform, Informal Markets, and Long – Term Income and Welfare", *EDI – The World Bank manuscript*, Washington, D. C. , October.

102. Schmidt – Hebbel, K. (1997b): "Fiscal and Macroeconomic Effects of Colombia's Pension Reform", *Revista de Análisis Económico* 12 (2): 37 – 71.

103. Sebastian Edwards, 1996, "The Chilean pension reform: a pioneering reform", NBER Working Papers.

104. Sinn, Hans – Werner, 1999, "The crisis in Germany's pension insurance system and how it can be resolved", NBER Working Paper 7304.

105. Sheng Cheng Hu, 1979, "Social Security, the Supply of Labor, and Capital Accumulation", *The American Economic Review*, Vol. 69. No. 3. pp. 274 – 283.

106. Shome, P. and K. Saito, 1980, "Factors Affecting Saving, Policy Tools, and Tax Reform: A Review", *IMF Staff Papers* 37: 1 – 70.

107. Slate. S. , 1994, "The Impact of Government Deficits and Social Security on Private Savings: Experimental Evidence", Ph. D. Dissertation of University of Colorado at Boulder.

108. Steuerle, E. and J. Bakija, 1994, "*Retooling Social Security for the 21th Century*", Urban Institute Press: Washington.

109. Suzanne Doyle、Olivia S. Mitchell、John Piggott, 1999, "Annuity Values in Defined Contribution Retirement Syestems: The Case of Singapore and Australia", NBER Working Paper 8091.

110. Venti, Steven F. and David A. Wise, 1994, "Individual Response to a Retirement Saving Program: Result from U. S. Panel Data", *Ricerche Economiche*, Vol: 49, 235 – 254.

111. Verbon, H. A. A, 1988, "The Evolution of Public Pension Schemes", Springer (*Microeconomic Studies*), Berlin.

112. Waters, W. R., 1981, "Employer Pension Plan Membership and Household Wealth", University of Pennsylvania, Philadelphia.

113. Weaver, C. L., 1982, "The Crisis in Social Security: Economic and Political Origins", Duke University Press: Durham, N. C..

114. World Bank, 1998, "World Development Indicators", CD – ROM. Washington, D. C..

115. Valdés – Prieto, S. and R. Cifuentes, 1993, "Credit Constraints and Pensions", *Manuscript*, Catholic University of Chile, Santiago.

116. Valdés – Prieto, S., 1994 "Distributive Concerns when substituting a Pay – As – You – Go by a Fully Funded Pension System", *Revista de Análisis Económico* 9 (1): 77 – 103.

117. Yamada, T. and T. Yamada, 1988, "The Effects of Japanese Social Security Retirement Benefits on Personal Savings and Elderly Labor Force Behavior", NBER Working Paper No. 2661.

118. Yamada, T., T. Yamada, and G. Liu, 1990, "Determinants of Saving and Labor Force Participation of the Elderly in Japan", NBER Working Paper No. 3292.

中国国家劳动和社会保障部：http：//www. molss. gov. cn。

国研网：http：//www. drcnct. com. cn。

澳大利亚社会保障部：http：//www. facs. gov. an。

新加坡中央公积金局：http：//www. cpf. gov. sg。

英国社会保障部：http：//www. dss. gov. uk。

美国社会保障管理署：http：//www. ssa. gov。

美国国家经济研究局：http：//www. nber. org。

国际劳工组织：http：//www. ilo. org。

世界银行：http：//www. worldbank. org。

经济合作与发展组织：http：//www. oecd. org。

国际货币经济组织：http：//www. imf. org。

中国香港强制性公积金计划管理局：http：//www. mpfahk. org。

后　记

本书是在导师邓大松教授的悉心指导下完成的，从最初的选题、写作、修改到最后成稿的整个过程，无不凝聚着邓老师的心血。多年来，邓老师清晰的思维、渊博的知识、严谨的治学态度以及对新事物的敏锐感知，不仅对我的学习有很大的帮助，而且成为我今后进一步努力的方向，对此我深表感谢！

老师是无私的。是老师带领我走进了学术研究的殿堂，更是带领我走进了社会保障研究的深邃世界。多年来，老师以其博大的胸怀接纳我这个无知的学生，并倾其智慧开启我对社会保障乃至对养老金的兴趣。

老师是睿智的。作为中国社会保障专业的第一位博士生导师，早在20世纪80年代就以其敏锐性，感知到中国社会保障理论研究与事业发展的春天就要来了，并成就了武汉大学社会保障研究中心的辉煌：国家“985工程”建设项目——社会保障研究创新基地、教育部人文社会科学重点研究基地、国家重点学科、国家“十五”和“211”重点建设项目，也使武汉大学成为了中国社会保障理论与政策研究的主要平台。

老师像父亲一样。在当今这个充满诱惑的世界里，我也曾一度迷失与困惑，三次走离自己人生的坐标，但三次都是老师将我这个“迷失的孩子”领了回来。老师不仅授业解惑，而且像父亲一样教导我做人与做事的道理，指引我前进的方向。

同时，非常感谢李珍教授、郑秉文教授、赵曼教授、黎民教授、丁建定教授等诸位老师一直以来给予我的教导和帮助，他们活跃的学术思想、求真务实的工作作风、开拓进取的创新精神和诲人不倦的师者风范令我深受教益。此外，还要感谢孙建勇、林毓铭、丁康、殷俊、向运华、张奇林、谢圣远、李建平、吴汉华和吴小武等师兄弟在学习和生活上给予我的关心和支持，使我顺利完成学业。

最后，感谢我美丽的妻子——孙静博士，我们是最要好的同学和朋友。特别是在我最迷茫并一度准备放弃的时候，是她鼓励我前进，并和母亲一起承担了家庭的所有事务，让我潜心于博士论文的研究与写作。

由于写作时间和本人能力有限，文中难免存在不足之处，敬请各位老师批评指正。

刘昌平

2005 年 5 月 18 日